新编21世纪

高等职业教育精品教材

旅游大类

旅游应用文写作

（第四版）

中国人民大学出版社

·北京·

图书在版编目（CIP）数据

旅游应用文写作 / 李展主编. -- 4 版. -- 北京：中国人民大学出版社，2025.4. --（新编 21 世纪高等职业教育精品教材）. -- ISBN 978-7-300-33459-2

Ⅰ. F59

中国国家版本馆 CIP 数据核字第 2025F8B400 号

新编 21 世纪高等职业教育精品教材 · 旅游大类

旅游应用文写作（第四版）

主　编　李　展

副主编　雷　鸣　樊艳平

Lüyou Yingyongwen Xiezuo

出版发行	中国人民大学出版社		
社　　址	北京中关村大街 31 号	**邮政编码**	100080
电　　话	010－62511242（总编室）		010－62511770（质管部）
	010－82501766（邮购部）		010－62514148（门市部）
	010－62511173（发行公司）		010－62515275（盗版举报）
网　　址	http://www.crup.com.cn		
经　　销	新华书店		
印　　刷	北京密兴印刷有限公司	**版　　次**	2012 年 3 月第 1 版
开　　本	787mm×1092mm　1/16		2025 年 4 月第 4 版
印　　张	16.25	**印　　次**	2025 年 4 月第 1 次印刷
字　　数	372 000	**定　　价**	46.00 元

第四版前言

《旅游应用文写作》是新编 21 世纪高等职业教育精品教材“旅游大类”系列中的一本。本教材第一版于 2012 年 3 月出版，第二版于 2016 年 7 月出版，第三版于 2020 年 12 月出版。本教材紧贴旅游行业实际，与时俱进，理念先进，特色鲜明，实用性强，深受广大旅游从业者、旅游类专业师生的欢迎和好评，被全国众多院校、旅游企业、培训机构、旅游行业从业人员、写作爱好者选为教材、培训用书和自我素质提升书籍。

近年来，随着后疫情时代的到来，旅游市场发生了显著变化。国内旅游迭代升级形势日益凸显，旅游产品结构加速优化，文旅融合发展渐成主流，旅游新产品、新空间、新场景不断涌现。这预示着旅游行业生态体系正在或已然发生改变。2023 年 9 月，国务院办公厅发布了《关于释放旅游消费潜力推动旅游业高质量发展的若干措施》；同年 11 月，文化和旅游部印发了《国内旅游提升计划（2023—2025 年）》，这对推动旅游业高质量发展起到了积极作用。旅游市场、出游需求的变化，对旅游供给侧结构性改革创新提出了更高要求。相应地，也对旅游行业从业人员的职业素养提出了全新要求，旅游行业从业人员必须能够适应新形态下的旅游环境、职业特点。

基于旅游市场的新业态、旅游行业相关岗位的新技能，本教材在修订时，着重突出了以下几点：

一是紧跟中国特色高质量职业教育教材体系建设要求，更新编写理念。落实《关于推动现代职业教育高质量发展的意见》《职业院校教材管理办法》，以及《“十四五”职业教育规划教材建设实施方案》有关部署，根据新形态教材、数字化教材、融媒体教材等建设要求，对相关资源进行了优化。同时，深入贯彻党的二十大精神，落实立德树人根本任务，做到德技并修、铸魂育人。

二是紧跟旅游行业转型升级，优化教材内容。根据旅游业态的变化，本教材在编写时，重新审视写作理论的深度、广度和前沿性，以及范文、案例的行业适用性和岗位实用性。遵循旅游职业教育教学规律、技能人才成长规律，对接导游员、旅行社计调员等职业技能标准、资格标准和岗位能力要求，对教材中的“范文示例”“文体知识”“拓展阅读”“文体实训”等内容进行了对标和完善；“课业”突出项目化实训、情境式演练，实现“教学做”一体化，从而适应专业建设、课程建设等方面的需要，满足项目化、案例化、模块化等教学模式的要求，提升教材服务人才培养目标的贡献度。

三是紧跟人工智能技术发展，提升数字化水平。近年来，人工智能（AI）技术发展迅猛，一批大模型应用如文心一言、钉钉魔法棒等，具备内容生成等能力。面对 AI 写作的新趋势，旅游类专业学生、旅游行业从业者很有必要学习和掌握借助 AI 生成文本、辅助撰写文稿和创意，从而降低工作强度，节省人力成本，更高效地开展工作。本教材在修订过程中，做了有益的尝试，个别范文采用 AI 生成，并经主编修改、审定。同时，也对教材中的既有数字资源进行了优化，二维码所呈现的内容均为主编李展老师近年来发表的写作类研究文章，满足立体化教材建设需要。

本教材由李展（郑州铁路职业技术学院）担任主编，雷鸣（河南牧业经济学院）、樊艳平（郑州市第 106 中学）担任副主编。李展负责设计编写大纲、编写体例，对全书进行统稿、修改和完善，并全面负责第四版的修订工作。具体编写分工如下：第一章、第二章、第三章由樊艳平编写，第四章、第五章、第六章、第八章由李展编写，第七章由雷鸣编写。

由于编者水平有限，书中难免有错误之处，恳望读者提出宝贵意见，以便修订完善。

编　者

目　录

第一章

应用文基本知识

第一节　应用文的主题和材料

与文学作品相比，应用文是实用性很强的一种文体，主要为国家党政机关、企事业单位、社会团体和个人在日常工作、学习和生活中处理公私事务、传播信息、表达意愿而制作，具有一定的惯用体式。无论是在主题、材料、结构上还是在语言上，应用文都具有自身的独特之处。

一、主题

（一）主题的含义

主题又称主旨，是文章所表达的中心观点或主要意图，是作者对客观事物的感受、认识和理解的集中表现，是对现实生活中要解决的具体问题的总体评价、主张和看法。应用文的主题是事物的客观意义和作者对事物的主观评价在文章中的高度统一，它统率全篇，贯穿于内容的始终。

主题是文章的灵魂和统帅，是决定文章成败的关键；同时，主题决定、影响、制约着文章的其他要素。主题一旦确定，文种的选用、内容的取舍、结构的安排、表达方式的选择，都要紧紧围绕主题、突出主题，受主题支配。

主题一般来源于实际需要，单位在实际工作中遇到了什么情况，需要解决什么问题，是确定写作主题的主要依据；有时，主题来源于领导意图，由执笔者按照相关领导的指示、意见进行撰写。

（二）主题的特点

正确、集中、鲜明、深刻、新颖是对应用文主题的基本要求，也是确立应用文主题的原则。

1. 正确

正确是指应用文的思想观点要能够经得起实践检验，能够对实际工作中亟待解决的问题提出科学、合理的指导意见和具体措施。

2. 集中

集中是指应用文的写作要坚持“一文一事”，即一份文件只能有一个主题，不能多中心、多主题。

3. 鲜明

鲜明是指作者的基本态度、文章的基本思想要十分明确、毫不含糊。

4. 深刻

深刻是指在主题正确的基础上，还要有思想深度，能够透过现象抓住本质，反映和提示客观事物的基本规律。主题的深度往往代表着文章的思想高度。

5. 新颖

新颖是指主题有新意，所反映的观点、感受、主张和意见不落俗套，有自己的独特性，使人耳目一新。要做到主题新颖，有两种方法：一是占有新鲜的材料，新材料的出现和使用往往会形成新的观点；二是另辟蹊径，通过变换角度和视点，从常见的材料中得出不同于他人的全新主题。

（三）主题的表现方法

应用文表现主题时所采用的方法，常见的有以下几种。

1. 题中见意

即在文章标题中直接点明主题。

2. 开篇明意

即在文章或每一段的开头部分用一句或几句话亮出观点、点明主题，然后再逐步展开阐述。

3. 文中点意

即行文到某一部分时引出主要论点或中心思想。

4. 篇末结意

即在文章的结尾处用简明扼要的语言归纳、点明写作的主题。

5. 对比法

即通过情感上的抑扬对比和用笔的疏密详略突出主题。

二、材料

（一）材料的含义

材料是指作者为了完成文章的写作，体现自己的写作意图和目的，从生活、工作中收集、摄取以及写入文章中用以说明主旨的全部事实和观点。人物、事件、数据、例证、原因、道理等都是材料。它既包括经过作者选择提炼后写进具体文章中的材料，也包括作者在写作之前收集、积累的原始材料。

材料是写作活动的基础，是构成文章的一个基本要素。应用文的写作过程，就是作者将各式各样的原始材料进行分析、提炼、综合加工的过程。材料是确立主题、形成观点的基础，是表现主题、论证观点的支柱。

（二）材料的收集与整理

1. 收集材料的要求

收集材料首先要着眼于一个“博”字，尽最大可能地占有广泛的材料；其次要着眼于一个“透”字，领会、吃透材料的意义和价值；最后要着眼于一个“细”字，耐心、细致，发现别人容易忽视、疏漏的细节。

2. 收集材料的方法

收集材料的途径主要有两种：

（1）直接获取。直接获取的方法有三种：

1）观察法。作者凭借自己的感觉，对对象进行有目的、有计划、比较持久的感知、记录所获得的材料。它包括总体观察、细节观察、比较观察、过程观察等。这是取得第一手材料的主要途径。

2）实践法。在日常生活、工作实践中，通过亲身体验，积累素材、获取材料。其特点是将自己置于对象所处的环境之中，亲身感受，所取得的材料由于“亲历性”而具有重要价值。

3）调查法。从事发现场及知情者那里直接获取材料。既可以通过向知情人询问、访谈以获得材料，也可以采用开座谈会、现场了解、蹲点调查、问卷调查等方法有目的、有计划地收集第一手和第二手的材料。

（2）间接获取。就是从各种文献、音像资料中获取材料。可以通过广泛阅读、剪贴报刊和复印、录音、录像、计算机检索等手段来获取材料，这是获得第二手材料的主要途径。

3. 材料的整理

材料积累到一定数量，就要对其进行分门别类的整理，使之系统化、条理化。主要方法有：

（1）鉴别。要对收集到的大量材料进行相互对照、分析识别，对间接材料进行查证核实，认清材料的性质、判断材料的真伪、估计材料的意义、掌握材料的作用，在此基础上确定取舍，从而确保材料的真实有效性。

（2）分类。将杂乱无章的材料进行归类整理，根据材料内容和性质的不同，将其分成不同门类，使之条理化、系统化。

（3）分析。对材料的分析有三种类型：部分分析、阶段分析和层次分析。部分分析是对事物各部分和属性的研究分析；阶段分析是对事物发展的某一阶段的分析研究；层次分析是对事物进行由浅到深、由表及里、由现象到本质的分析研究。

（4）综合。即把事物的各个部分或不同方面、不同特征结合起来，形成统一整体认识的思维过程。它与分析是相互联系的，不存在纯粹的分析或综合。

（三）材料的选择和使用

1. 选择材料的原则

真实、典型、实用、新颖、全面、有针对性。

2. 使用材料的原则

量体裁衣，决定取舍；围绕主题，确定详略；排好顺序，条理清晰；全面使用，力避单一。

3. 使用材料的方法

一是先亮观点，后举材料；二是先举材料，后亮观点；三是边举材料，边亮观点。

第二节　应用文的结构

一、结构的含义

结构又称谋篇布局，是文章的组织方式和内部构造。它是作者按照主题的需要，对材料所进行的有机组合和编排，是文章部分与部分之间、部分与整体之间的内部联系和外部形式的统一。

应用文的结构具有两重含义：一是宏观结构，即文章的总体构思、大体框架；二是微观结构，即对文章的层次、段落、开头、结尾、过渡、照应和主次的具体设计。结构既是文章内容的重要表现形式，也是作者思路在文章中的具体表现。

二、结构的特点

与文无定法、贵在创新的文学作品相比，应用文在结构上要规范、严谨得多。具体表现在以下几个方面。

（一）规范性

规范性是应用文在外在格式上的显著特点，它指的是应用文有着大致相同或相似的格式或写法。这种规范性在公文写作中表现为“法定格式”，因为《党政机关公文处理工作条例》对公文格式进行了明确规定，各类事务文书、专用文书也都有“约定俗成”的结构方式，采用的是相对固定的惯用格式。

（二）条理性

条理性是应用文内在结构要素的主要特点，它要求应用文写作必须有严密的思路，在写作中要注意首尾照应、过渡衔接自然、段落层次严谨，反映并符合客观事物的逻辑规律。

（三）条款性

应用文的结构形式体现出非常明显的条款性。根据实际工作的需要，应用文经常采用分条列项的结构方式，将相关内容一一写明，这样便于理解、执行和监督制约。规章制度、计划、合同等事务文书和契约文书通常采用这种方式。

三、结构的基本要素

应用文的结构包括标题、开头、结尾、层次和段落、过渡、照应等。

（一）标题

标题可分为以下两种形式。

1. 公文式标题

由发文单位、内容和文种三部分构成。这种标题比较程式化，表达平实、主旨鲜明，让人一目了然。行政公文、计划、规章制度大多采用这种标题。

2. 文章式标题

即根据文章内容和文体特点，灵活运用各种语言表达形式拟出的标题，包括单标题和双标题两种形式。单标题要么陈述事实，要么显示结论，一般是准确、简要地反映文章的核心内容、中心观点或主要问题。双标题的正标题揭示文章的主要内容或基本观点，副标题对正标题进行补充。

（二）开头

常见的开头方式有以下几种。

1. 概述情况式

即在开头部分对文章内容的背景、基本情况、主要内容加以简明扼要的概括叙述。采用这一方式能起到提纲挈领的作用。

2. 阐明观点式

即在文章开篇便点明作者的基本观点、态度和看法，或者把结论放在文章开头，先入为主，然后展开论述，引起下文。

3. 原因根据式

即在文章开头说明行文的原因、目的或依据。常以“根据”“按照”“遵照”“由于”“因”“鉴于”“为”“为了”等词引起下文。

4. 援引公文式

常用于有具体规定格式的文体中，如批复、函等，或引述下级来文、上级指示精神，或援引有关政策、法规，以此作为撰文的依据。

5. 提问式

先提出问题，然后引出下文。这种开头方式能引起读者的注意和思考。

6. 议论式

即开头用议论的方式表达作者的看法和观点，提领全文。

（三）结尾

常见的结尾方式有以下几种。

1. 总结式

即在主体写完后，对全文主旨进行简要的概括和重申，点明主题，总结全文，加深读者的印象和理解。总结多采用这种方式。

2. 期请式

即在结尾处针对文件内容写几句期望、请求性的话，请求指示、批准或指导。请示、报告、函常用这种方式。

3. 建议式

即对调查和研究的问题提出明确的意见或建议。

4. 启示式

即在结尾处提出问题，引起人们的思考，以拓展文章的深度或加深读者的印象。

5. 号召式

即在结尾部分指出事物的发展趋势和前景，提出希望，发出号召，展望未来，以鼓舞斗志。行政公文中的决定、通报、会议纪要多采用此种方式。

6. 说明式

即对与主体内容有关但性质不同的问题或事项作补充交代、说明，以保证文章内容的完整性。

7. 固定式

有些法定文书和一部分日常文书有相对固定的结尾用语，如报告结尾的“特此报告”、请示结尾的“以上请示，请批复”、函结尾的“特此函达”等。对于固定式结尾，平时要注意积累，才能做到正确使用。

（四）层次和段落

1. 层次和段落的含义

层次是文章中作者表达主题的阶段，是文章内容展开的次序和步骤。层次作为事物发展的阶段、问题的各个侧面和作者思维进程在文章中的具体表现，又被称为“意义段”“逻辑段”“结构段”等。

段落又称“自然段”，是组成文章、表达思想最基本、相对独立的最小单位，它是层次的再分割，是文章意思的间歇或转换，以换行另起作为标志。

层次和段落的区别在于，层次侧重于文章内容的划分，段落侧重于文字形式的表现。一般来说，段落表现层次，层次大于段落。往往几个段落表现一个层次，有时一个段落恰好是一个层次，有时一个段落内有几个层次，但这种情况比较少见。

2. 安排层次的三种模式

（1）横式层次结构，即思路横向发展的结构方式。这是根据说明主旨的各部分内容是平等的、并列的关系来安排层次和段落的方法，包括并列式和总分式两种类型。前者是把整体划分为若干层次，各层次之间互不交织、平等并列，从不同方面和角度共同揭示事物的整体面貌和主旨。后者是围绕一个中心辐射展开，或先总后分，或先分后总，或采用“总—分—总”式结构。述职报告、调查报告、总结等通常采用这种结构。

（2）纵式层次结构，即思路纵向展开的结构方式。这是根据说明主旨的各部分内容，或者按照事情发展过程的先后顺序，或者按照事理内涵的逐层深入安排层次和段落的方法。纵式层次结构具体有两种类型：一是时间顺序式；二是逻辑顺序式。时间顺序式是以时间先后为序，按照事物发生、发展的过程安排层次。内容单一、叙事性强的文种常采用这一方式。采用这种结构方式时，注意抓住事物发展的关键环节，不能事无巨细地记流水账。逻辑顺序式是按照事理内在的逻辑顺序或对事情的认识过程安排层次。这种逻辑关系表现为：现象—本质，原因—结果，宏观—微观，个别——一般，叙事—说理一议论，提出问题一分析问题一解决问题等，层层推进，步步深入。它常用于请示、报告等文种。

（3）纵横结合式层次结构，即纵向推进和横向展开在应用文写作中并没有截然分开，而是结合在一起，从而形成纵横交叉、经纬结合的结构形式。纵横结合式层次结构既能够使有关材料更充分地为表达主旨服务，又可以使文章的层次和段落安排显出变化，增强其逻辑美感和可读性。它适用于内容复杂、篇幅较长、层次较多的文种，如报告等。

3. 段落设置的原则

段落设置要遵循单一、完整、有序、合理的原则。单一是指每段只能有一个意思，不能将其他意思混杂其中。完整是指在一段内要把一个意思说透彻，不能将其游离于其他段落。有序是指段内句子与句子之间、段与段之间要相互衔接，具有连贯性和逻辑性。合理是指段落设置要长短适度，匀称得当。

（五）过渡

过渡指文章层次或段落之间的衔接与转换，在文章中起着承上启下、穿针引线的作用。一般情况下，当内容由总到分或由分到总、意思转换以及表达方式变化时，需要安排过渡。过渡的形式有以下几种。

1. 关联词语过渡

它往往在意思转折不大的情况下使用，如“鉴于”“综上所述”“由此观之”等。

2. 句子过渡

如果上下文之间空隙小，多用提示性的句子作为过渡。如公文中，常用“特通告如下”“现将有关事项告知如下”“为此，特制定本条例”等过渡句。

3. 段落过渡

如果上下文之间内容转换很大时，常用过渡段进行联结。

（六）照应

照应指文章前后、上下之间的关照和呼应。也就是说，前面埋下的伏笔、设置的悬念，后面要有所呼应；后面所写的内容，前面要有暗示和交代。在应用文写作中，常用的照应方法有以下几种。

1. 文题照应

即行文内容要照应文章标题，对主题加以强调。如大多数公文标题中都包含着“事由”，文章内容紧扣标题进行叙述发挥。

2. 首尾照应

即在文章的结尾处把开头交代的事项或提出的问题再次提起，加以概括、归纳、补充，使文章结构圆润。论文、总结一般多采用这种方法。

3. 前后照应

即文章自身前后内容间的照应。它可以使围绕某一中心的各部分之间构成有机联系，从而使文章结构紧凑。

四、安排结构的原则和要求

（一）安排结构的原则

安排结构的原则是：要正确反映客观事物的发展规律；要为表达主题服务，符合文种的要求。

（二）安排结构的要求

安排结构的要求是：严谨自然，完整匀称，清晰醒目。

第三节　应用文的表达方式和语言

一、表达方式

（一）表达方式的含义

表达方式是表述特定内容时所使用的特定语言方法和手段。常见的表达方式有叙述、描写、说明、抒情和议论。应用文多采用叙述、说明和议论等表达方式。

（二）叙述

1. 叙述的含义

叙述是作者对人物的经历和事件的发展变化过程以及场景、空间的转换所作的叙说和交代，是应用文写作中最基本、最常用的表达方式。

2. 应用文中叙述的特点

应用文中的叙述具有以下特点：以记事为主；叙述客观、真实；多用顺序；语言较平实。

（三）说明

1. 说明的含义

说明就是用简明扼要的文字，对事物的形状、性质、特征、成因、关系、功用等进行解说的表达方式。

2. 应用文中说明的特点

应用文中的说明具有以下特点：客观、科学；多用数字进行说明；综合使用多种说明方法。

（四）议论

1. 议论的含义

议论即议事论理，是作者运用事实材料和理论材料对某个议论对象进行逻辑推理、发表见解、阐明观点的一种表达方式，其作用在于使文章具有较强的哲理性和理论深度。

2. 应用文中议论的特点

应用文中的议论具有以下特点：重数据、重材料；夹叙夹议、简化论证；以立论、正面论证为主。

二、语言

语言是人类最重要的交际工具，是文章得以物质化的手段和途径。应用文的语言表述，应遵循以下要求。

（一）准确

准确，就是要正确地、恰当无误地表达出所要表达的内容，用词用语含义清楚，概念恰当明确。语言准确是对所有文章的要求，也是对应用文语言最基本的要求，语言运用的好坏直接关系到文章质量的高低。做到准确，需要注意以下几点。

1. 把握词语的分寸感和合适度，做到概念准确、把握分寸

要能够区分出同义词、近义词在适用范围、词义轻重、搭配功能、语体雅俗、词性差异等方面的细微差别。如鼓励与鼓动、煽动，出访与流窜，处心积虑与不遗余力在褒贬色彩上不同；去世与死亡在雅俗色彩上不同；伟大、卓越、著名在程度上不同，这些在写作时要注意认真区分。

2. 注意语意鲜明

不能模棱两可、含糊其词，以免产生歧义、延误工作。诸如“大致”“尚可”“有关部门”“条件许可时”“事出有因，查无实据”“最好积极执行”等表达含糊的词句应谨慎使用。

3. 遣词造句要符合语法、逻辑规范

除了句子成分完整、词语搭配规范、关联词使用得当、不生造词语、不写错别字外，还要注意正确使用标点符号，避免出现语病。

（二）明晰

明晰指意思表达要清楚明白、准确贴切，不晦涩、无歧义。应用文中的词句、概念，必须有确定的含义，只能有一种解释，不允许产生歧义，影响其准确性。做到明晰，需要注意以下几点：

（1）要认真辨析词义，明确词语内涵。

（2）精选中心词，用准限定修饰语。在中心词之前加上必要的限定词，可以将意思更加明确地传达出来，使文字表述更加准确。

（3）数字运用精确规范。在应用文写作中，运用数字分析、说明问题往往比长篇累牍的文字表述更能明确表达事物的状态，加深读者对该事物的认识。运用数字时，可以采用绝对数、平均数、百分数、对比数等多种方式，使文章表述更为明晰。为了使数字运用精确规范，要注意以下几点：一是同一文章中序数数字的体例要统一；二是公元、世纪、年代、年、月、日、时刻用阿拉伯数字，星期用汉字；三是邻近两个数字并列表示概数用汉字书写，数字之间不能用顿号隔开。

（三）简朴

简朴，就是要用较少的文字清晰地表达较多的内容，实事实说、直陈直叙，不冗长繁杂、不浮华藻饰，简洁精练、言简意赅有利于更好地“以事告人”，从而体现其实用型特征。要做到简朴，需注意以下几点。

1. 内容简明、集中

写作时要抓住问题实质，突出主干，把与主题无关或关系不大的内容删去。

2. 提高语言的概括能力，杜绝堆砌修饰语

应用文的语言要表意真切、朴实无华，如实反映事物的本来面目。要少用比喻、夸

张等修辞手法，少用、不用描绘性的文学语言和浮华雕琢的辞藻。为了使语言简明朴素，还可以适当使用缩略语，如“三个代表”“八荣八耻”等，以增加文字的容量和信息量。

3. 反复推敲词语、句子，力求简洁凝练

一句话就能说明白的绝不用两句话，一个词能概括清楚的绝不用两个词，争取做到段无可删、句无可减，避免空话、套话、大话和废话。同时，恰如其分地运用成语、文言词语等，也有助于语言的简明。

（四）庄重

庄重，就是端庄、郑重，不追求幽默诙谐、浅白通俗。相当一部分应用文涉及现实生活中非常严肃的问题，如党的方针、政策，国家的法律、法规，因此，语言必须庄重。要做到庄重，需注意以下几点。

1. 多用陈述句与祈使句，少用感叹句、复句

应用文写作中要少用太长的修饰语、限定语，保证句子主谓宾成分完整，表意明确。

2. 使用规范的书面语言

应用文的写作性质决定了其语言风格，表现为简明、规范、严肃，而书面语言能较好地达到这一语言要求，因而应用文大多采用书面语言进行写作。书面语言是指书面交际使用的语言，比口语精确、严密。在应用文写作中，要注意积累、使用一些专用词语，如：

（1）称谓用语：本、我、贵、你、该；

（2）经办用语：经、兹经、业经、交办、责成、现将；

（3）引叙用语：悉、收悉、阅悉、电悉、前接、近接；

（4）期请用语：拟请、恳请、特请、报请、请遵照执行、请予回复；

（5）征询用语：当否、可否、妥否、能否；

（6）表态用语：不得、禁止、同意、原则同意、暂缓执行、可行；

（7）协商用语：商榷、商洽、商议、协议、商酌；

（8）谦敬用语：请、承蒙、惠示、惠允；

（9）时限用语：及时、应即、届时；

（10）判断用语：系、确系、均系、不妥、不宜；

（11）呈递用语：奉上、呈上、送上、转呈、递交；

（12）列举概括用语：各类、多起、数事、如下；

（13）承启衔接用语：为此、总之、综上所述、特……如下、现将（现就）……如下；

（14）结束用语：为此、据此、对此、特此、此复、为荷。

应用文以书面语言为主，应使用得到全社会认同的通用语体，少用个性化语言。

3. 不用、少用方言、口语、网络语言

方言是指在一个地域流行的语言，是语言的地域性变体，特定地域之外的人会有理解上的障碍。口语是人们在口头交际过程中使用的语言。网络语言是伴随着网络的发展

而新兴的一种有别于传统平面媒介的语言形式。与书面语相比，它们明显要鲜活、随意、感性一些，但未免有失庄重，所以在应用文中要尽量避免使用“忽悠”“脑壳”“前晌”“帮帮忙”“怎么样”“好不好”“美眉”“雷人”“山寨”“菜鸟”“给力”“秒杀”等词。在意思大致相同的情况下，应用文往往用“商榷”“面洽”“诞辰”“业经”“拟”“母亲”等书面语言，而不使用“商量”“当面谈”“生日”“早已经过”“打算”“妈妈”等口语，以示庄重。

（五）得体

应用文有着特定的功用和阅读对象，因此，写作时应根据行文目的、接受对象选择相应的语体、语气。只有语言得体、分寸适度，才能收到预期效果。得体表现在两个方面：一是应用文的语言要适合特定的文体。按文体要求遣词造句，保持该文体的语言特色。如公文宜庄重，调查报告应平实，社交文书需有较浓的感情色彩，广告则常用模糊的语言，使用说明书需具体实在，商业交际文书要委婉，合同书则要精确等。二是要与作者的身份、阅读对象、行文目的，甚至与客观环境和谐一致，恰如其分。如上行文用语要谦恭、讲究礼貌，结尾多使用“望”“请”“给以指示”等，以表示下级对上级的尊重，但也不能过分阿谀，给人卑躬屈膝之感；下行文用语要斩钉截铁、严谨周密，避免出现含混不清、模棱两可的问题，但也不可用语生硬、剑拔弩张；平行文要谦和亲切，体现出平等自愿、诚恳配合的态度；通告、公告、通报等发布性的公文，语言要通俗易懂、明白晓畅，避免生僻字词。

（六）生动

在调查报告、总结等应用文种里，也可以用生动活泼的语言表达事理，吸引读者、感染读者，如可以穿插使用成语、俗语、歇后语等。

中国共产党领导下的公文处理工作制度之流变与创新

新中国成立以来印章管理制度的演变路径

新中国成立以来秘书工作制度的演变和发展

第二章

旅游宣传文书

第一节　景区景点介绍

范文示例

云台山景区介绍

景区概况

云台山位于河南省焦作市修武县境内，距省会郑州70千米。景区总面积50平方千米，含红石峡、潭瀑峡、泉瀑峡、茱萸峰、叠彩洞、猕猴谷、子房湖、万善寺等八大景点，是一处以太行山岳丰富的水景为特色，以峡谷类地质地貌景观和悠久的历史文化为内涵，集科学价值和美学价值于一身的科普生态旅游精品景区。

云台山是集全球首批世界地质公园、国家级风景名胜区、首批国家5A级旅游景区、国家自然遗产、国家森林公园、国家水利风景区、国家级猕猴自然保护区、国家文化产业示范基地等称号于一身的风景名胜区。

云台山以山称奇，以水叫绝，因峰冠雄，因峡显幽，景色荟萃各不同。春来冰消雪融，万物复苏，小溪流水，山花烂漫，是春游赏花、放松休闲的好去处；夏日郁郁葱葱的原始次生林、丰富独特的飞瀑流泉，造就了云台山奇特壮美、如诗如画的山水景观，更是人们向往的旅游避暑胜地；秋季来临，层林尽染，红叶似火，登高山之巅，观云台秋色，插茱萸，赏红叶，遥寄情怀；冬季到来，大自然又把云台山装扮得银装素裹，冰清玉洁，但见群山莽莽苍苍，雄浑奇劲，一派壮美苍茫的北国风光。

山水养眼

云台山以山称奇，因峰冠雄。茱萸峰是历代文人墨客、僧道修行的圣地，这里植被茂密，古树参天，森林植被覆盖率高达93%，植物种类达1 400多种。踏千阶的云梯栈道，登上海拔1 297.6米的茱萸峰顶，北望太行深处，巍巍群山，南望怀川平原，沃野千里，使人顿生“会当凌绝顶，一览众山小”的豪迈气概。唐代大诗人王维曾登临此峰写下“独在异乡为异客，每逢佳节倍思亲。遥知兄弟登高处，遍插茱萸少一人”的千古绝句。

云台山以水叫绝，因峡显幽。峡谷奇观红石峡，集秀、幽、雄、险于一身，融泉、瀑、溪、潭于一谷，外旷内幽，奇景深藏，素来享有“盆景峡谷”的美誉。太行秀水潭瀑峡，密布瀑、泉、溪、潭，流水跌宕声声，潭瀑相映成趣。泉瀑峡山雄水秀，峰高瀑急。落差314米的亚洲第一高瀑“云台天瀑”就位于泉瀑峡尽头，上吻蓝天，下蹈石坪，宛若银河飞落，犹如擎天玉柱，蔚为壮观。

联合国教科文组织地学部主任伊德博士实地考察景区后感叹道：“我不得不承认，云台山是一个独一无二、不可比拟的地质公园。它给我的印象是一部乐章，是一首贝多芬的交响乐，是一首最美妙的山水交响乐。”

文化养心

云台山不仅拥有秀美的山水自然景观，历史文化内涵也很丰富。从东汉起，云台山备受帝王将相、达官贵人垂青，并为魏晋名士所经营，道家所开发。南北朝以后逐渐由儒释道三教在此合流共处，世世代代为众多文人墨客、四方名流聚散地。地处茱萸峰极顶的玄帝宫，自古就流传着真武大帝在此修行成仙的民间故事，与南顶武当遥相呼应，被称为“北顶”。始建于明代的万善寺位于茱萸峰翠屏峰脚下，是佛家教派临济宗祖庭。

太极养气

太极拳是我国著名的内家功夫名拳，发源于焦作温县陈家沟。三百多年来，经过世代相传，逐渐演化出诸多流派，目前在全世界参练总人数达3亿多人，被誉为世界第一运动。

陈氏太极拳是东方文化的瑰宝。它的特点是以刚为主，刚中有柔，动作蹿蹦跳跃、闪展腾挪，具有锻炼肌肉、舒经活络、调整呼吸、平心静气的作用，长期练习可强身健体、延年益寿，达到身心健康和谐发展。为向游客展示正宗的陈氏太极拳，云台山景区邀请陈氏太极拳嫡传弟子，每天在小寨沟景区内定时表演。柔中带刚、行云流水的太极拳表演吸引了众多游客的观看和赞赏。

医药养生

云台山草木丰茂、植被多样，生长着地黄、菊花、牛膝、山药、连翘等多种珍贵中草药，唐代大医药学家“药王”孙思邈曾在云台山一带活动，并留下“药王洞”遗址。以怀山药、怀地黄、怀菊花、怀牛膝为代表的四大“怀药”，是博大精深的中医药文化瑰宝，素以药材地道、疗效独特而号称“怀参”。早在春秋时代怀药就是向王侯进献的贡品。怀药不仅畅销国内，而且远销30多个国家和地区。早在明朝怀药就已出口东南亚，在国际市场上广受赞誉，日、美称其为“华药”。

云台山地区特有的土壤与气候条件，造就了怀药独特的药性和极高的保健价值，并逐渐形成了独特的怀药药膳养生文化，包括蜂蜜山药、蜜汁鸡头参、牛膝炖土鸡、巧拌地黄丝、十足全虫、连翘茶等融合当地特色的云台山美食。

民俗养性

在云台山景区内，分布着十几个大大小小的太行古村落，风貌原始、民风淳朴、风俗独特，是体验原始乡村旅游的好去处。

坐落在云台山深处的一斗水村已有400多年的历史，现存明清时期民居数十间，依山而建、错落有致、别具韵味，吸引了众多“驴友”和民俗爱好者到此体验民俗民风。青龙峡内的双庙村、陪嫁妆村等独具特色的古山村，景色秀丽、环境清幽，书写了世外山乡的浓浓乡愁，是最适宜的乡村生态旅游休闲之所。

资料来源：云台山官方网站，有删改。

文体知识

一、景区景点介绍的含义

根据国家标准《旅游景区质量等级划分》（GB/T 17775—2024）的规定，旅游景区是以旅游资源为依托，具有明确的空间边界、必要的旅游服务设施和统一的经营管理机构，以提供游览服务为主要功能的场所或区域。景区有时也被称为旅游景点。景区景点介绍就是介绍旅游景区的说明性文字，旨在使读者对旅游景区有一个全面的初步了解。

二、景区景点介绍的类型

根据景区景点种类的不同，景区景点介绍可以分为自然景观介绍、人文景观介绍和综合景观介绍三种。

（一）自然景观介绍

自然景观介绍就是对大自然自身形成的自然风光景象的介绍。

（二）人文景观介绍

人文景观介绍就是对人类活动所留下的具有观赏价值的痕迹和实物的介绍。

（三）综合景观介绍

综合景观介绍就是对旅游景区里的自然景观和人文景观的介绍。

三、景区景点介绍的结构与写法

景区景点介绍大致可分为开头、正文和结尾三部分，写法大致如下。

（一）开头

开头部分相当于文章的前言，一般是做一个基本的介绍，使景区景点在读者头脑中形成一个大致的印象，并提起读者的兴趣。主要包括地理位置等最基本的内容。

（二）正文

正文部分是一篇景区景点介绍的主要部分，涵盖了所有要介绍给读者的该景区的精华内容，让读者对景区景点的了解更加深入。通常要介绍该景区的景观特色、人文价值、历史沿革、游览价值等。

不同类型的景区景点介绍，其具体内容和写法有所不同。自然景观介绍通常包括地理位置、风景特色、地位评价等。人文景观介绍主要包括地理位置、历史沿革、人文价值、景观特色等。综合景观介绍综合了自然与人文类的内容，通常包括地理位置、景观特色、景区荣誉、知名景点、特产及服务设施等。

（三）结尾

在正文之后，就是结尾部分，也是景区景点介绍的总结。结尾部分不仅能很好地总结景点、景区的情况，而且能引起读者的共鸣，使景区景点给读者留下较深刻的印象。

四、写作提示

（一）内容真实

景区景点介绍的内容一定要真实，可以适当地做一些文字润色和艺术渲染，但不可过度、夸张宣传，诱导甚至是诱骗读者。

（二）突出景区景点特色

景区景点介绍一定要突出该景区景点的特色，在写作时要把握自然景观和人文景观的独特之处，深入挖掘该景区景点异于其他景区景点的地方，用准确、新奇、别致的语言来概括描述，以引起读者的兴趣。

（三）语言优美、清晰、准确

景区景点介绍的语言一定要优美、清晰、准确，富于艺术感，使人读后不仅获得了景区景点信息，还得到了艺术享受。

（四）开头、结尾巧妙

巧妙的开头能够吸引读者的注意力，促使其读下去；而巧妙的结尾则强化了美好的感觉，让读者回味不已。

如何写好
公司简介

拓展阅读

景点英文错漏百出　中式英语太“雷人”

眼下，柳州不少景点纷纷使用中英文双语简介，但细心的网友“半抱琵琶”在游览柳州都乐岩风景区时，发现其中的英文简介错漏百出，非常“雷人”。后来，她又留心其他景区的英文简介，并给出了自己的评价。网友们对此议论纷纷。

错漏：“中式英语”比较“雷”

“全篇仅 110 个单词，却存在多处拼写错误和语法错误。对照中文简介来看，景点名称翻译得稀奇古怪，有些句子甚至译成了‘中式英语’，实在让人大跌眼镜。”网友“半抱琵琶”发现英文错误主要分为“拼写错误”“文法错误”“生硬翻译”三大类。

她发现了 7 处拼写错误和多处违反语法规则的翻译。如“water”（水）被拼写成“watter”；“都乐岩包括盘龙、通天、水云三个岩洞”，其中，“盘龙”被翻译为“近乎卷着的龙的岩洞”，“通天”被翻译为“沟通天堂的岩洞”，“水云”被翻译成“水上漂着云的岩洞”。

网友“半抱琵琶”认为，这种“中式英语”翻译方法，容易让外国游客不知所云。她认为译文中以“三星观鱼”最为“雷人”。景点名称“三星观鱼”被翻译成“three stars watch fish”，英语国家的游客在看到这个名称后，脑海里肯定会浮现出“三颗星星看着鱼”的诡异画面。

建议景点名称用拼音

很多网友支持“半抱琵琶”的观点，认为景区内的英文说明毕竟代表着景区乃至全柳州的形象，如果出现太多低级错误，颇损自身的“国际形象”。

有网友认为，这可能是使用了网上的翻译软件翻译出来的结果。

还有网友认为，其实大多数本科毕业生都接受过很好的英语教育，让他们翻译出来后，再请附近高校的英语老师修改，即可得到一份不错的译文。

除了都乐岩风景区，网友“半抱琵琶”还去了市内其他公园。她认为柳侯公园的英文简介写得颇为规范，值得学习：“不仅没有语法和单词错误，里面的景点名称是用拼音代替，再在括号里加上英文解释。”

资料来源：广西新闻网，有删改。

文体实训

1. 你所在的地域有哪些景观是人文与自然结合的景观？

2. 除了景区景点需要介绍之外，很多旅行社为了扩大宣传，也会撰写旅行社介绍。请收集 5 家旅行社的简介或介绍，分析比较它们的写作特点和内容，并从学校附近选取一家旅行社，详细了解其基本情况，为其撰写一份旅行社介绍。

3. 请为你家乡的一个景区写一篇景区景点介绍。

第二节　旅游指南

范文示例

承德避暑山庄旅游指南

1. 景区概况

避暑山庄始建于 1703 年，历经清朝三代皇帝：康熙、雍正、乾隆，耗时约 90 年建成，是我国现存最大的皇家园林。清朝皇帝每年有半年的时间在此会见王公贵族及外国使节、处理奏章、消夏避暑，所以这里实际上是清朝的第二个政治中心。

避暑山庄分为宫殿区、湖泊区、平原区、山峦区四大部分。宫殿区是皇帝处理朝政、举行庆典和生活起居的地方，由正宫、松鹤斋、万壑松风和东宫（已不存在）四组建筑组成。不同于北京宫殿建筑的金碧辉煌，山庄内的建筑青砖灰瓦，不施彩绘，古朴淡雅，与周围辽阔苍茫的景观相得益彰。山峦区在山庄的西北部，如同臂膀环抱护卫着宫殿区、湖泊区和平原区。平原区在山峦区的南面，西部绿草如茵，一派蒙古草原风光；东部古木参天，具有大兴安岭莽莽森林景象。湖泊区在平原区和宫殿区之间，洲岛错落，碧波荡漾，富有江南鱼米之乡的特色。整个山庄设计继承和发展了中国传统造园思想，既巧妙利用了当地原本的地形特点，又和中国西北多山、东南多水的总体地势相吻合，凸显了其作为皇家园林的独特地位，因而享有“中国地理形貌之缩影”和“中国古典园林之最高范例”的盛誉。

1994 年避暑山庄被列为世界文化遗产。世界遗产委员会评价：“……建筑风格各异的庙宇和皇家园林同周围的湖泊、牧场和森林巧妙地融为一体。避暑山庄不仅具有极高的美学研究价值，而且还保留着中国封建社会发展末期罕见的历史遗迹。”

2. 重要景点

康熙和乾隆先后拟订了避暑山庄“三十六景”的名字并题诗，但“三十六”这个数字只是作为一个象征，所谓“移天缩地在君怀”是也。康熙题名均为四字，如烟波致爽、月色江声、万壑松风、云山胜地等；乾隆题名均为三字，如丽正门、松鹤斋、如意洲、春好轩、万树园等，这是区分“康熙三十六景”和“乾隆三十六景”的最明显标志。

3. 游览路线

避暑山庄面积广大，如果只有一天时间，如下线路可以囊括山庄内的大部分精华点：丽正门—内午门—澹泊敬诚殿—四知书屋—烟波致爽殿—云山胜地楼—采菱渡—如意洲—烟雨楼—沧浪屿—长湖—文津阁—热河泉—金山亭—水心榭—东宫遗址—德汇门。

4. 旅游资讯

开放时间：8:00—17:30。

交通路线：避暑山庄在承德市区内，交通方便，在承德火车站前乘 5、7、11、15 路公交车可到达。

小贴士：游览避暑山庄强烈建议请导游，这样不但能增长很多人文历史知识，也能听到各种有趣传说，为美景增色不少，而且很多精华点位置较为偏僻或不引人注目，有人指点才不会错过。

文体知识

一、旅游指南的含义

旅游指南也称旅游或旅行手册、旅游大观、旅游便览、旅游必备，以及旅行图、游览图。旅游指南是一种除了较为详细地介绍旅游景区、景点外，还对衣、食、住、行、旅游资讯、民俗风情等方面进行介绍的旅游应用文，它可以指导旅游者的旅游活动。

二、旅游指南的类型

根据分类标准的不同，旅游指南可以分成以下若干种：

（1）根据内容的不同，旅游指南可以分为自然风光、民族风情、文化古迹、宗教朝圣、考察探险、江河漂流、体育健身、饮食文化、休闲度假、新婚蜜月、求知修学、旅游购物等。

（2）根据所介绍的地域，旅游指南可分为境外旅游类、境内旅游类、专门景点类等。

（3）根据不同人群的需要，可分为青年旅游指南、老年旅游指南等。

三、旅游指南的结构与写法

虽然旅游指南多种多样，写作方式和要求不尽相同，但结构一般包括标题、正文和附录三部分。写法大致如下。

（一）标题

旅游指南的标题，指旅游指南的题目、名称，可分为单式标题和复式标题。

1. 单式标题

单式标题一般由旅游地名称＋“旅游指南”四字组成，如“北京市旅游指南”。

2. 复式标题

复式标题常常由一个主标题和一个副标题组成，一般会对要介绍的旅游地的特色进行一定的描述，如“出境旅游指南——中欧四国”。

（二）正文

旅游指南是指导游客的旅游活动的，无论是文字还是图片都要能更好地帮助游客解决旅游中的具体问题、指导游客的游览。因此，正文通常应对旅游地或旅游景点景区做一个大致介绍，如旅游资源、必要的旅游设施、注意事项、旅游服务等。也可以把所要介绍的内容分成几大部分，如分成景区概括、旅游资讯两大部分，又把旅游资讯分为游览、交通、食宿等内容。篇幅较短的旅游指南也可以不分块，采取直接介绍的方法，按照所要介绍的内容分成几段一一介绍。

（三）附录

附录主要用于补充正文的不足之处。比如有的旅游指南附有旅游常识；有的则附有古人的游记、诗词名篇等。但并不是所有的旅游指南都要有附录，应根据需要决定是否有附录。

四、写作提示

（一）科学实用

旅游指南的主要作用是正确地指导游客的旅游活动，因此，旅游指南不仅在内容上要科学，编纂上也要科学，同时还必须具有实用性。

旅游指南为了吸引游客，常常涉及一些新奇的内容和事物。但旅游指南应该保证内容的真实性，不能介绍一些荒诞不经或根本不存在的甚至是伪科学的事物。编纂的科学性是指科学地安排索引目录，便于游客查找和阅读。

旅游指南要符合现代社会人们旅游的需要。在编写时内容一定要实用，即要真实、新颖、全面。内容真实意味着必须提供真实准确的信息，反之是无法指导游客的旅游活动的。

（二）富有趣味

在写作旅游指南时还要注意趣味性，介绍景区景点力求引人入胜，使人轻松愉悦，不仅能获取旅游信息，也能得到美的享受。

（三）平实、简明的语言

旅游指南要介绍旅游景区景点的旅游资源以及必要的旅游设施，为游客提供游、住、行、吃、购、娱等方面的信息，因此在表达上要力求简明具体，语言精练概括。

"四看"旅游指南的写作

拓展阅读

试论旅游指南的写作要领

随着物质文化生活水平的提高，人们对旅游的需求越来越大。中国是世界上最大的旅游市场之一，旅游消费占居民消费总量的比重逐年提高。面对越来越多的旅游活动，旅游指南的宣传指引作用显得越来越重要。一份高质量的旅游指南，既可以为众多游客带来更多的方便，也会为相关景区景点带来更好的效益。

旅游指南是指对旅游活动进行整体介绍，将旅游的六大要素（吃、住、行、游、购、娱）几乎都罗列在内的旅游行业的应用文，是对旅游者在旅游活动中起指引作用的宣传材料。旅游指南的写作虽看似不难，但要写好，达到宣传自身、服务游客的目的却是一件不容易做到的事情。笔者认为，要想写出高质量、受欢迎的旅游指南，除了一般的写法外，还应注意把握以下几个方面的写作要领。

一、向旅游者提供真实准确的信息

旅游指南对旅游者起着指引、指导的作用。旅游指南要求在有限的文字里传达尽可能多的有效旅游信息，所以不管是对景区景点的介绍，还是对吃、住、游、购、娱的描述，都要内容真实，避免误导游客，带来不良影响。比如门票的价格是多少、交通方式的选择等都必须为游客提供真实准确的信息，如果有变化，就得及时进行修改，否则就很难指导游客的旅游活动。在旅游者心中颇具地位并广有口碑的《孤独星球》系列的旅游指南在写作过程中，无论是小餐馆还是小旅社，甚至景点的门票，出版社都要求作者把票据保存起来，此外还要求绘出当地的实地地图，力求信息真实准确。正是因为写作者们在每个细节上都追求真实准确，为旅游者提供了巨大的便利，起到了很大的指引作用，所以《孤独星球》才在旅游者中颇受欢迎。

旅游指南为了吸引游客，常常涉及一些新奇独特的内容和事物，但无论以何种方式介绍，必须保证其内容的真实性。不能介绍一些荒诞或不存在的事物，或者为了迎合旅游者的心理，对事物本身进行曲解和误读。这类做法虽然一时起到了吸引游客的作用，但是当游客质疑其真实性时，认为是虚假的或看到的与介绍的不一样，就可能会给当地旅游的可持续发展带来很大的危害。比如位于四川和云南交界处的泸沽湖，除了山清水秀、空气清新、景色迷人之外，它最吸引人的地方就是自远古以来便一直保留下来的

“男不婚、女不嫁、结合自愿、离散自由”的母系氏族婚姻制度（俗称走婚）。在一篇关于泸沽湖的旅游指南中，记录着这样一段文字：“泸沽湖即是女儿国，又是歌舞的王国，一踏上这片热土，游人无不为那远远近近、悠悠扬扬的‘阿哈巴拉’所动容，无不为那如巨龙滚动的甲搓所诱惑。看吧，那远方漂来的猪槽船，载着阿妹，向您招手，向您放喉：‘呵，朋友，来了就莫走，阿妹陪您到月落西山头’。”此外，在介绍篝火晚会时指出：只要用手指抠摩梭姑娘的手心三下就是一种表示。这就容易使人们对摩梭文化产生误读，把摩梭文化曲解为“性开放”“性自由”的文化。事实上，泸沽湖地区摩梭人的走婚是一种异性相结合的配偶形式，是一个很严肃的问题，有必须遵守的原则。相关旅游主体，为了追求眼前的利益、迎合一些游客的猎奇心态，在旅游宣传中采用了不实的说法，严重破坏了当地文化形象，给当地居民对自己的民俗认知带来一定的困扰，同时也引起了追求文化真实性、情趣高雅的旅游者的强烈不满。

二、突出当地旅游特色，避免同质化

旅游指南都要向游客介绍旅途中吃、住、行、游、购、娱几个方面，如果旅游指南只满足于向游客进行一般介绍，就很容易引起游客的审美疲劳，不清楚景区景点到底有哪些特色吸引游客，从而降低旅游兴趣、减少旅游活动。为了避免景区景点同质化，写作者在宣传介绍景区景点时特别要注意抓住其中最具个性、最具特色的东西，以突出当地旅游特色，从而增强其对游客的吸引力。比如云南的西双版纳是较早为旅游者所熟悉的一个地方，这几年它进入了平淡期，与东南亚的旅游过于同质化，导致一些游客对此地的旅游兴趣降低。旅游指南作为当地旅游的宣传材料，就应该尽量避免这种同质化，挖掘出当地与众不同的特色，让游客来了之后印象深刻，赢得良好的口碑，为当地的旅游可持续发展作出贡献。大家都知道西双版纳村寨少数民族很多，有傣族、哈尼族、布朗族、彝族、基诺族、瑶族等十余个少数民族，通过深入了解，这些村寨每个星期都会有一次赶集，每当这时，集市里就会出现平时见不到的水果、特产，当地的少数民族居民都会聚集此地，这就为游客们更好地体验当地民风民俗提供了一个很好的场地。还有著名的普洱茶，很多人都认为该茶产在思茅（2007年更名为普洱），实则不然，普洱茶的原产地就在西双版纳。在旅游指南中向游客介绍的时候就可以对这些进行深度挖掘，介绍当地的少数民族居民的生活、茶文化，这就体现出了当地的特色，避免了与其他地方的雷同。我们在写作旅游指南时要带着探索的精神，为游客们介绍当地的旅游特色，让旅游指南更好地起到宣传自己、服务游客的作用。

三、从游客视角出发，增强实用性

旅游指南的服务对象是游客，在写作时还要注意从游客的视角出发，科学合理地安排内容，关注他们所关心的话题，及时解答游客的疑问，增强旅游指南的实用性，提高旅游指南的使用率。比如我们可以针对不同的旅游人群，写出有针对性的旅游指南。现在流行自驾游，游客特别需要知道有哪些自驾游路线可以选择、各自有哪些优缺点。《秦皇岛北戴河旅游自驾游指南》中从北京方向出发就给出了两条线路：“线路一：从北京到北戴河有260多千米，从东四环上京沈高速路，是全线贯通的，一路平坦路段，除了天津一段是四车道外，其余全是六车道，开起车来一溜风，感觉很爽。

直到北戴河出口出高速，还有约15千米直行路段，沿路标行驶即到。没有山路和险路，一路畅通，路况良好。线路二：如果不走京沈高速，可以从大北窑上京通快速路，在快到通州的岔道左转上京哈高速，此后就一直向东走，途经通州、三河、玉田、丰润、卢龙、抚宁，过了抚宁后有路标通往北戴河，走这条路线相对时间稍长。”这样的旅游指南有针对性地突出了旅游环境、周边设施，解答了游客的疑问，满足了他们的需求。有的旅游指南还有一些温馨提示，极大地方便了游客出行。比如《海南旅游指南》中在餐饮方面就提到既能吃到新鲜的海鲜又能不被“宰”的技巧：“下面我给朋友们一些建议，希望对您有所帮助。想就近在景点附近吃饭最好不要吃海鲜，一是价格贵，二是大多数都不能保证新鲜。为了防止饭店把游客挑好的海鲜调包，教您一招：螃蟹和虾之类的，可以把眼睛都掰掉做个记号，这一招我们有时也会用，其他贝类只要是活的就跟饭店说好了让他们看一下是活的，明明白白地跟他们说加工后吃着不新鲜可不行，提前把话说明白就不怕他们调包了。”这样的旅游指南把游客当作朋友，处处为游客着想，能为游客提供很多的帮助，游客感觉对自己出游非常有用，使用率当然就会提高。

四、语言形象生动与平实简明相结合

一般非专业旅游应用文，在语言运用方面要求平实、简洁、严谨、得体。旅游专业应用文，在语言运用上可以严谨、平实，也可以形象、生动。旅游指南在介绍景区景点方面要注意语言生动形象，力求引人入胜，提高游客的游览兴趣。而在吃住游购娱方面则要求语言平实简明，清楚明白地让游客获取大量有效信息。

资料来源：李静．试论旅游指南的写作要领．应用写作，2014（2）．

文体实训

1．查找三份旅游指南，内容分别是自然风光、饮食文化和人文古迹。仔细研读，了解景区景点介绍和旅游指南的特点。

2．请指出旅游指南与景区景点介绍的区别。

3．请为你熟悉的景区撰写一份旅游指南。

第三节 导游词

范文示例

少林寺导游词

各位来宾，我们现在要去参观游览的地方就是中国禅宗发源地——少林寺。少林寺始建于北魏太和十九年（495年），由孝文帝元宏为安顿印度僧人跋陀而依山辟基创建，因其坐落于少室山密林之中，故名“少林寺”。北魏孝昌三年（527年）释迦牟尼的第二十八代佛徒菩提达摩历时三年到达少林寺，首传禅宗，影响极大。因此，少林寺被称为“禅宗祖庭”，并在此基础上迅速发展。特别是唐初十三棍僧救驾李世民后，少林寺得到了唐王朝的高度重视，获得了“天下第一名刹”的美誉。

现在的少林寺不仅因其古老神秘的佛教文化而名扬天下，更因其精湛的少林功夫而驰名中外。“中国功夫冠天下，天下武功出少林。”这里是少林武术的发源地，少林武术也是举世公认的中国武术正宗流派。

少林寺景区还是我国著名的旅游胜地之一。2000年，少林寺景区被国家旅游局首批认定为我国4A级旅游区。

少林寺景区包括少林寺常住院、塔林、初祖庵、二祖庵、达摩洞、十方禅院、武术馆等主要旅游景点。

现在我们首先看到的是少林寺常住院。

少林寺常住院是少林寺的核心，是住持和尚和执事僧进行佛事活动的地方，为七进建筑。现在我们首先看到的是：

山门：山门就是少林寺的大门，为清代建筑，门额上的“少林寺”三字是清康熙皇帝亲书，上有“康熙御笔之宝”方印一枚。

山门殿台阶下两侧的石狮是清代刻立的，既显示了佛门的气派，又象征着镇邪与吉祥，山门外两侧还有明代嘉靖年间建造的东西石坊各一座。

大家看，山门殿佛龛中供奉的是大肚弥勒佛，又称迎宾佛，他慈眉善目，笑迎你们的到来。我们把弥勒佛称为“端庄庄重山门喜看世间光辉照，笑哈哈迎来人祝福极乐永无穷”。

山门殿佛龛后面供奉的是韦驮菩萨，人称护法金刚，它手持金刚宝杵，保护寺院佛、法、僧三宝的安全。

我们看山门甬道两侧有多品碑刻，人称少林寺碑林，这些都是唐宋以来的著名原始碑刻。碑林东侧是慈云堂旧址，现为少林寺碑廊，它不仅记载着寺院的兴衰状况，而且在历史、雕刻、艺术方面也有很高的研究价值。

碑林的西面是锤谱堂，它用泥塑和木雕等形象地展示了少林寺武术的缘起、发展、练功、精华套路、国防功能、僧兵战迹、武术活动等内容，共陈展14组216个锤谱像，有八段锦、小红拳、大红拳、六合拳、通臂拳、罗汉拳、昭阳拳的招式，也有练基本功、十三棍僧救秦王、小山和尚持帅出征、月空法师平倭寇以及俗家弟子习拳练武等生动场景。俗话说：“锤谱堂里五分钟，出来一身少林功。”大家比照这些塑像姿势就可以练习少林功。

我们现在看到的是第二进建筑天王殿，天王殿的原建筑于1928年被军阀石友三烧毁。这是1982年重修的。殿门外的两大金刚，传说为“哼”“哈”二将，职责是守护佛法。大殿内侧塑的是四大天王，又称四大金刚。人们根据四大天王的组合特点，寓意“风调雨顺”。

大雄宝殿是全寺的中心建筑，是僧人进行佛事活动的重要场所，该殿和天王殿一样在1928年被军阀石友三烧毁。这是1985年重建的。该殿是面阔五间的重檐歇山式建筑。殿内正中供奉的为现世佛——释迦牟尼如来佛，左为过去佛——东方净琉璃世界的药师佛，右为未来佛——西方极乐世界的阿弥陀佛，殿内东西山墙悬塑的是十八罗汉，屏墙后壁悬塑的是观世音。少林寺大雄宝殿与其他寺院大雄宝殿的不同之处在于这里的三世佛左右各塑有站像达摩祖师和被称为少林寺棍术创始人的紧那罗王。另外，在该殿中间的两根大柱下还有麒麟雕像。

大雄宝殿前两侧的建筑为钟、鼓二楼，东南为钟楼，西南为鼓楼。它们是寺院的固定建筑。我们常说的"晨钟暮鼓"是寺僧起居和进行佛事活动的一种信号。

钟楼前这块碑刻为皇唐嵩岳少林寺碑，俗称李世民碑，它刻立于唐开元十六年（728 年）。正面是李世民告谕少林寺上座寺主等人的教文，表彰了少林寺僧助唐平定王世充的战功，右起第五行有李世民亲笔草签的"世民"二字，碑刻"太宗文皇帝御书"七个大字系唐玄宗李隆基御书。背面刻的是李世民《赐少林寺柏谷庄御书碑记》，记述了十三棍僧救秦王的故事，也是影片《少林寺》拍摄的历史依据。

李世民碑的北边是小山禅师行实碑，记述了少林寺曹洞宗第 24 代传法禅师的经历和重振少林禅宗的功德。它的背面是混元三教九流图赞碑，上面刻有佛、道、儒三教混元图像，此碑反映了嵩山是佛、道、儒三教荟萃之地，体现了三教合流。再往北，我们看到的是清乾隆十五年（1750 年）刻立的乾隆御碑。碑文是一首五言诗：明日瞻中岳，今宵宿少林；心依六禅静，寺据万山深；树古风留籁，地灵夕作阴；应教半岩雨，发我夜窗吟。

大雄宝殿东侧的殿宇是紧那罗殿……

大雄宝殿西侧与紧那罗殿相对的是六祖堂……

藏经阁又名法堂……

方丈室是少林寺住持僧（也就是方丈）起居、生活、理事的地方。清乾隆十五年（1750 年）九月二十九日，乾隆游历嵩山时曾在此住宿。方丈室门口东侧的钟为元代铸造，此钟只能在遇到紧急情况下方可击之，起报警作用。

达摩亭又称立雪亭……

达摩亭东侧为文殊殿……

千佛殿是明朝建造的……

千佛殿东面是观音殿……

千佛殿西面是地藏殿……

各位朋友，请大家按原路返回，我们下面参观的是国家级重点文物保护单位——少林寺塔林……

下面我们继续到初祖庵参观……

接下来我们去参观少林寺对面的十方禅院……

好了，各位游客，少林寺的参观活动就要结束了，欢迎大家有机会再到少林寺参观旅游，学拳习武，谢谢！

文体知识

一、导游词的含义

导游词即导游引导游客观光游览时的讲解词，是对有关事物进行解说的应用文字。导游词是导游同游客交流思想、向游客传播文化知识的工具，也是吸引和招徕游客的重要手段。导游词有书面形式和口语形式两种，这里所说的导游词，是指书面导游词，即用文字形式书写出来的导游词。它是口语导游词的基础与脚本。

导游词具有现场灵活性、生动性、条理性、口语化、知识趣味性等特点。

二、导游词的类型

根据讲解内容的不同，导游词可以分为景观导游词、人物导游词和事物导游词三种。

（一）景观导游词

景观导游词以介绍景观、景物为主要内容，一般要说明景观的特色、历史、传说、影响等。

（二）人物导游词

人物导游词是以介绍人物为主要内容的导游词，通常要介绍人物的身份、地位、贡献、社会影响等。

（三）事物导游词

事物导游词一般要说明事物的性质、特点、功能、历史等。

三、导游词的结构与写法

导游词的内容多种多样，其结构也不固定，而是随着内容的不同有所变化。一般由标题、前言、总述、分述、结语五部分组成。写法大致如下：

（一）标题

标题通常由地名和文种构成，如“北京故宫博物院导游词”“杭州西湖风景区导游词”等。

（二）前言

前言一般是导游在陪同游客参观、游览前的讲话，主要是向大家表示问候、欢迎和做自我介绍，并且说明游览活动的安排和应注意的事项。前言应简短、亲切，有引出下文的作用。

（三）总述

总述即对游览的景观进行总括介绍，主要包括景观概况、游览内容、旅游价值等内容，其目的是使游客对游览地有个全面的认识，以引起游客浓厚的游览兴趣。

总述的写作既要立足于总揽全局，又要突出重点；语言应简明、富有趣味、切合实际，不要故弄玄虚、肆意夸大。

（四）分述

分述是导游词的重点，即按游览的先后顺序，对景观逐一进行生动、具体的陈述，使游客尽情饱览一个个景点的风韵和艺术魅力。

在写作分述时要注意详略得当、突出重点，把重点放在景区中最具有代表性的景点和景物上，即对主要游览内容进行详细讲述。

（五）结语

结语是在游览结束后的总结语，也是简单的告别词、送别词。其内容并不固定，可以总结游览的景观以加深印象，可以请游客留下意见和建议，也可以表达惜别、祝福之意，还可以表达谢意或是介绍与游览有关的其他活动。

四、写作提示

一篇优秀的导游词，除了结构严谨、层次清晰、文字流畅外，还有以下要求。

（一）主题明确，内容深刻

导游词要有明确的主题，不能停留在对景物表面现象的罗列和说明上，它应该揭示景物深层的、本质的、内涵的东西，使景物蕴含的人文内涵和深沉的情感得以升华。

（二）知识丰富，趣味浓厚

在导游词的写作中，一定要重视知识的导入。游客在观光游览过程中，不仅要欣赏优美的风景，还希望增加见闻、扩充知识，因此，一篇优秀的导游词一定具有知识丰富的特点，让游客不仅有美的体验，还能了解更多的知识。此外，在写作中还要注意趣味性，若只注重灌输知识，导游词一定枯燥乏味、令人厌烦。导游词应该将知识性的内容生动、形象、有趣地表达出来，应善于利用民间传说、传奇故事、人文史话等增加导游词的趣味性，以满足游客的好奇心理，使整个游览过程乐趣无穷。

（三）灵活多样，通俗易懂

灵活多样，一是指导游词写作在表现手法上应该是灵活多样的，可以制造悬念，可以形象描绘，也可以借景抒情等；二是指要根据游客、环境、气候等的不同及时调整要介绍的内容。此外，导游词的写作在语言上要求通俗易懂，追求口语化，但不可淡而无味、苍白肤浅、庸俗不堪，应该既生动形象又通俗易懂。

拓展阅读

如何利用导游词巧推景区

景区导游词是一种特殊文体，它需要在时间、空间中巧妙控制转换，也需要因人、因时灵活调整适应，同时它必须是优美动听的、言简意赅的、严谨准确的，这就给导游词的创作提出了讲解实践和文字驾驭的双重要求。而这双重要求本身对于推介景区的意义十分重大。笔者结合自己20年景区导游工作和导游词创作经验，以五台山景区作为实例，将景区的导游词总结为四个比喻，希望对于更好地推介景区有所裨益。

像木构殿堂一样灵活

景区导游词的运用要点是机动灵活。写导游词，就像营造一座木构殿堂，先要有整体考量，有设计图、施工图，然后在同等用材规格下，分别制造柱、梁、檩、椽、斗拱、瓦、砖、石等基础构建，落架营建合体成形后，再通过围墙门窗、漆画彩绘、楹联匾额、塑像壁画、陈设器物赋予它特定的形态和专有的风格。这样，它就既有了法式上的构架理性，又有了功能上的专门属性和格调上的独特个性，成为营造科学、功能齐全、风格鲜明的木结构建筑。

当然，这样的建筑还有一个好处，就是它的非刚性连接。它的许多构件如门窗、塑像、器物、联匾甚至梁柱、椽檩等，都可以在重构一座新的殿堂时再度应用。

这就好比一篇导游词，既要有贯通一气的大主题，又要有分门别类的小专题，它们就像建筑的可移动构件，在融入独立的篇章中的同时，又能根据各自的讲解风格和游人的喜好特点拆装重组，另成新篇，同时也为因人、因时地添“砖”加“瓦”留出空间，在整体构架不变的情况下营造出千万种建筑意境。

五台山景区的“菩萨顶”很有特色。笔者在沿着108台阶、山门、天王殿、大雄宝殿、大文殊殿、五观堂、大碑院的中轴线讲解中，分别穿插了“佛教法门”“风水文化”“四大天王与哼哈二将”“宗喀巴”“皇家建筑特征”“文殊菩萨”“佛寺斋堂”“五台山碑刻”八个专题，而这些专题不一定是为菩萨顶量身定制的，而是可以因地制宜、随需讲述。

像散文一样优美

景区导游词的根本功用是引人入胜。既然要引人入胜，语言就需要具有一定的艺术性。

在对五台山南山寺的介绍中，笔者写道：“这是一座如此个性张扬、丰富多变的寺院，师法自然、因山就势，将山水纳入寺院、将寺院融入山水，就像川剧的‘变脸’，五步一阁、十步一楼，步移景换、层层洞天、通幽曲径，把五台山最丰富多姿的殿台亭阁、楼堂洞桥连接成完美的整体，迥别于一般寺院的规整刻板，呈现出一种‘阶穷道尽疑无路，门启洞开又一层’的园林化风格。”

这样的描述，不仅让游客对景点有了先入为主的感性认识，也将导游词语言从实用性提升到了艺术性的高度。需要说明的是，虽然导游词需要口语化，但实践证明文学语言和口头语言的穿插应用才能俗中含雅、活而不僵，真正达到引人入胜的效果。

当然，标准化的导游词是不存在的，公开发行的导游词应该增强内容的丰富性和可读性，而不是直接做成标准式快餐。这就如散文笔法一样，每个人都有自己的风格，这样，才能给景区留下想象的“空白”。

像经藏一样庄严

景区导游词的创作态度是诚心正意，尤其是面对我国为数众多的名胜古迹，不诚不可以为文，不敬不可以发言。

以五台山为例，宗教思想、神话传说、僧人生活已经成为世界遗产的组成部分，这方面的导游词要经得起推敲。

在介绍五台山的基本形态时，笔者是这样描述的：“五台山的五大高峰环周高耸，自然天成地在华北平原之上、太行群峰之巅形成一个环基五百里的国土，佛教徒形象地将其形容为一个托天的巨型佛掌，台怀舒展恰如掌心，五峰矗立恰如五指，台怀就是'国都'，五峰就是'国界'，国界之内清凉宁静，国界之外燥热喧嚣。"

像科学一样严谨

景区导游词的论述风格是活泼谨慎。导游是杂家，但又要努力在一定地域和领域内成为专家，很多名山不仅仅是文化名山，还是红色名山、地质名山、生态名山，因此导游词创作在宗教、建筑、艺术、生态、地质等方面都要深究，纳百川才能成大海。

比如，五台山为何又名"清凉山"？我翻阅了五台山历年气象资料和数十篇关于五台山气象的研究论著，才写出了以下这段导游词："康熙皇帝在《御制清凉山志序》中说：'其地风劲而高寒，层冰积于阴岩，飞雪留于炎夏，故名清凉。'五台山年平均气温只有近4℃，极端最低气温达到−44.8℃。要知道，1969年2月13日出现于黑龙江漠河的中国现有气象资料中的极端最低气温记录，也不过−52.3℃。"

准确的数据、科学的论述，使游客心中的疑问得到了最具权威性的解答。也只有这样，游客对于景区才能获得更深入的了解。

资料来源：姜剑波，马慧英．如何利用导游词巧推景区．中国旅游报，2014-08-25.

文体实训

1. 到旅游景点观察导游的讲解，并写出其在导游词运用方面的特点。

2. 你的家乡既有丰富的旅游资源，又有良好的投资环境。改革开放以来，你的家乡变得更加美丽、更加富饶。她犹如祖国大地上的一颗明珠，吸引了无数中外客商前来观光投资。请你用简洁生动的语言写一段导游词，向前来观光的客商介绍你家乡的风景特点。

3. 有一批外国游客专程到北京参观考察中国的园林建筑（或北京历史人文风景区），请你以导游的身份向游客介绍一下北京园林建筑（或风景区）的特点和价值，要边介绍边与游客交谈。

4. 选取一个景点，写一篇导游词，在同学之间互相讲解。

第四节　旅游广告

范文示例

云南风情濠江夜

云南万种风情，一夜汇聚濠江！

中国的西南边陲，云岭之南，元江、澜沧江逶迤曲折，石林怪石林立，滇池、洱海一碧万顷，西双版纳润泽秀美……20多个民族，在那片四季如春、一雨成冬的土地上繁衍生息。彝族的花围腰、姑娘房，白族的三月节、耍海会，傣族的普洱茶、泼水节，苗族的百褶裙、踩花山，以及摩梭人的成人礼等。数不尽的奇情妙趣，织成了一幅绚丽多姿、丰富多彩的民族风情画，组成了一座琳琅满目、令人神往的人类社会发展博物馆。

亲爱的朋友，请到“富豪”“京都”来，共度“云南风情濠江夜”。值此良宵，您可以随意品尝昆明地方特色美食，尽情欣赏云南少数民族著名艺术家为您表演的精彩音乐、舞蹈节目；心荡神摇之际，您可以同阿诗玛、五朵金花对唱，随木鼓、雀之灵起舞……

热忱欢迎阁下光临！让我们在这里欢度豪放、浪漫、温馨之夜。

文体知识

一、旅游广告的含义

旅游广告是旅游部门或旅游企业通过一定形式的媒介，公开而广泛地向旅游者介绍旅游产品、提升旅游品牌的一种宣传活动。它能广泛地宣传和推广旅游产品，有效地推动旅游产品的销售，从而帮助旅游企业获得经济利益、提升品牌价值。

旅游广告是广告的一个分支，不仅具有一般商业广告的各种特点，如有偿性、时效性、目的性、指向性与形式多样、内容广泛等；还具有有别于一般商业广告的其他特点，如广告传播的高互动性、广告表现形式的多元化、广告信息鲜明的个性化、广告诉求丰富的多面性等。旅游广告具有传播旅游信息、广泛招揽顾客、促进市场开拓、提高销售业绩及传播社会文化、丰富文化生活的作用。

二、旅游广告的类型

按旅游企业类别划分，旅游广告可分为旅行社广告、酒店广告、旅游城市广告、景区广告、旅游节日庆典广告、会展广告等。

根据广告媒体的自然属性，旅游广告可以分为印刷媒体类旅游广告、电子媒体类旅游广告、户外旅游广告、馈赠类旅游广告等。印刷媒体类旅游广告指以报纸、杂志、明信片、挂历等为媒体的旅游广告。电子媒体类旅游广告指以广播、电视、电影、霓虹灯、电子显示屏等为媒体的旅游广告。户外旅游广告指以广告牌、灯箱、橱窗、招牌等为媒体的旅游广告。馈赠类旅游广告指以馈赠品如特色纪念品、钥匙圈、小扇子等为媒体的旅游广告。

三、旅游广告的结构与写法

旅游广告的写作非常灵活，没有固定的格式，一般由标题、正文、广告标语和随文四部分组成。

（一）标题

旅游广告标题是标明广告主旨和区分不同内容的标志，可分为直接标题、间接标题、复合标题三种。

1. 直接标题

直接标题是指直接以旅游商品、旅游服务项目、广告单位的名称为标题。直接标题以简明的文字指出广告的内容，使人一目了然。如“秦始皇兵马俑”“北京欢迎您”。

2. 间接标题

间接标题并不直接点明广告的主旨，而是采用夸张、有趣味的语言来暗示广告的内容，以吸引游客的注意力。如“生命之水，万绿之源”（东江湖风景区广告）。

3. 复合标题

复合标题把间接标题和直接标题的特点相融合，既直接说明旅游产品或景区名称，又采用文学性的语言使之引人入胜。复合标题可采用正题和副题结合的方法，也可采用多行标题，写出引题、正题、副题。如“渔乐天下，荷约万家——微山湖之旅”。

（二）正文

一则旅游广告的主体部分即正文。正文主要介绍旅游产品，体现旅游广告的目的和内容，同时起到树立企业形象、促进销售的作用。旅游广告的正文也可分为开头、主体和结尾，在主体部分主要包括以下内容：介绍旅游产品的品种、性能、特点、价格及使用方法；介绍旅游景点和饭店的简况、设施、服务项目及特色等。旅游广告正文的写法不一，有新闻体、布告体、简介体、论说体、描写体、小说体、戏剧体、诗歌体、问答体、证书体等，要根据实际情况选择使用。

（三）广告标语

广告标语即广告口号。为了加强公众对广告的印象，广告中通常会长期、反复使用一种简明扼要的口号性语句，以加强鼓动与诱导作用。它是广告中令人印象深刻、具有特殊位置、特别重要的一句话或一个短语。广告标语的生命周期较长，有的会始终和企业的名称、商品的商标相伴随。一句广告标语长久、重复地使用，会使人们一听便知是某企业的某产品，从而提高产品的知名度和销售额。旅游广告标语在广告中所起的作用是画龙点睛、锦上添花。如承德避暑山庄的广告标语是“盛景说天下”，周庄的广告标语是“魅力周庄，时尚周庄”，厦门的广告标语是“海上花园，温馨厦门”，深圳的广告标语是“精彩深圳，欢乐之都”。

广告标语的写法多样，常用的有赞扬式、号召式、情感式、提示式、夸张式、含蓄式、比喻式、比较式、双关式、幽默式、标题式等。

（四）随文

随文是跟随在广告正文之后的有关文字，是对正文的必要补充和说明。一般包括注意事项和广告企业的名称、地址、电话、邮政编码、银行账号、负责人或联系人姓名等。随文的写作要具体明确、直截了当。

四、写作提示

（一）内容真实可信，重点突出

旅游广告与其他商品广告一样，要真实可信，以事实为生命，切忌虚假宣传。因为这既关系到消费者的利益，也关系到广告宣传者自身的信誉。旅游广告可以有适当的艺术渲染和夸张，但要有尺度，不能欺骗旅游者。

在写作旅游广告时要突出重点、紧扣主题，要想在有限的篇幅里尽量传达信息，就必须突出其个性和主要特点，不能头绪纷纭、千篇一律。

公共宣传语错情分析与防范策略

（二）立意新颖，形式多样

旅游广告要想吸引眼球、打动人心，必须要有新颖独特的创意。因此，旅游广告应该注重求新，不落俗套。在形式上也要多种多样、富于创造性，可以借助文字、声像等各种形式形象而生动地表达内容。

（三）语言优美简洁，以情动人

旅游广告的语言应该优美简洁，既能让旅游者得到有关旅游的信息，又能引起美好的联想，从而激起旅游者的消费欲望。

拓展阅读

旅游广告创意需要“2S”

好的旅游广告创意可以用两个S来衡量：Simple（通俗易懂）和Surprising（大吃一惊）。

一、通俗易懂

有这样一个故事，印度有一个雕刻师，他把大象雕刻得栩栩如生。有人就问他怎么能把一块木头雕成一头大象。他的回答很简单，只要把木头不像大象的部分拿掉，它就是一头大象了。

旅游广告也是这样，如果观众看到最后，还不知所云，还要问一句：“这是做的什么广告?”这个广告就注定要出局。

笔者认为，有些创意人至今还沉迷于深奥得不容易看懂的创意。客户如果不接受这些广告创意作品，反而会被他们讥讽为“不懂创意”。他们忘记了创意的目的不是增加消费者的接受成本，而是减少其接受成本。

笔者曾前往河南一家峡谷型景区考察、培训。他们的营销总监无意中讲到：在旅游淡季，峡谷中出现成群的野生鸟，叽叽喳喳的很好听。人一走过，鸟儿哗啦啦成群起飞。整个峡谷宛如动物的世界，静中有动，分外有趣。

由此笔者联想到，旅游景区可录下小溪、小瀑布、小河流水的声音和鸟鸣声等，以MP3的形式出售或者放在网站上供人下载。许多城市居民饱受各种噪声干扰之苦，却又无法摆脱。这种奇妙的商品，能把人带入大自然的美妙境界，使那些久居闹市的人暂时忘却尘世的烦恼，还可以使许多失眠者在水声的陪伴下安然进入梦乡。这个创意就是一个简单、易执行且消费者还会买账的“小点子”!

其实，好的创意很简单，旅游从业者要做的其实也很简单——走近生活，感受生活，表达生活。

有一个葡萄酒的广告，左边的紫色背景上放置一颗葡萄，右边的文字主题是“三毫米的旅程，一颗好葡萄要走十年”，讲述了从一颗葡萄到成为一瓶好酒，跨越3毫米酒瓶的距离，需要好的种植地、合适的气候、最佳的采摘时机、最好的采摘工人和酿酒师、黑暗潮湿的地窖中陈放十年等诸多条件。诗意的文字带人体验了一次葡萄之旅。

千岛湖做了一个非常有创意的广告——“到千岛湖，用农夫山泉洗澡”。随着千岛湖品牌的不断提升，如今千岛湖已经成为长三角地区国人首选的旅游胜地。千岛湖人是人人住景观房，天天吃野生鱼，每天都用农夫山泉洗澡。千岛湖的广告做得好，为什么好？简单，有创意！

二、大吃一惊

现在的游客基本都具备了处变不惊的功力，对一般的小概念、小创意往往无动于衷。

我们说，结合景区核心概念“找”旅游广告创意容易出位，容易让人吃惊。“圣亚海底争霸赛”于2006年由大连圣亚海洋世界推出，该案例创意非常巧妙，圣亚将“看点”从海面搬到了海底，创造性地提出“海底争霸”，通过惊险刺激、妙趣横生的海洋娱乐竞技项目，以深入海底与海洋动物同游共技的绝妙形式改变了大连滨城乃至全国人民的娱乐体验方式，迅速引爆旅游市场。

2007年，“圣亚海底争霸赛”再度重磅推出，开赛以来吸引了国内外3 000多人报名参加，更有众多演员和奥运冠军参与。

再比如说活动策划。张家界的天门洞是享誉全球的景点，它位于天门山山体的中上部，海拔1 300米，高131.5米，宽57米，深60米，是世界上海拔最高的天然穿山溶洞。可以说，它本身就是大自然鬼斧神工的“创意”。而利用飞机穿越天门洞，虽然一些人出于环保和安全考虑表示反对，但是其本身也是一个“创意”，而且在旅游营销上也收到了很好的效果。

资料来源：计调网，有删改。

文体实训

1. 阅读下面的旅游广告，请为它拟一个复合标题。

红色家园坐落于风光秀丽的雾灵山风景区——大沟村，地理位置优越，交通便捷，背靠雾灵山，冰雪融化而成的潺潺小溪自门前穿行而过。小院是一较大规模的农家院，主体为二层红色小楼，装潢高雅，设施完备，奔放的红色犹如静谧山林间跳跃着的红色火焰，摆脱了都市的重金属感。红色家园是您休闲度假、会议娱乐、放松身心的上佳选择。热情淳朴的山里人笑迎八方来客，“宾至如归”是小院主人对游客的承诺。

红色家园欢迎您！

2. 请上网查找北京、上海、三亚、大连、丽江等城市的广告宣传语，并为你熟悉的城市或景区拟出广告标语。

3. 下面是几座城市的旅游广告语，请分析其特点。

珠海：浪漫之城，中国珠海。

南昌：世界动感都市，花园英雄城市。

重庆：奇迹之城，梦想之都。

杭州：魅力杭州，生活品质之城。

三亚：美丽三亚，浪漫天涯。

乐山：乐山乐水乐在其中。

第五节　旅游商品说明书

范文示例

莲鹤方壶春秋化妆镜

文物名片：

莲鹤方壶，是春秋中期青铜制盛酒或盛水器，中国首批禁止出国（境）展览文物。1923 年出土于河南新郑李家楼郑公大墓。此壶主体部分为西周后期以来流行的方壶造型，有盖、双耳、圈足，重心在下腹部，遍饰于器身上下的各种附加装饰，不仅有异常瑰丽的装饰效果，而且反映了在春秋时期青铜器艺术审美观念的重要变化。

商周时代，壶是青铜酒器的一种，也是青铜礼器的重要种类之一，古人以此器祭神祀祖，飨宴宾客。作为青铜时代极具生命力的一种铜器类别，铜壶的器型不断变化和发展，而莲鹤方壶则是青铜时代承上启下的绝代珍品，也是河南博物院前身河南省博物馆最早的藏品之一。

设计师说：

郭沫若先生曾经赞誉莲鹤方壶上的鹤，翔其双翅，突破上古时代之鸿蒙。

正踌躇满志，睥睨一切，欲作更高更远之飞翔，是时代精神的象征。

我们借此寓意创作，希望将这种精神传播出去。

愿每个人都能不忘初心，寻找未来。

购买方式：

走进河南博物院文创店进行购买，或淘宝搜索店铺“河南博物院”进行线上下单。

微信扫描二维码，添加豫博文创客服，了解更多。

（二维码略——编者注）

资料来源：河南博物院官网，有删改。

文体知识

一、旅游商品说明书的含义

旅游商品说明书是指在旅游经营、策划活动过程中制作和使用的介绍各种旅游产品的说明书。旅游商品既包括狭义的旅游商品，即旅游者在旅游过程中所购买的商品，如旅游纪念品、文化艺术品、土特产品、工艺美术品、各种礼品等；又包括广义的旅游产品，即旅游资源本身，如各种景观、风光、设施、旅游路线的组合及各种形式的旅游服务。

旅游商品说明书主要有三方面的作用：一是宣传促销作用；二是说明指导作用；三是信息交流作用。

二、旅游商品说明书的类型

旅游商品说明书的类型有多种分法。以表达方式分，有说明式、叙述式、描写式等；以表现方法分，有问答式、梗概式、标示式等；以表现内容分，有单项式、综合式；以篇幅的长短来分，有单页式、成册式。此外，还有以文为主式和以图为主式。

三、旅游商品说明书的结构与写法

（一）旅游商品说明书的结构

旅游商品说明书常用的结构形式由标题、正文、落款三部分组成。

1. 标题

标题通常采用商品名称加上文种的写法，如“××说明书”“××使用说明”等。还有一种写法是只写产品名称。

2. 正文

正文说明产品的基本情况，包含构造、成分、使用方法、注意事项等。

3. 落款

落款写明生产厂家的名称、地址、电话、电报等。单位名称已在正文中出现的，落款中可以省略。

（二）旅游商品说明书的写法

旅游商品说明书没有固定的写法，但通常都包括标题、正文、图表三部分。

1. 标题

旅游商品说明书的标题一般用景点的名称，不加“说明书”三字。如“北京故宫博物院”。

2. 正文

正文通常分为分列式和短文式两种。

（1）分列式写法：通常用于篇幅较长、内容较广泛、以文字为主的旅游说明书，内容分成景点、食宿、交通、购物、特点等几部分，每部分都有简要介绍。

（2）短文式写法：不把全文分成若干部分，而是用几段文字概括地介绍景点或服务。这种写法适用于篇幅较短小、内容有侧重的或以图为主的旅游说明书，简明扼要，重点突出。

3. 图表

图表是旅游商品说明书必不可少的组成部分，包括游览图、照片和表格。游览图即路线图。照片是景点的实景拍摄照片，将其印制在旅游商品说明书上，再配上文字说明。表格非常简明实用，在旅游商品说明书中使用也较多。

四、写作提示

（一）内容要真实

旅游商品说明书要求内容真实，不能弄虚作假，确保旅游商品和旅游资源的真实可靠。

（二）突出知识性

在撰写旅游商品说明书时，应突出其知识性。

（三）语言简明、朴素、优美、形象

语言简明、朴素而又通俗，是说明性文字的共同要求，但旅游商品说明书为了引起旅游者的兴趣，所用语言还要优美、生动、形象。

拓展阅读

旅游商品的分类

一、旅游纪念品

souvenir（旅游纪念品）一词来源于拉丁语 subenir，其本意是为回忆一次旅游而购买的商品。过去，旅游纪念品的范围非常狭窄，主要指旅游者在旅游目的地购买的具有浓厚的当地特色的土特产品或手工艺品。现在泛指在旅游途中（各旅游客源地所设车站、码头、机场内的免税店、旅游途中的普通商店）购买的实物商品。

旅游纪念品主要包括以下几种：

一是旅游景点型产品。它是以文物古迹、自然风光为题材，为特定旅游景点开发制作的旅游纪念品。古文物复制、仿制品等属于这类纪念品，如兵马俑复制仿制品、彩陶复制品、苏州仿古碑帖字画等。此外，介绍风土人情、景点特色、历史沿革、名人诗文、土特产品的专著、游记等书刊，以及导游图、风光图片、风情画册、书签、明信片等也属于这一类型。

二是事件依托型产品。它是一种专门为特定事件或活动（如运动会、风筝节）开发的旅游纪念品，如在西班牙足球联赛期间，旅游部门及有关方面向厂商定制了一大批有球赛标志的烟灰缸、烟斗、书包、电子足球游戏机、打火机、T 恤衫、纪念币等纪念商品，向游客出售。

三是名优特产品。这类产品种类很多，可分为工艺品、土特产品、旅游食品等。

四是名牌产品。即在一国或世界上被消费者普遍认可的商品，它们已成为一个国家或一座城市非常有代表性的商品，如法国的化妆品、日本的电子制品、中国的茶叶、韩国的人参等。这类产品在当地购买具有产地优势、价格优势。

二、旅游日用消费品

旅游日用消费品是旅游者在旅游活动中必备的生活日用品，主要满足旅游者在旅游活动中的日常需要，是旅游者外出的必需品。它包括穿着和用品两大类，如各种旅游服装、鞋帽、器械、洗涤用品、化妆用品、娱乐用品等。它不同于一般日用品，是实用性与纪念性相结合的商品，以轻工、纺织产品居多。

三、旅游专用品

旅游专用品是指满足旅游者从事旅游活动专门需要的旅游商品，其最显著的特点是具有专用性，如旅游专用鞋、服装、望远镜、照相器材、风雨衣、手电筒、指南针、游泳用品、各种应急品等。

文体实训

1. 请查找相关资料，撰写一篇云南大理旅游商品说明书。

2. 苏绣是苏州著名的旅游商品，请查找苏绣资料，撰写一份有关苏绣的旅游商品说明书。

3. 请查阅北京长城饭店的相关资料，为它写一篇旅游商品说明书。

第六节　消　息

范文示例

川东北旅联体推出精品线路

川东北天府旅游名县联合体在四川成都举行推介活动，推出 3 条“周游川东北”精品线路。

“周游川东北”精品线路分别为：生态康养线路，囊括阆中古城、朱德故里、光雾山、诺水河、巴山大峡谷、华蓥山等；红色文化旅游线路，包括阆中红军烈士纪念园、仪陇朱德故里景区、南江川陕苏区时期长赤县苏维埃政府旧址、通江川陕革命根据地红军烈士陵园、宣汉红三十三军纪念馆、广安邓小平故里等红色景点；巴山原野游线路，涉及宣汉大窝村、通江梨园坝村、南江西厢村、仪陇琳琅村、阆中五龙村等。

推介活动中，川东北天府旅游名县联合体以县为单位进行了文旅推介，签署了文旅资源联合宣传、客源互送战略合作协议，举办了“一起探寻舌尖上的川东北”美食茶歇和“集趣川东北”文创文旅集市。

川东北天府旅游名县联合体成立于 2021 年 10 月，成员包括广安市广安区、南充市阆中市、巴中市南江县、达州市宣汉县、南充市仪陇县、巴中市通江县等 6 个川东北“天府旅游名县”。

资料来源：潘阳薇，白骅. 川东北旅联体推出精品线路. 中国旅游报，2023-09-15.

文体知识

一、消息的含义

消息是新闻文体的一种。狭义的消息是指对新近发生的有社会意义并能引起公众兴趣的事实的简短报道。

文字少、篇幅小是消息的基本特征。其具有真实性、及时性等特点，是新闻中最基本、使用量最大的文体。

二、消息的类型

消息的分类有不同的分法，根据内容，可分为动态消息、综合消息、典型消息、述评消息、人物消息等；根据篇幅，又可以分为长消息、短消息、简明消息、一句话消息、标题消息等。这里仅重点介绍其中几类消息。

（一）动态消息

动态消息也称动态新闻，这种消息迅速、及时地报道国内国际旅游界的重大事件或新气象、新成就、新经验。动态消息中有不少是简讯（短讯、简明新闻），内容更加单一，文字更加精简，常常一事一讯，只有几行文字。

（二）综合消息

综合消息也称综合新闻，指的是综合反映带有全局性情况、动向、成就和问题的消息报道。

（三）典型消息

典型消息也称典型新闻，是对旅游业某一部门或某一单位的典型经验或成功做法的集中报道，用以带动全局、指导一般。

（四）述评消息

述评消息也称新闻述评，它除了具有动态消息的一般特征外，还往往在叙述新闻事实的同时，由作者直接发表一些必要的评论，简明地表达作者的观点。它大多用于对旅游形势的分析和展望、对旅游动向的研究、对旅游工作经验的总结，也用于对某一重大旅游事件的评判。

三、消息的结构与写法

公文类消息的写作方法与技巧

消息的结构比较固定、简单，大多数消息的结构都是“倒金字塔式”的，即最重要的材料放在开头，次要材料放在后面。消息的结构具体表现为标题、导语、主体、结尾，并在文中穿插背景。

（一）标题

标题是消息的眼睛，拟写得好，可以吸引读者；拟写得差，一篇好消息也会被埋没。标题示例如“苏州太湖开捕节与美国五大湖‘共舞’”“《陕西省勉县定军山国家旅游度假区总体规划》通过评审”等。

消息的标题必须简明、准确地概括消息的内容，帮助读者理解报道的事实。标题的拟写应该准确、鲜明、生动、简练，突出主旨。

消息标题主要有以下三种类型。

1. 单行标题

由主题组成，主题用来概括说明主要事实和思想内容。

2. 双行标题

除了主题还有引题，引题用来揭示消息的思想意义或交代背景、说明原因、烘托气氛。

3. 三行标题

由引题、主题和副题组成，副题用来提示报道的事实结果，或作内容提要。在三行标题中，引题在第一行；主题在第二行，字号最大；副题在第三行。

（二）导语

导语是一篇消息的第一自然段或第一句话，它用简明生动的文字，写出消息中最主要、最新鲜的事实，鲜明地提示消息的主题思想。导语的写作要求：一是要抓住事情的核心；二是要能吸引读者看下去。

导语通常分成两种类型：一类是直接性导语，又称概括性导语，即直接写出事实的核心的导语，开门见山、简明扼要地直接进行陈述；另一类是延缓性导语，即在导语的写作中间接体现主题，迂回引出核心事实或要旨。

导语的形式主要有叙述式、描写式、提问式、结论式、号召式、摘要式、评论式、综合式、解释式等。

（三）主体

这是消息的主干部分，也叫新闻躯干。它紧接导语之后，对导语作全面的阐述，具体展开事实或进一步突出中心，从而写出导语所概括的内容，表现消息的主题思想。主体部分应按“时间顺序”或“逻辑顺序”写作，但仍然要先写主要的，再写次要的。

（四）背景

背景指事件的历史、周围环境及与其他方面的联系等。写作消息有时要交代背景，目的在于帮助读者深刻理解消息的内容和价值，起到衬托、深化主题的作用。背景可以放在主体中，也可以放在末尾，有时还可以安排在导语里。

（五）结尾

结尾即消息的最后一句话或一段话。消息的结尾有小结式、启发式、号召式、分析式、展望式等。有时事实叙述完毕就自然结尾了，不必再另写结尾。

四、写作提示

（一）选取有新闻价值的事实

所谓新闻价值，是指凝聚在新闻事实中的社会需求，就是新闻本身之所以存在的客观理由，它包括时效性、重要性、显著性、接近性、趣味性等几个基本属性。

新闻价值是新闻工作者用以衡量客观事实是否能构成新闻的标准。因此，在写作旅游消息时要注意选取有新闻价值的事实，以引起读者的兴趣。

消息写作中的“潜规则”

（二）内容真实，叙述客观

在写作消息时虽然要注重新闻价值，但更要注重内容的真实性，要用事实说话，把新闻的五要素（时间、地点、人物、事件、原因）完整地表述出来。此外，在叙述时，语言应真实、简练、清楚，要尽量客观。

（三）报道迅速及时

新闻报道贵在新和快，因此，旅游消息的报道一定要迅速及时，力争第一时间呈现在读者面前。

拓展阅读

好新闻的九个“穴位”

相当于新闻界的诺贝尔奖的普利策奖，是美国新闻界的一项最高荣誉奖，被视为全球性的一个奖项，其经久不衰的秘诀何在？

一、国家命运

约瑟夫·普利策认为“国家与新闻同兴衰”，他坚信记者是世界上最重要的工作。普利策奖是美国第一个重要的新闻奖，从一开始水准就很高，并一直保持水准和诚信，它强调新闻学应服务公众、监管社会，最重要的是“关注国家命运”。

普利策的“国家命运说”成为普利策奖的重要使命的推动力：奖励好的作品，鼓励更多的好作品涌现。站在国家利益的高度，普利策奖获奖作品的主题和对美国乃至国际社会重大历史事件的报道或解释具有恒久的意义。可以说，普利策奖对美国政治、社会生活产生了深远而重要的影响。

通过对一些获奖作品的深层剖析可以发现，作者不是仅仅靠简单的说教与演绎，不是一味地吹捧与“帮忙”，更多的是通过严肃尖锐的揭露与抨击，甚至借助嘲笑、挖苦等方法，以达到消除毒瘤和缺陷的目的。

二、受众角度

获普利策奖的作品都是从受众需要出发采编的。

受众关注的大事，常常在获普利策奖的作品里“一翻一大堆”。既有伊拉克战争、“9·11”事件、“×××政变”这样的世界大事，也有城市、社区、乡村的平常小事。社会众生百态和公众人物、普通市民生命历程的苦难与喜悦……在作品中都可以找到。凡是受众关注的，记者就应给予极大关注并投入精力去采编、评判。

普利策奖评委主席基斯勒说过这样的话：“普利策奖强调新闻为公众服务。”

三、深度引导

在美国新闻界，从 20 世纪 30 年代起，以透视新闻事件和社会潮流的来龙去脉、化繁复为简明的解释性报道开始兴起。这种深度报道注意事物规律性关联，将重大新闻事件放在一定的社会背景之下，在各种事物的互动中加以报道，探究新闻事件的深层含义、背后原因及潜在问题。

四、触动灵魂

普利策奖是美国近300个新闻奖中最知名的一个，并为全世界所关注。它凭借美国的综合国力和新闻媒介的辐射力而声名远播。其中一个最重要的原因是，这些作品都震撼受众的思想，触动受众的灵魂。

普利策奖的获奖作品触动灵魂还表现在，几乎每篇文章都能作为受众的谈资而引发议论，它们规避了人云亦云以及“完全正确的废话”，因此注定了其生命力的旺盛。

五、“揭丑”监督

美国新闻界向来有“揭丑”的传统，以“揭丑”为主的负面报道在美国新闻报道中具有重要市场，普利策奖也不例外。普利策倡导报纸进行揭露性报道，他说，罪恶、卑鄙、腐败最怕的就是新闻，因为任何法律、伦理、规章制度都无法和新闻相比。普利策“新闻揭丑”思想逐渐成为美国新闻思想的主流话语。

以负面报道为主的揭丑新闻屡获大奖，并不表明普利策奖对现实社会完全持否定态度；相反，普利策新闻奖的评选标准显示了美国社会主流价值观，即社会责任感、民众知情权、信用、监督权、社会正义与同情心等。

六、小细节，大思想

普利策奖的获奖作品有一个特点：小细节，大思想。

一些获奖作品，通过周密的调查形成精致的细节描写，反映出深刻的现象和事实。没有夸夸其谈，没有刻意造作，用朴实无华的文字和娓娓道来的手法挖掘事实真相。

七、意蕴深刻

获普利策奖的作品告诉我们，好新闻是意蕴深刻且能引起社会思潮流动的。

新闻既不是政治宣言，也不是纯粹的艺术品。新闻把客观世界的真相告诉受众，再现事实的微妙和评价事实的机敏，是构成新闻作品意蕴的两个因素。无论是观察新闻内容还是记者的言行，它们都处于一种报道体制的发展中，把新闻永久性的价值和现实的追求统一起来，就变为人们头脑中永存的记忆。好新闻，总是具有这种深刻的意蕴。

八、文学性和创造性

新闻学者戴维·加洛克说，一篇杰出的新闻首先应具备高度的文学性和创造性。普利策奖的一些作品都是“真正的故事”，让戏剧效果和情节自然展开，懂得冲突和解决叙事中的角色，甚至会在叙事中注入强烈的情感。

文学性和创造性，给受众以热切的精神象征，作品的语言美、结构美，激活事物的鲜明性，超出司空见惯的模式而使受众进入深思的过程。

九、把标题做实

“惊恐的灾民排队准备乘车回家”“妇女和儿子失去联系”“护士在给病人扇扇子”“被忽略的医学问题”“入学黑幕”，这是获普利策奖的几篇作品的标题。没有“对仗式”“格言式”“古典诗词式”等我们已“公认”并习以为常的标题结构，也没有想方设法地“打磨”，费尽心机地“精编”，“事实是什么，标题就是什么”，就这么“出来”了，而且获了奖。而翻阅普利策奖的作品，大多如此。

是不是可以这么说：好新闻都可以作出“实”的标题，而凡是作不出“实”的标题的新闻，最起码，难以成为具有重要影响的作品。

文体实训

1. 请为下面的消息拟写标题。

继中国旅游产业园在天津滨海旅游区启动建设后，又一个大项目落户该区。近日，天津泰达投资控股有限公司与中信信托有限责任公司、中建筑港集团有限公司签署合作框架协议，共建天津滨海旅游区临海新城。

据介绍，临海新城项目位于天津滨海旅游区，西邻中新生态城，规划面积为28平方千米。该项目以现代生产性服务业和新兴生活性服务业为主体，努力打造现代商务服务业、现代商贸流通业、科技及相关专业服务业、休闲旅游业、文化创意产业和高品质房地产业等六大支柱产业，并相应配套发展城市公共服务业、社区服务业等辅助产业，形成特色优势突出、集群效应显著、关联协调性强的产业结构，成为海滨休闲旅游区的客源集散地和高品位的休闲度假目的地。

2. 仔细阅读报刊、网络上的旅游消息，分析其导语写作的特点。

第七节　通　讯

范文示例

小民宿大作用　让乡村宜居又宜游

对于乡村而言，民宿仿佛是一扇窗，带旺了绿水青山，唤醒了沉睡的乡愁，更提升了当地村民对家乡的建设热情，让村容村貌焕然一新。如今，民宿推窗见绿、出门即景的惬意生活，吸引着越来越多人走进乡野田间。

为助力民宿高质量发展，让其成为更多人“看得见山、望得见水、记得住乡愁”的诗和远方，文化和旅游部市场管理司日前在江西婺源举办了全国等级旅游民宿管理培训班，邀请相关专家、业者以及民宿主人，围绕民宿如何更好实现良性发展进行了交流与探讨。

政策给力　发展愈加规范

“当前，全国各地对发展旅游民宿热情高涨，各地先行先试，积极探索本地区民宿发展的新模式、新路径，积累了宝贵经验。”文化和旅游部市场管理司相关负责人在培训期间介绍。

记者了解到，部分地区加大了政策扶持力度，强化奖补措施，制定相关管理办法或指导意见，确保民宿经营有法可依、有章可循，探索适合本地发展的新模式、新路径，助力旅游民宿健康发展。

“我们对从业者给予财政补助、融资授信等帮扶，同时对新评定的全国甲级旅游民宿一次性给予奖补资金50万元，鼓励各地对新创建的等级旅游民宿给予相应配套奖励。”甘肃省文化和旅游厅资源规划与乡村旅游处二级调研员廖永清介绍，2021年至今，甘肃设立了旅游发展专项资金，安排3 500万元用于支持乡村旅游民宿项目建设，每年支持20至30个民宿项目发展，激发了旅游民宿的开发热情，助力民宿业态的建设。

在强化管理、助力旅游民宿规范化方面，部分地区也进行了探索。四川制定出台了《“天府旅游名宿”评选管理办法》，明确天府旅游民宿的定义及开展评选工作的原则、程序等。四川省文化和旅游厅市场管理处四级调研员许发祥介绍，在评选标准制定中，充分参考旅游民宿标准的相关要求，从资源禀赋、安全管理、文化特色、服务质量、经济效益、社会评价等6个方面设定基本条件，明确从等级旅游民宿中遴选“天府旅游名宿”，近两年已评出18家，提升了民宿的硬件条件和服务品质。

江西在全省试行旅游民宿编号服务和管理，明确民宿须同时具有工商营业执照、特种行业许可证、卫生许可证、房屋安全有效证明、消防安全有效证明，提供餐饮服务的须取得食品经营许可证。由县（市、区）级文旅部门根据相关条件，确定编号服务和管理的对象，对纳入编号管理的民宿须落实行业监管职责。“江西首批符合条件的编号民宿共有472家，不仅厘清了监管边界，引导旅游民宿合法经营，还守住了游客安全底线，提升了住宿服务品质。”江西省文化和旅游厅市场管理处副处长匡恺说。

在适度放宽市场准入流程、减轻市场主体负担方面，海南进行了探索。“我们建立了乡村民宿的开办实行承诺即入的备案登记制度。在乡村民宿开办流程上，将工程质量竣工验收、消防验收和备案、特种行业经营许可、公共卫生许可、食品经营许可、消防准入等进行整合，乡村民宿经营者做出一次有关承诺并提供一套包括房屋、治安、卫生、食品、消防等涉及公共安全相关的材料后，即给予登记备案，做到一张表单、一套材料、一次提交、多方复用。”海南省旅游和文化广电体育厅行业管理和安全监管处四级调研员唐国尧介绍。

文化赋能　凸显在地特色

培训期间，记者跟随参会人员实地参观了婺源的部分民宿，发现与本地文化的良好融合是其一大亮点。正如一位业者所提醒的，除了在政策引导下实现规范发展，民宿还应当将本地特色文化元素融入民宿建设、布局每一处细节，这样才能拥有持久的生命力。

“松风煮茗，竹雨谈诗。这座古宅名叫福绥堂，原是一栋商宅，有200多年的历史了。1860年，清朝大臣左宗棠曾在皖南一带用兵，其行营驻扎于此，所以百姓便将这里称作将军府。”婺源茶艺江西省级代表性传承人、婺源将军府·福绥堂堂主方秀瑛正向客人娓娓道来民宿的历史。

置身福绥堂中，随处可见的斑驳马头墙、古香古色的家具、四水归堂的天井，无一不诉说着世代相传的历史与文脉。方秀瑛告诉记者，自己喜欢老房子，也喜欢婺源的古建筑文化，于是便决心辞去原本的工作，到婺源修缮老屋、经营民宿。“我们对待这些老屋都怀着敬畏之心，做到修旧如旧、建新似旧。更希望借助民宿的平台，让茶艺、徽剧、徽州三雕（木雕、石雕、砖雕）等文化得以传承。有客人每年都会带着孩子来住几天，我就会给孩子讲讲梁坊上木雕的故事，说说老房子的高门槛、青石板路和礼让三分墙，带孩子听徽剧，这是非常有意义的事情。”

沉沉秋日裏，人闲桂花落。隔一池清水，群山掩映下，一名一袭蓝衣的女子在水中央弹奏古筝，清幽的琴声从远及近、迤逦而来，和着风声鸟声，形成了纯粹自然的交响……走进婺源厚塘庄园，同样有浓浓的文化味。

“厚塘庄园是从明清时期后塘书院的遗址营造而来，有高低错落的五进园林院落，7栋年代不同的建筑。”厚塘庄园负责人刘芳非常希望能把古徽州建筑文化和中式美学气质传递给更多人。她介绍，庭院园林本身是住宿空间和生活空间的延续，体现了中国人的哲学观以及与自然和谐相处的生活艺术。“我们策划了中秋拜月、厚塘禅茶、荷塘听曲、观徽剧等文化活动，让客人在幽幽古韵和花香虫鸣中消除疲惫、感受美好。这些活动非常受欢迎，民宿国庆假期的客房在8月就已订满了。”

延续传统古宅的“DNA”和文化底蕴已经刻在了婺源民宿经营者的血脉里。“我们不仅保留了徽派建筑的经典符号，还在婺源民风民俗采风的基础上，活化了147件‘老物件’，比如非遗技艺古法榨油工艺、放养冷水塘鱼的传统等，将其直观地呈现给客人，正是我们的核心竞争力。花田溪不仅是一家民宿，更是一个文化艺术空间，希望能让传统之美焕发出新的活力。”位于4A级景区思溪延村的花田溪设计师艺术民宿创始人马志刚说。

“民宿是长在乡村的，是长在中国最根本的文化土壤上。民宿要真正做到‘卖生活’而不是‘卖房间’，在文化产品体验方面，当地优美的自然风光、居民的生产生活实际、乡村艺术文化、风俗习惯等都会引起游客的兴趣，这也是民宿需要凸显和包装的特色。只有文化的熠熠生辉才能照亮乡村民宿的发展之路。”全国等级旅游民宿评定专家、河北省旅游协会副秘书长杨冬梅总结道。

助力振兴　农文旅深融合

记者了解到，全国甲、乙级旅游民宿中很多是利用乡村中闲置的旧宅、民居进行改造而成的，在解决农民就业、带动农民创业、促进农旅融合和乡村建设等方面发挥了较大带动作用，旅游民宿已经成为助力乡村振兴的有力抓手。

有业者表示，民宿正发挥城乡连接桥梁的作用，将游客、流量、资源、人才引进来，将地方文化与特色产品推广出去。

以民宿为载体推动农文旅融合、助力产业发展，才能真正将乡村振兴落到实处。浙江省月亮工坊民宿主人张慧云2016年回到家乡，将村口闲置的废旧车站改造成月亮工坊民宿。如今，月亮工坊的水院、茶院、山院3栋民宿已经吸纳了10余位村民就业。“民宿还带动了周边农户的农产品销售，比如通过组织大型节庆活动，推广天目山的有机茶叶、特色美食、工艺品等，产业链已经被无限拉长，形成了强大的共富效应。”

同样为当地带来发展红利的还有花田溪设计师艺术民宿。“我们通过对当地农村闲置房屋、宅基地、空地的利用和运营，直接为村民创收170余万元。此外，我们还聘用了当地村民从事帮厨、客房保洁、导游、水田种植指导、旅游车辆驾驶等工作。2015

年至今，每年为当地创造100人以上的就业机会，累计帮助村民增收50万元以上。”马志刚自豪地说。马志刚毕业于上海同济大学风景园林专业，2015年，他放弃了上海的工作，到婺源搞起了民宿事业，并决心在这条路上一直走下去。

正如马志刚所说，民宿不仅为当地提供了大量就业机会，还成了吸引年轻人回乡就业、创业的重要吸引物。

“我们民宿由7间废弃的旧砖房改造而成，打造第一家民宿之后，慢慢形成了集聚效应，近几年相继有十几家民宿在老街拔地而起，吸引了更多民宿客人变身‘当地人’，建立了美术、音乐、文创等各类工作室。这些人不仅有情怀，更有想法、有资源，在他们的带动下，村子的人才素质和技能相应提升了，村子也更有活力了。村里闲置的院子从最初的2万元就能买到，到现在几十万元却一‘院’难求。”江苏淮安云沧海民宿主人张小燕说。

在张小燕和同行的共同努力下，废弃的老街焕发出新的人文气息，不仅改善了当地的居住生态，也对绿色生活进行了无形的倡导，为乡村连接起更多资源。

记者了解到，不少甲级旅游民宿主人会帮助所在地的其他民宿答疑解惑，提供破解瓶颈解决方案，形成良好的发展生态。在从业者的耕耘下，乡村民宿成了各地推进美丽乡村建设的重要抓手。

“乡村民宿发展，需要久久为功。民宿有责任担起‘乡村振兴、共同富裕’的社会责任，民宿主人也应当让情怀落地，让民宿姓民、为民，更要富民，让更多人心有所栖、情有所寄。社会各层面仍需形成合力，这样民宿才能更好地提档升级。”一位业者总结道。

资料来源：唐伯侬. 小民宿大作用 让乡村宜居又宜游. 中国旅游报，2023-09-14.

文体知识

一、通讯的含义

通讯是运用叙述、描写、抒情、议论等多种手法，具体、生动、形象地反映新闻事件或典型人物的一种新闻报道形式。它比消息更详细地报道具有新闻意义的事件、经验或典型人物。

通讯具有五大特点：真实性、客观性、较弱的时间性（相对新闻消息而言）、描写的形象性、评论性。

二、通讯的类型

通讯一般分为人物通讯、事件通讯、工作通讯、概貌通讯等。

（一）人物通讯

人物通讯是以报道各方面的先进人物为主的通讯，以表现人物为中心，着重揭示先进人物的精神境界，通过写人物的先进事迹，反映人物的先进思想。在写作时写人叙事力求言真意切、恰如其分。

（二）事件通讯

事件通讯以记写事件为中心，就是报道典型的、有普遍教育作用的新闻事件。以事件为中心，它既可以反映现实生活中发生的重大的、振奋人心的典型事件和突出事件；也可以从某一新闻事件截取一个或若干个片段，进行细致详尽的描述，揭示事件的深刻含义；还可以是若干事件的综述。

（三）工作通讯

工作通讯又称经验通讯，是以报道先进工作经验或某项工作的成就和存在的问题为主要内容的通讯。写工作通讯要有针对性，应抓住当前带有普遍性的又需要解决的问题。介绍经验要科学、有理论根据，经验要写得具体，使人看得见、摸得着、学得到。

（四）概貌通讯

概貌通讯也叫风貌通讯、综合通讯。它是以反映社会生活、风土人情、自然风光和现实中的建设成就为主的报道。这类通讯取材广泛、气势大、笔墨重，给人以完整深刻的印象。

三、通讯的结构与写法

（一）通讯的内部结构形式

通讯的内部结构形式包括纵式结构、横式结构、递进式结构等。

1. 纵式结构

即按照新闻事实发生、发展的时间顺序组合和编排事实材料，也叫单线条过程链接法。

2. 横式结构

即按照新闻事实的内容性质的区别和联系，以多侧面拼接的形式来安排新闻素材。

3. 递进式结构

这种结构往往从现象入手，层层挖掘现象的原因，以及背后的深层问题。一般运用于工作通讯、事件通讯、社会观察通讯等。

（二）通讯的外部结构形式

1. 开头

开头的方法有：用重要的情节作开头；用尖锐的矛盾作开头；用鲜明的对比作开头；用精辟的议论作开头；用突然的转折作开头；用优美的故事作开头；用联想和想象作开头；用恰当的引语作开头。

2. 主体

通讯的主体在写作方法上灵活多样，类似于文学作品。

3. 结尾

结尾的方法有：画龙点睛，重言压阵；提醒召唤，引起共鸣；紧迫一步，扩大效果；含而不露，引而不发；一分为二，指明方向；写完停笔，质朴自然。

（三）通讯的主题

1. 主题的含义

通讯的主题是指通讯要表现的中心思想，是作者经过对现实社会的观察、体验、分析、研究，通过对素材的提炼和组织，所表达的对客观世界的一种认识或思想观念。

2. 通讯主题的提炼

选择富有个性特征的新闻事实来表现主题；选择最具典型意义的材料揭示主题；提炼主题要反复酝酿、深入挖掘。

（四）通讯的写作

1. 选好典型，确立主题

典型是通讯的筋骨，主题是通讯的灵魂。选好典型、确立主题对通讯来说十分重要。选择什么样的典型呢？要选择那些具有代表性、具有普遍意义、具有宣传价值和教育意义的人和事，选择那些在一定时期内人们所关注的问题。确立什么样的主题呢？要确立体现时代精神、表现时代风尚的主题，确立反映人物和事物、本质和规律的主题。

2. 写好人物

写好人物是通讯写作的重要任务。不论是人物通讯还是事件通讯，都要把人物写好。写人离不开事，因此，写人必写事，写人物所做的事、写能揭示人物内心世界的事。写人物还要用人物的语言、行为、活动来表现人物。人物要写得有血有肉，有音容笑貌，有内心活动；写事要具体形象，有原委，有情节。

3. 安排好结构

纵式结构按时间顺序、事物发展的顺序或作者对所报道事物认识的发展顺序来安排结构。在这种结构里，时间发展的顺序、情节展开的顺序、作者认识事物的顺序成为行文的线索。在采用这种结构时，要详略得当、布局巧妙、富于变化，避免平铺直叙。横式结构用空间变换或按照事物性质来安排材料。这种结构概括面广，要注意不同空间的变换，恰当地安排通讯所涉及的各方面问题。采用空间变换的方法组织结构时，要用地点的变化组织段落；按事物性质安排结构时，要围绕主题，并列地写出不同的几个侧面。纵横结合式结构，以时间顺序为经，以空间变化为纬，把两者结合起来。

四、写作提示

（一）主题明确，材料精当

有了明确的主题，取舍材料才有标准，起笔、过渡、高潮、结尾才有依据，写作时才能按照主题思想的要求，去掂量材料、选取材料，把最能反映事物本质的、具有典型意义的和最有吸引力的材料写进去。

（二）角度新颖，态度鲜明

通讯所报道的新闻事实，可以从各个不同的角度去观察、去反映，如正面、反面、侧面、鸟瞰、平视、仰望、远眺、近看、俯首、细察……角度不同，印象各异。若能精心选取最佳角度去写，往往能使稿件写得别具一格、引人入胜。此外，要有鲜明的立场、态度。

（三）刻画人物，塑造形象

在写作人物通讯时，要注意用多种手法刻画人物、塑造形象，展示出人物的精神风貌。

拓展阅读

通讯写作中的意境美

新闻的意境美，是写活写美通讯的一种艺术手段。通讯写作离不开对自然景物和社会环境的描绘，离不开对新闻事实的叙述，其中无不蕴含着作者强烈的主观感情。这种情随景生、情景交融和以事传情、情附于事的巧妙结合，往往能形成富有深刻思想内涵的新闻意境，给受众以思想启迪和美的享受。通讯中如何体现意境美？笔者以为，题材的选择、结构的组成、细节的描写都可成为新闻意境美创造的着力点。

从主题入手

意境是指作品通过形象描写表现出来的境界和情调，是思想感情与景物事实的融合，是意与境完美结合在作品中的体现。这个“意”，就是指人的思想感情；“境”是指思想感情融于其中的外部事物。一般来说，只有把事实的“景”与记者的思想之“情”巧妙地融为一体，做到情景交融，作品才会有感人的意境。

2009 年 5 月，《孝感日报》推出《将军故里行》系列报道。笔者被派往徐海东将军故里——大悟县新城镇江冲村。我们沿着将军生活、战斗过的足迹一路前行，来到将军故居前，一棵苍老蓊郁、巍然挺立的皂角树吸引了我的注意：它由将军亲手种下，有着上百年的历史；站在树下，放眼远眺，江冲村的田陌交通尽收眼底。我便以皂角树为“眼”追忆历史，见证新貌，展望未来，写就《皂角树的守望》一文：“将军故居前，有着百年历史的皂角树枝繁叶茂、苍劲挺拔。据介绍，这棵皂角树是徐海东将军亲手种下的。它苍老蓊郁，以广阔的绿荫遮蔽着地面。那高大魁梧的躯干和一圈圈的年轮，在岁月中见证了这里天翻地覆的变化。”“一路西行，继而北折，江冲村渐现眼前。一条狭长的水泥路，蜿蜒曲折；路的尽头，是一间镌刻着历史记忆的青砖平房；屋前，一棵皂角树挺直苍翠。这便是‘湖北省重点文物保护单位’徐海东大将故居。”“回头凝望，那棵屡经炮火洗礼的皂角树如守护神般，守望着那一畦农田村舍，摇曳出一片赏心悦目的青翠……”

通过在文章开头、中间、结尾三处对皂角树的描绘，再现了故居前的环境，渲染了气氛，给人以身临其境的感觉。同时通过睹树思人、人树合一，达到了托物寓意、以景传情的效果，这样就使新闻显得生动形象，容易激起受众感情的共鸣。

景物本是没有感情的，是作者将自己的思想情感嫁接其中，于是，景物就如同人物一样富有了感情色彩。正是这种情与景的交相辉映，才使这篇通讯韵味无穷。

从结构入手

写通讯首先要确立结构。通讯的结构如同一张缜密的网，它不仅要把有用的素材网罗其中，而且要将素材错落有致地加以巧妙安排。

招商引资在各地开展得如火如荼，其经验做法也屡屡见诸报端。如何将招商引资这一平淡无奇的新闻写活、写出新意？笔者在对孝昌县经济开发区招商引资活动的采访报道中，从谋篇布局上动脑筋、做文章，写就《打造“洼地”效应——孝昌县科学发展系列报道之四》的报道。笔者首先选取典型企业——鸿翔养鸭公司的发展壮大历程，将引资企业的成长史展现在读者面前；再以维纳经编、烨和电子等重点企业的落户经过，引出孝昌县“以德招商，以诚待企”的经典做法；然后由点及面，将孝昌县服务于招商引资企业、打造招商引资“洼地”的举措全盘托出。

在行文过程中，作者紧扣“洼地”二字，以“一只鸭的天地”展现企业的发展壮大历程，以“两棵树的情怀”道出孝昌招引企业“群凤回巢”的缘由，以“五六年的犁耙耕耘”系统呈现当地打造“洼地”的气概。三个小标题，形象、生动、传神，将孝昌县在招商引资活动中坚持科学发展的理念表露无遗。结构是需要通过语言来表达的。正是这种特殊的语言，才在不经意间用它的经和纬、纵与横编织了意境赖以生成的温床。

结构是有能量的，它可以穿针引线，通过去粗取精、去伪存真，将繁杂的第一手材料整合成自然和谐、韵味无穷的意境。

笔者的另一篇通讯《碧山涢水再现王桂珍精神——感动溢满人民大会堂》(2010 年 12 月 29 日)，标题即是意境。如何表现出碧山涢水再现王桂珍精神这个大的意境呢？作者通过国家领导、普通群众对王桂珍的肯定、感动、学习为视点，再现王桂珍的人格魅力，也深刻体现了王桂珍精神对广大党员、群众的影响、浸润这一主题。这种多头并进的结构方式犹如一个大舞台，使读者能够多角度、多侧面地认识和感受王桂珍这个人物，从而引起情感上的共鸣。

从细节入手

细节是意境的魂。“如临其境”“如闻其声”“如见其人”，说的都是通讯体现出来的一种意境，它靠细节展示，靠细节再现事物的原生态。

通讯中的细节有哪些呢？景物是细节、环境是细节、人物是细节、表情是细节、对话是细节、动作是细节，发生的一件事是细节，由此带来的结果也是细节……

“在武汉同济医院住院的 35 天 800 多个小时，不停地化疗、放疗，不断地呕吐、恶心，占据了王桂珍的一大半记忆。

剩下的，就是对在武汉打工的姐妹潘桂枝的挂念。

潘桂枝是王畈村人，在武汉打工期间，得知桂珍姐住院，没少去医院看望。一来一去，王桂珍就记住了她的苦衷：现在 16 岁大的儿子一直有先天性残疾，虽然想生二胎，但总怕二胎也会落下什么毛病。

王桂珍一边宽慰她，如果想再要个孩子，可以做孕前优生优育检查；一边就在心里琢磨开了：回去后一定要查查政策，像桂枝这样的家庭能不能享受一些优待政策……

所以，一见到随行的安陆市计生局办公室主任朱红斌，王桂珍就忙不迭地咨询开来……”

这是《碧山涢水再现王桂珍精神——感动溢满人民大会堂》文中的一处细节描写，此处侧重于对一件事的描述。在王桂珍不停忍受呕吐、恶心等术后不良反应时，还挂念着育龄妇女的苦衷；在她承受着生命难以承受之重之际，还不忘跟上级部门咨询解决工作上的难事。此处的细节描写，达到了以事传情、情附于事的巧妙结合，往往能形成以具体生动画面为载体的、有深刻思想的新闻意境，给受众以深刻的思想启迪。

资料来源：沈惠东. 通讯写作中的意境美. 新闻前哨，2014 (12).

文体实训

1. 请仔细阅读本节的例文，指出它在写法上的特点。

2. 请分别查找人物通讯、事件通讯、工作通讯、概貌通讯各一篇，并指出其写法的异同。

3. 请采访一位本市旅游业的优秀工作人员，写一篇人物通讯。

第八节　旅游宣传片解说词

范文示例

《风景·石阡》宣传片解说词

壹·概况

石阡，位于贵州省东北部，铜仁市西南部，县域面积为 2 173 平方千米。

始于阡陌，复于众生，历经几百年的风雨，石阡，积淀了丰富的民族民间文化和众多的名胜古迹。

贰·片花

沐浴春秋，体会神汤之奇；

沁人心脾，品味苔茶之香；

技艺传承，展现民俗之城；

悠悠古今，名驰旅游之地。

——风景·石阡

叁·温泉之乡

地处武陵山脉腹地的石阡，地理位置、生态环境、气候条件得天独厚。奇特的地质构造，为石阡县造就了丰富的地热水资源。这里温泉无数，而且情趣各异，除了历史悠久的古温泉外，也有群山与溪谷环绕的露天泉，还有隐藏在山林深处的“秘汤”。石隙间、溶洞中、河床底，都有泉源涌出，而且久晴不涸，久雨不涝，温度适中，水质优良。

石阡温泉初具规模始于明万历年间，由云南人江大鲲任石阡知府期间所创建，自此以来，历代官府百姓几经筹款改扩或重建，终于形成设施完善、规模宏大和集洗浴、游览于一体的风景名胜。石阡温泉也成为中国唯一的有史记载、官方开发最早、至今仍在使用的古温泉。

石阡温泉自它诞生之日起，就不断为石阡人民造福，泉水不仅可以洗浴，还可直接饮用，泉水中富含氡、碘、锌、硒等对人体健康有益的元素，对治疗皮肤病、风湿、关节炎有显著疗效，还可稳定血压。温泉水质优良，泉水清澈透明，因含化学元素“氡”，而被称为“氡泉”，它是全国仅有的含硒并达到国家规定标准的、集饮用和沐浴为一体的温泉。

“温泉”是石阡的标志，石阡也因温泉而驰名，石阡人离不开温泉。温泉影响着世世代代石阡人的生活方式，在县城的大街小巷，随处可见搭着毛巾、背着浴具往来的人。千百年来，汩汩流淌的神汤之水，是石阡人深深挚爱着的心灵之泉，赋予了这片土地更深的价值和意义。

肆·茶叶之乡

在青山绿水间，在天地交错中，漫山遍野、整齐有序的茶园铺展开来。绿油油的茶园里，忙碌的采茶姑娘在采撷丰收的喜悦。

好山好水出好茶！

在石阡，既可体会山的美感，感受水的滋润，又可品味茶的清香。石阡的茶叶生产历史悠久，据陆羽著《茶经》记载：“黔中生恩州、播州、费州、夷州……其恩、播、费、夷……往往得之，其味极佳……”夷州则为今天的石阡县。明清时期，石阡坪山茶曾是朝廷贡品，在全国享有盛名。新中国成立后，石阡茶优势依然明显。1958 年，石阡县五德公社新华大队生产的茶叶到北京参加全国群英大会，得到了党和国家领导人的高度评价，还得到了周恩来总理亲笔题词——“茶叶生产　前途无量”的锦旗。石阡县茶叶公司生产的“泉都云雾茶”，1999 年获中国国际茶叶博览交易会国际名茶评比金奖，2009 年在日本举行的世界绿茶评比大会上获金奖。“泉都碧龙茶”获第三届“中茶杯”全国名优茶评比特等奖。在漫长岁月的洗礼中，石阡人民逐步积累了丰富的茶叶生产经验，形成了“石阡苔茶”独特的产品风格。

石阡因特殊的地理、气候环境，形成了“天无三日晴、地无三尺平”的区域特点，加之长年雨量充沛，年均降雨量在 1 150 毫米左右，湿度大，这块土地的茶叶产量高，品质优。作为全国古老茶区之一，石阡苔茶一直是众多品种中的一枝奇葩。

近年来，石阡县委、县政府通过深入调研，发现大力发展茶产业是培育农村经济发展新的增长点，于是确立了“以户为主、大户带动、社会参与、全面推进”的茶产业发展思路。2006 年，石阡县出台了《关于加快茶叶产业发展的意见》，明确了“茶叶产业既符合生态县建设的发展需要，又符合农民增收的客观要求，更是青山绿水与金山银山的最佳结合点”的指导思想。从此，石阡茶叶产业走上了快速发展的轨道。

伍·民俗之城（略）

陆·旅游之地（略）

柒·尾声

当阳光覆盖山林，当温泉唱响大地，当茶香飘满乡野，当吟唱划过天空，风景中的石阡之光芒乍现于这青山绿水之间！

美丽的石阡，将人们的朴实与勤劳，展现在这片古老的土地上，继往开来，续写辉煌！

资料来源：石阡新闻网，有删改。

文体知识

一、旅游宣传片解说词的含义

旅游宣传片是用制作电视、电影的表现手法，对旅游景点或旅游企业内部的各个层面有重点、有针对性、有秩序地进行策划、拍摄、录音、剪辑、配音、配乐合成制作的电视片。其目的是更好地凸显旅游产品或企业独特的风格面貌，提升旅游产品或企业的形象。

旅游宣传片解说词是一种配合旅游宣传片，对人物、画面、展品或旅游景观进行讲解、说明、介绍的应用性文体。旅游宣传片解说词的作用是：发挥对视觉的补充作用，让观众在观看实物和形象的同时，从听觉上得到形象的描述和解释，犹如身临其境，从而达到情感上的共鸣。

二、旅游宣传片解说词的类型

旅游宣传片解说词的类型大致分为景区景点宣传片解说词、旅游企业宣传片解说词、旅游商品宣传片解说词等。

（一）景区景点宣传片解说词

景区景点宣传片解说词是介绍旅游景区景点的应用性文字，包括景区景点的地理位置、历史特色、游览价值等。其作用是感染观者，引起其了解及参观游览该景区的兴趣。

（二）旅游企业宣传片解说词

旅游企业宣传片解说词即配合旅游企业宣传片而写作的应用文字，主要目的是打造旅游企业的良好形象，增加观者对企业的了解和欣赏。

（三）旅游商品宣传片解说词

旅游商品宣传片解说词是介绍旅游商品的应用性文字，要配合宣传片使用，如《潍坊风筝——龙头蜈蚣》。

三、旅游宣传片解说词的结构与写法

旅游宣传片解说词的形式多样，写法灵活，可以是散文体，也可以是韵文体，没有固定的格式。因为旅游宣传片解说词严格来说并不能单独存在，它只是配合实物或画面的文字说明。通常，其结构可以分为开头、主体和结尾。本节主要以景区景点宣传片解说词为例来介绍旅游宣传片解说词的结构与写法。

（一）开头

旅游宣传片解说词的开头也是多种多样的，既可以开门见山，也可以迂回铺垫；既可以概括要点、平铺直叙，也可以出人意料、自问自答；既可以逸闻传说开篇再转入正题，也可以采用经典名句顺势阐发。

（二）主体

主体是旅游宣传片解说词的核心部分，主要介绍各种景观。在写作上可以采用多种

手法，如叙述、描写、抒情等。

（三）结尾

结尾是旅游宣传片解说词的自然结束，应根据实际需要确定，有的发人深省，有的令人回味，有的鼓舞人心，目的都是给观者留下深刻印象。

四、写作提示

（一）必须处理好画面与文字之间的关系

旅游宣传片解说词是对画面的补充和印证，它必须和其他手段（尤其是画面）配合起来，才能最终完成宣传片的创作。因此，解说词必须配合画面，服务、展现画面，甚至是以画面和其他表现手段为主，尽量用画面叙述事件、用画面讲故事，依赖画面传达主要信息。

（二）注意与宣传片内容的贴近性

旅游宣传片解说词创作应该讲究与观众及报道内容的贴近性。解说词要和节目本身及观众的心理相贴近，对画面进行补充和装饰，使观众产生联想，并且和眼前的画面相呼应。

（三）语言要含蓄精练

旅游宣传片解说词讲求含而不露，留给观众更多的想象空间，让观众更为主动地参与节目，从欣赏中达到互动的效果。一篇好的宣传片解说词要把情景上的实写与意境上的虚写相统一。解说词要根据需要压缩或延长客观时空，或纵览上下五千年，或雕刻数分数秒，因此要写得高度概括、言简意赅。

拓展阅读

电视风光片的声画表现

我们知道，电视艺术是一门非常年轻的艺术学科，电视艺术接受的最为重要的影响，来自古老的文学。电视节目的解说词、文艺节目的串连词等与文学有着紧密的联系。就电视风光片来说，怎样在有限的篇幅里让声音（解说词）和画面恰如其分地表达（电视的声音包括画面的同期声，因电视风光片的同期声与其他电视艺术的同期声运用没有大的区别，所以在此不述），使片子简洁而又充实，是电视文艺工作者和爱好者应该研究的问题。

一、用画面展现客观景物，用解说词抒发主观情感和体悟，是电视风光片独特的表现方法

众所周知，文学以文字塑造艺术形象。读者欣赏文学作品，需要以文字这种印刷符号为中介，经过想象、联想和补充，才能感受艺术形象。电视艺术是以画面和音响塑造艺术形象的，电视的声画直接诉诸观众的听觉和视觉，观众就可以获得直观的感受。

电视风光片的解说词一般由散文这种文学体裁构成（也有诗词或其他体裁，因论述内涵基本一致，故在此不再赘述）。散文的历史源远流长，散文在其长期的发展过程中经过不断探索和完善，积累了丰富的创作方法和经验，形成了相当完整和比较成熟的理论体系。以散文中对景物风光的描写来说，就是用具体、形象、生动、可感的语言，对客观景物作描绘和摹写，把景象通过文字，再通过读者的思维再现出来，让人如临其境。比如朱自清的散文《荷塘月色》中的这段景物描写："曲曲折折的荷塘上面，弥望的是田田的叶子。叶子出水很高，像亭亭的舞女的裙。层层的叶子中间，零星地点缀着些白花，有袅娜地开着的，有羞涩地打着朵儿的；正如一粒粒的明珠，又如碧天里的星星……"作者通过对月下荷塘的景色具体形象的描写，让读者通过阅读文字，感知荷塘的景物，获得艺术形象，仿佛置身于月下荷塘。读者在阅读过程中，也只能通过文字来认知，以"阅读—思维"来感受形象。因而，在散文中对景物的文字描写，是应该详细的，也是十分必要的。

同样是描写景物，散文用很大的文字篇幅去详述，而电视只需要几个画面就能让观众一目了然。就以上述这段《荷塘月色》中的景物描写为例，假如这段景物描写是为了电视风光片而创作的话，那么其中许多写景状物的语言在解说词中就可以省去。因为电视艺术是一种视听艺术，它通过画面把具体可感的形象直接诉诸观众的视觉。解说词，尤其是电视风光片的解说词只需表现、抒发画面表现不出来的那些感悟和思想内涵，观众在欣赏电视风光片时，可以通过"画面＋解说词—思维"的方式感受艺术形象。

即使同样是电视散文，电视风光片的解说词和画面表现也不同于其他记叙性电视散文。比如以反映人物、事件为主的电视散文的解说词和画面，或讲求故事情节的完整性、连贯性，或注重描写事件的细节，刻画人物的心理，因而在用有一定逻辑和联系的画面展现情节发展的同时，也往往需要用充实、详尽的解说词与画面同步配合，把人物塑造和事件发展的来龙去脉交代清楚。一般来说，电视风光片与其他记叙性电视散文相比较，具有情节淡化、画面跳跃性大等特点，不需要完整的故事情节，只需要展现景物以及由景而抒发情感和体悟，表达某种思想。因而，有了镜头（画面）的展现，电视风光片的解说词就不需要描写景物，可以用画面直接展示景物，这是电视风光片的独特表现手法。

二、用画面展现客观景物，用解说词抒发主观情感和体悟，使电视风光片更充盈，增加可视性和思想性

一部优秀的电视风光片和描写风光的散文一样，在用"声画"或"文字"展现、描绘景物和抒发情感时，要求用优美的画面或笔触反映丰富的情感和深刻的思想内涵。尤其对于电视风光片来说，更应该通过"声画"的表象，洞察其中的真谛，反映丰富的内涵。

如前所述，电视风光片用画面展现客观景物，这就使客观景物通过电视画面原原本本地直接再现在观众眼前，让观众通过视像来认知景物，以自己的思维方式，发挥主观能动性，在头脑中营造异彩纷呈的想象空间。相反，如果电视风光片文字作者用解说词描写客观景物，那么无论他怎样努力，也不能表述得与客观景物完全一致，就不如观众直接从电视画面获取的形象精确。而且，如果用解说词描写景物，会使观众的思维受限于作者的思维模式，不能让不同的观众对画面产生多种认知，不能最大限度地表达出画面的内涵。

用画面展现客观景物，而不需要用解说词描绘景物，是电视风光片独具的优势。解说词可以发挥更大的作用，如抒发作者的情感、揭示画面的内涵，不仅使整个风光片精练、简洁，情和境在有限的篇幅里得以表达，而且能使整个风光片更充盈、更具张力、思想更深刻。

在电视风光片中，用画面展现客观景物，用解说词抒发主观情感和体悟，并不是说把解说词简单、机械地配上画面来表现解说词，也不是把画面简单、机械地配上解说词来说明画面。电视风光片的画面不是把风景无原则地罗列，它应该使解说词更加具体、形象和深化；电视风光片的解说词不是说明文，不是画面表现什么，解说词就“说明”什么，这种“电视十散文”双元同步发展的体式，在景物描写方面很容易铺陈多余的文字，使主观情感不突出，限制整个片子的内涵和思想表达。

电视风光片借助镜头的描写，让要抒发的情感和体悟渗透在景物中，解说词和画面应该是“灵”与“肉”的结合，二者相互交融而不是简单的依附，“声”应该统摄“画”，帮助观众认知、解读“画”的深层含义而不是表象；“画”的意境通过“声”的表现和升华，变得更加鲜明，增添片子的意象美。

通过对电视风光片的画面和解说词（散文）的论述，我们可以得出这样的结论，就电视风光片来说，不应该存在“电视十散文”的中间体式，应该以电视风光片声画运用的方法，使其情景交融、景意贯通，把画面的审美和情感的审美高度统一，让观众看画面会如临其境、如观其景，听解说词会如有其情、如发其意。采用这种让画面和解说词“双元融合”发展的创作方法，才能创作出真正的优秀的电视风光片。当然，在电视风光片中，并不是绝对不能用描写或说明、叙述性的解说词，一些对隐性的难以理解的场景的描写、说明，一些对时序转换作交代的叙述等，还是必要的。

总之，在电视风光片中，应该“画”与“声”、“视像”与“意象”并重，在注重画面对客观景物再现的同时，也注重解说词对主观情感的表现。风景充满了美，解说词应该升华风景的美，使“情”与“境”在有限的篇幅里表达得更充实，让“声”与“画”构筑更大的艺术空间。

文体实训

1. 请观看宣传片《黄山》，然后撰写一篇解说词。
2. 请观看你所在城市的旅游宣传片，注意解说词是如何与画面配合的。
3. 选取一处景点，为其创作宣传片解说词。

第九节 策划书

范文示例

沈阳古塔四寺旅游项目策划书

一、项目介绍

1. 名称

古塔四寺一日游。

2. 选址

沈阳东、南、西、北塔（西塔为主要旅游地，本文主讲西塔）。

3. 主题

（1）吃、喝、玩、乐，享不停。

（2）朝鲜族风情文化特色街区。

（3）寺庙喇嘛文化冲击你的大脑。

（4）优质的旅游服务等你来享受。

4. 内容

（1）围绕西塔朝鲜族文化街道，以西塔延寿寺为中心，向东塔永光寺、南塔广慈寺、北塔法轮寺发散。

（2）西塔的美食街区在国内已有较大名气，以原有崇尚美食的人脉拓展向往寺庙文化的人脉。

（3）整合周边的基础设施建设，完善旅游地区内各个区域，各个区域突出其特点，发展特色化旅游产品。

（4）优质的旅游服务质量，吸引大量外来游客参与。

二、项目定位

（一）项目特点

（1）独特性。特有的寺庙文化。

（2）满足味蕾。沈阳市特色的朝鲜族美食风情街。

（3）专业培训。高水平专业化的服务团队。

（4）受众人群。老少皆宜，文化理解随个人程度而定。

（5）较为完备的旅游体系。旅行过程中舒适感较强。

（二）项目优势

（1）西塔是东北三省除朝鲜族自治州、县以外的最大民族聚集区域，融合了朝鲜族的民族文化精华。

（2）寺庙喇嘛文化的独特性，引发旅游者的好奇心。

（3）朝鲜族文化街的形成过程，吸引游客参观。

（4）西塔美食风情街已经具备一些稳定的客源，有较高的知名度，有利于给发展寺庙旅游文化带来大量客源。

（5）西塔临近沈阳知名街道太原街，可顺势吸引大量游客。

（6）周边交通发展较为完备，临近太原街地铁站，公交直达等。

（7）开发公司沈阳市中青国际旅行社有限公司的注册资本为 1 000 万元，经济优势较为明显，为旅游产业的开发提供强大的经济保障。

（8）随着生活水平的提高，人们越来越注重生活品质，开发公司的宗旨是“专注、用心、服务”，整个旅行过程中将会提供给游客意想不到的优质服务。

（9）沈阳是新兴新一线城市，将吸引大量的外来游客，有利于发展旅游业。

（10）国家相关政策支持，保护历史文化，发扬中华民族传统文化。

三、项目战略选择

（一）战略分析

1. 外部环境

（1）沈阳市发展旅游产业受到国家政策的支持。

（2）朝鲜族文化街拥有稳定的客流，可以辅助古寺旅游的发展，为古寺吸引大量的游客资源。

（3）沈阳市交通比较便利，四通八达，公交、地铁等交通工具应有尽有。

（4）沈阳被评为新一线城市，将有大量人口涌入沈阳市，有利于沈阳市旅游业的发展。

（5）沈阳市大学广布，对于整个古寺旅游的高品质服务有很大保证，有利于吸收优秀的旅游产业人才。

2. 内部优势

（1）投资公司资金实力雄厚，给整个旅游项目提供有力的资金支持。

（2）古寺美丽的景观以及我们提供的优质服务一定可以吸引大量游客。

（3）古寺具有悠久的历史，在“文化大革命”时期被炸毁后又重建，具有深刻的历史意义。

（二）战略选择

（1）根据不同的市场、不同的人群、不同的需求，开发多种多样的不同档次的旅游产品。

（2）秉承多元化（集出行、咨询、法律等一系列服务）和国际化（出境游与国际接轨）经营战略。

（3）逐步培养特许经营业务、自有品牌产品开发业务以及有税产品的品牌代理业务。

（4）逐步专业化，向旅游零售有税业务渗透，坚持“免税、有税业务并举”的发展战略。

（5）投资企业水平在全国范围内评估为良好型企业；在本省范围内属于中等偏上企业。

（6）差异化战略，喇嘛寺庙文化在沈阳是独一无二的。

（三）具体实施方案

（1）找寻有意向的合作伙伴，筹集资金（与周边知名大饭店合作为最佳）。

（2）对古寺在保留原有原味风貌的基础上进行再次改造，开发各种可以创造财富的经济点。

（3）在改造过程中，大力宣传古寺文化，软广硬广并重，在未正式开团之前营造良好的品牌形象。

（4）在改造过程中，招聘大量的专业化服务人员，提前对其进行培训，使其充分了解古寺文化，在日后发展过程中提供十全十美的服务，保证整个旅游过程中的服务质量。

（5）在改造过程中，一定叮嘱工人，突出西塔延寿寺与其他喇嘛寺庙的不同点（差异化战略）。

（6）宣发策略要紧跟时代步伐，要有时代性特征，抓住游客的眼球。

（7）突出表现古寺的特色，如周边的朝鲜族文化街作为旅游附加地等，让游客觉得整个旅游过程中所花费的钱财是超值享受。

（8）要利用沈阳市新一线城市的有利地位。东北三省中沈阳市是唯一的“一线城市”，要充分利用其优势地位。

（9）在旅游产品稳健运营之后，可采取差异化战略和国际化战略并举，扩充古寺旅游的消费群体，为投资公司、为沈阳市政府带来更大的经济效益。

四、盈利模式

（1）僧侣的化缘行为。

（2）香火钱。

（3）信众的捐赠。

（4）与朝鲜族文化街的饭馆合作，抽取提成费用。

（5）门票为套票，388元/人，包括中、晚饭，晚上的晚会有朝鲜族风情表演，以及游玩过程中专业导游的优质服务。

（6）寺庙内部划区域出租给商贩，卖水、烤肠，以及烧香火的材料。

五、宣传推广

（一）目的

（1）最大效果地让客户知道我们的旅游产品。

（2）宣传我们旅游产品的特征、特性，吸引游客，让有意来旅游的游客更深刻地了解我们的产品。

（3）提高投资公司的知名度，让古寺旅游的知名度助推投资公司知名度。

（4）在旅游产品正式运营之后，获得更大的收益。

（二）意义

（1）针对一个旅游产品的宣传，一定要经过活动推广策划这一必要过程。活动策划推广对于一个产品的宣传具有很大的作用。

（2）能够让人更深刻地认识古寺旅游产品。在现阶段，一个旅游产品的宣传，多是通过大众传媒的广告进行。如每天轮流播放的电视广告、报纸上的广告、应用软件上的广告等，这些广告无时无刻地进入我们的日常生活之中，让我们逐渐了解各类旅游产品。

（3）提高古寺旅游产品的知名度。当我们对古寺旅游产品进行宣传之后，就需要提高产品的知名度。宣传推广策划，就可以达到这个效果。如我们每天看到同样的广告，当我们要选择旅游时，往往会选择每天在广告中所看到的旅游产品。因为广告不仅仅初步宣传了旅游产品，还提高了旅游产品在人们心中的知名度。

（4）可以留住原有的游客资源。无论我们对产品进行哪种宣发策略、如何提高产品的知名度，最终目的都是吸引顾客、留住顾客，提高旅游产品的经济效益。

（5）如果一个旅游产品的宣发策略做得好，能够带来巨大的经济效益和社会效益。

（三）项目推广的具体内容

推广，实则就是广告。把自己的产品、服务、技术、文化、事迹等通过四大媒体（报刊、广播、电视、网络）广告让更多的人和组织机构等了解、接受，从而达到宣传、普及的目的。

（1）在互联网高速发展的时代，充分发挥网络的力量。如抖音短视频拍摄的小视频宣传、快手拍摄的小视频宣传及其他播放类软件的宣传，拍摄古寺纪录片，摄入多种元素，让其形成特有的效果，吸引游客的关注。

（2）公交站牌、地铁站点及路边人流量较多的LED屏幕宣传。

（3）图文并茂的海报、传单，放在旅行社，或者在人流聚集的地方分发。

（4）电视旅游频道播放纪录片、声情并茂的短片，吸引老年人的关注。

（5）报纸上刊登软文及古寺图片，获得老年读者及青年读者的喜爱。

（6）老年人的广播、开车人群的广播、校园广播等途径的宣传。

（7）制造热度，上新浪微博、头条新闻等多类用户软件的热点。

（8）点开App之后出现的几秒广告，充分表达古寺吸引人的优点，最后达到获得收益的目的。

（9）针对不同人群设置不同人群喜爱的点，做到古寺旅游产品的全方位宣传。

（10）古寺周围美食丰富，可以邀请各大“吃播”前来品尝，间接宣传古寺旅游产品。

（四）项目推广产生的效果评估

（1）针对有意旅游的各类人群进行宣传推广，使古寺产生一定的知名度。

（2）品牌形象更加显著，人们开始认可古寺旅游。

（3）古寺占据抖音和快手等视频平台的热门，吸引了大量旅游爱好者的广泛关注。

（4）得到“吃货”们的广泛关注，在前来品尝美食的同时，也带来了一部分潜在的旅游爱好者。

（5）受到沈阳市群众的广泛支持，古寺旅游产品的大量销售将带来巨大的经济效益和社会效益，推动城市的发展。

六、风险评估

（1）市场风险：喇嘛古寺文化属于较为“冷门”的旅游产品，如若市场消费者不能深刻理解其文化内涵，将不能获取大量的收益。

（2）专业知识风险：古寺旅游产品的主旨是提供高质量的服务，服务至上。若产品的服务者并未让游客满意，专业知识并不能达到各类游客所要求的水平，将难以延续经营，获取大量的经济收益。

（3）竞争风险：寺庙旅游在周边城市有发展较好的（青岩寺等地），若本产品的特性不能完美展现，人们不能深刻认识其内涵，将难以与其他旅游产品相抗衡。

（4）资金风险：旅游产品投资过大，若资金无法回笼，将损失惨重。

资料来源：“建设沈阳　请您建言”主题研讨会论文集，有删改。

文体知识

一、策划书的含义

策划书是指针对各种商务活动、社会活动等，为了达到一定的目的所制订的具有创意性、可行性的行动计划，也称企划书、策划案等。策划书是目标规划的文字书，是实现目标的指路灯。

策划书是专题行动的具体行动计划，是在实际调研、综合考虑条件后形成的，应当具有可行性和可操作性。创意是整个活动策划中的关键之处，一个富有创意的策划能够吸引和感染观众，使活动取得良好的效果，达到预期的目的。

策划书是策划方案的具体化，它既是执行策划的“蓝本”，又是实现策划目标的纲领。

二、策划书的类型

从策划内容来看，策划书一般分为以下两种。

（一）商务策划书

商务策划书包括商业策划书、广告策划书、营销策划书、网站策划书、公关策划书等。

（二）专题活动策划书

专题活动策划书包括活动策划书、项目策划书、婚礼策划书、医疗策划书等。

三、策划书的结构与写法

策划书的基本结构包括标题、正文、落款三个部分。

（一）标题

标题即策划书名称。常见的写法有三种：

（1）单位＋名称＋文种。如“××××年×月××公司××活动策划书”，置于页面中央。

（2）“名称＋文种”。如“新年促销活动策划书”。

（3）正标题＋副标题。正标题点明主题，副标题标识具体活动名称和文种。

（二）正文

正文部分包括前言、主体两个部分。

1. 前言

前言即活动背景。这部分内容应首先根据策划书的特点在以下项目中选取内容重点阐述：基本情况简介、主要执行对象、近期状况、组织部门、活动开展原因、社会影响、相关目的动机。其次应说明问题的环境特征，主要考虑环境的内在优势与劣势、外在机会及威胁等因素，对其做好全面的分析（SWOT 分析），将内容重点放在环境分析的各项因素上，对过去、现在的情况进行详细描述，并通过对情况的预测制订计划。

2. 主体

（1）活动目的、意义和目标。应用简洁明了的语言将活动的目的、意义表述清楚。在陈述目的要点时，该活动的核心构成或策划的独到之处及由此产生的意义（经济效益、社会利益、媒体效应等）都应该明确写出。活动目标要具体化，并需要满足重要性、可行性、时效性。

（2）活动开展。在此部分中，先列出所需人力资源、物力资源。对策划的各工作项目，应按照时间的先后顺序排列，绘制实施时间表以助于方案核查。不局限于用文字表述，也可适当加入统计图表等。人员的组织配置、活动对象、相应权责及时间地点应在这部分加以说明，执行的应变程序也应该在这部分加以考虑。

（3）经费预算。

（4）活动负责人及主要参与者。注明组织者、参与者姓名，如果是小组策划应注明小组名称、负责人。

（5）效果评估。正确评价活动的效果，有助于组织者了解策划的实现程度，衡量活动的实际效果。效果评估要依据目标，实事求是，充分考虑内外环境变化带来的不确定因素。

（三）落款

最后署上策划者名称和策划书写作时间。内容比较复杂的策划书一般单独设计封面，封面项包括了标题、策划者名称和策划书写作时间等，这时落款可以省略。

四、写作提示

（一）设计美观

策划书可以不拘泥于表格，自行设计，力求内容详尽、页面美观；可以专门给策划书制作封面，力求简洁；策划书可以进行包装，如用设计的徽标做页眉，做到图文并茂。

（二）主题单一

一份策划书涉及的具体活动要紧紧围绕主题进行，尽量做到集中、精简。太多的活动容易造成主次不分，导致成本提高、执行不力。

（三）措施可行

一份成功的策划书必须具有良好的可执行性，对活动的时间、地点、详细安排等方方面面都要考虑周全，使之能按“书”操作。

（四）表述忌讳主观

在进行活动策划的前期，市场分析和调查是十分必要的。同样，在策划书的写作过程中，也应该避免主观想法。因为策划方案没有付诸实施，任何结果都可能出现，策划者的主观臆断将会直接导致执行者对事件和活动形式产生模糊的概念。

拓展阅读

市文广旅局：伊春旅游推荐官 凝聚家乡力量 拓宽营销新路

一、案例背景

伊春市位于黑龙江省东北部，小兴安岭腹地，与俄罗斯隔江相望，是国务院批复确定的中国北方重要的生态旅游城市，素有“祖国林都”“天然氧吧”“红松故乡”等美誉。400万公顷山川林海、高达83.8%的森林覆盖率、平均每立方厘米空气中富含2.7万个负氧离子、亚洲面积最大的红松原始林……为“林都伊春·森林里的家”生态旅游发展奠定了得天独厚的自然资源基础。

自2020年开始，因新冠疫情影响，伊春市文化广电和旅游局将宣传推广工作向线上逐步转化，通过举办多次短视频大赛、旅游宣传活动，发掘了一批以“林都宝”为代表的本土旅游达人和短视频爱好者；为更好地打造伊春旅游新媒体形象，形成“家乡人宣传家乡”的营销氛围，伊春市文化广电和旅游局认真谋划、大胆创新，于2022年5月19日在“中国旅游日”伊春市主题活动暨“体验生态文化乐享森态伊春”仲夏文旅季启动仪式上正式组建成立伊春旅游推荐官团队。

伊春旅游推荐官团队是黑龙江省首个由本土旅游爱好者组成的、完全自主运营的自媒体旅游推广团队，成员来自各行各业，有机关企事业干部、教师、医护人员、工人、个体工商户……虽然职业不同，但是推荐官们对家乡旅游的热爱却是不约而同的。团队致力于开展全方位的伊春旅游宣传推广，构建全民关注旅游、共建旅游的良好社会环境。截至2023年该团队共有成员20余人，每周作品播放量超过百万次，已经成为伊春旅游靓丽的代言名片。当前，新媒体宣传的重要性持续提升，短视频平台成为各大旅游城市的“必争之地”。但是由官方部门主导开展的新媒体推广存在一定的局限性，缺乏百姓视角，下沉度和体验感存在不足，营销推广费用较高，造成很多情况下的宣传效果并不理想。市文化广电和旅游局另辟蹊径，统筹全市优秀旅游达人和短视频创作者，组建伊春旅游推荐官团队，以官方授权在全市重要景区景点免票游览、重大文旅活动自由拍摄宣传、酒店民宿享受折扣的权益模式，实现了旅游宣传需求和释放家乡热情的统一。团队成员在开展旅游宣传的同时，可以自主带货、直播创造营收，成功实现了旅游宣传的“本土化”“民间化”“低成本化”，形成了与政府部门、景区、游客的多方良性互动模式。2023年，“伊春旅游推荐官营销案例”成功入选国家文旅部评选的“2022年国内旅游宣传推广典型案例”。

二、主要做法及亮点

（一）聚焦旅游视角，建设专业队伍

2022年5月，伊春旅游推荐官团队正式成立，团队成员深感宣传责任重大，以“林都宝”为核心推荐官集思广益，教学相长，首先从短视频质量提升角度入手，共同学习研究热点旅游城市、景区宣传短视频创作思路、剪辑技术等问题，不断提升创作基础。作为伊春本地人，推荐官团队熟知家乡每一寸沃土、每一处风景。团队从伊春市主打的生态、森林、气候三大核心优势，以及“春赏花、夏避暑、秋观山、冬戏雪”四季主题游玩方向入手，在脚本创作上重点契合追求森林康养、避暑旅居、玩冰戏雪、慢生活疗愈的受众，为广大短视频用户倾力呈现伊春亲山近水的自然风光和游玩攻略。推荐官“林都宝”于 2022 年 6 月发布的“黑龙江伊春九峰山养心谷旅游攻略”视频，在夏季旅游开启之际为伊春引流 177 万，获点赞量 3 万，转发量 1.5 万，引发评论区 1 405 人积极讨论。专业性是推荐官们持续追求的目标。一年来，推荐官团队吸纳了本地流量网红达人、专业摄影师、持证航拍、文案编辑、视频剪辑等人员，队伍逐渐壮大，团队总粉丝量超过 100 万，为伊春市短视频宣传提供大量具有时效性、针对性、真实性的素材，持续保持互联网曝光率。在做好自主宣传的基础上，助力“林都伊春”官方账号在全省各地市官方旅游短视频账号之中粉丝量排名持续提升，伊春旅游短视频营销力度持续走深走实。

（二）热点结合本土化，力争热门“爆款”

在伊春市文化广电和旅游局的指导下，推荐官团队紧盯社会热点，迅速响应跟进宣传。在迎合社交媒体时代旅游主流消费人群获取信息新习惯、贴合社会当下热点话题的基础上，融入本地文旅资源特色，打造伊春旅游热门标签，增强营销体验。2022 年“十一”黄金周期间，旅游推荐官“善常”在抖音短视频平台热点＃金秋十月＃话题下发布伊春市秋季风景视频突破 39.9 万次点赞。视频以创新性拍摄视角记录下伊春秋季层林尽染、五花山色的壮丽景观，为伊春秋季旅游宣传引流 776.7 万次点击量，引发伊春旅游关注热潮；2022 年 7 月，旅游推荐官“神奇在路上”在抖音短视频平台热点＃黄桃罐头会保佑每一个东北孩子＃话题下发布在丰林县库尔滨水库拍摄的冰天雪地、泼雪成冰的视频。银装素裹、雪玉冰清的雾凇盛景，饱含思乡之情的细腻文案迅速引发网友共鸣，让更多的人了解到，伊春的冬天是冷的，但老林区的回忆、璀璨耀眼的雾凇盛景、淳朴的风土人情是“热”的。本条视频为伊春引流 215.4 万次点击量，获点赞量 9.6 万，评论 1.5 万，擦亮了伊春冬季旅游标签。

（三）代言人助力文旅，形成流量转化

为延续 2022 年北京冬奥热度，在 2022 年“5・19 中国旅游日”伊春市主题活动上，冬残奥会吉祥物“雪容融”的创意设计者姜宇帆作为特邀伊春旅游推荐官，“隔空”为家乡送来祝福，助力家乡宣传。作为北京冬残奥会吉祥物“雪容融”设计者，吉林艺术学院学生、来自伊春市嘉荫县的姜宇帆有着浓浓的家乡情结，“雪容融”正是以家乡伊春在春节期间浓郁的年俗节庆氛围、街上随处可见的大红灯笼为设计灵感。才华横溢、奇思妙想的伊春姑娘用自己的力量描绘出代表祖国文化的生动形象，受邀成为伊春旅游推荐官的同时，也积极带动了家乡文旅宣传的流量。

（四）克服艰难险阻，展现大美伊春

2022 年，伊春市旅游推荐官参与了“5・19 中国旅游日”“森林露营大会”“中国伊春・森林冰雪欢乐季”等十余项全市大型文旅活动。在活动举办期间，推荐官积极配合活动流程，义务为家乡文旅活动助力，全程开展直播，诙谐幽默的解说、高码率设备为观众带来极佳的伊春旅游“云体验”。在自主宣传工作上，克服高山、严寒、路程等种种困难，爬冰卧雪、风餐露宿，坚持把最真实的伊春美景展现给观众。特别是在 2022 中国冰壶联赛（伊春站）期间，旅游推荐官团队为了推广展现伊春冰壶之乡的魅力，牺牲个人工作时间，同参赛运动员及赛事工作人员一起全程实施闭环管理。在一周的比赛期间，不辞辛苦，坚守岗位，拒绝打赏，义务为全国冰壶爱好者进行赛事现场直播。大赛举办期间直播超过20场，观看人数达20余万。推荐官们的辛苦付出得到了大众的认可，比赛结束后，团队收到了来自广州、北京、四川等不同地区冰壶粉丝们寄来的感谢锦旗和感谢信，进一步叫响了“林都伊春·冰壶之乡”品牌。

三、经验启示

所有的不凡，都源自平凡。伊春旅游推荐官团队自成立以来，不忘初心，不负热爱，不畏困难，各成员以一己之力营造流量声势，为家乡代言。与旅游业界、新媒体百万大V相比，伊春旅游推荐官团队的平台账号里，没有踏遍世界山河的广阔视角，但伊春就是他们最渴望呈现给大众的全世界。随着团队账号的不断发展，伊春旅游推荐官的知名度不断提高，特色鲜明、本土化的表现形式为伊春旅游吸引了大量的关注，让我们收获了诸多启示。

（1）旅游宣传要突破传统的官方思维，点面结合，发动广大群众的力量。在过往的旅游宣传营销工作中，多半采用以政府为主导驱动的宣传方式，参与人员少、宣传面窄、思维方式不够开阔，要大胆地采用以政府主导、广大群众参与的“点面结合”策略，发掘、启用热爱旅游、热爱家乡的民间宣传力量，只有形成了全民共建、全民参与的“大旅游”营销观，将旅游宣传工作“从群众中来，到群众中去”，才能使一座旅游城市的内在气质发生改变。

（2）在新媒体营销过程中不必一味追求大网红、大流量，经济适用的路线依然可行。目前的旅游宣传工作整体向“新媒体化”快速转变，从传统的线下宣传转为线上，互联网带来的巨大流量让每个人都拥有了参加宣传工作的权利。许多旅游城市的营销策略中，都采取了邀请百万级、千万级大网红站台的方式开展宣传，动辄花费数十万元的劳务费用，对于财政造成了不小压力。伊春旅游推荐官的成功，让我们看到了“从零开始”培养本土网红的路径和可行性，以发放旅游权益资格的方式实现了“小成本，大宣传”的目标，具有极强的参考价值。

资料来源：伊春市人民政府官网，有删改。

文体实训

1. 查找武夷山风景区的相关资料，写一份营销策划书，要求对景区进行综合分析，提出有针对性的、可行的市场营销方案，以吸引更多的国内外游客来参观游览。

2. 查找一个旅游营销案例，分析其创意。

3. 查找一份有关你所在城市旅游景点的旅游市场营销策划书，认真阅读、学习。

第三章

旅游行政文书

第一节 决 定

范文示例

贵州省文化和旅游厅
关于“2022年全省A级旅游景区服务技能大赛”
优秀个人和集体表扬的决定

（2023年1月12日）

各市（州）文化和旅游局：

为深入贯彻落实省委、省政府关于加快旅游产业化的决策部署，加快推动全省A级旅游景区提质增效和高质量发展，全面提升A级旅游景区管理服务水平，2022年11月至12月，省文化和旅游厅组织举办了贵州省A级旅游景区服务技能大赛，通过各市（州）组织初赛，省文化和旅游厅组织决赛，选拔出了“2022年贵州省旅游景区优秀观光车驾驶员”“2022年贵州省旅游景区优秀前台服务人员”“2022年贵州省旅游景区优秀安保人员”“2022年贵州省旅游景区优秀讲解员”各10名，“2022年贵州省旅游景区优秀组织奖”5名。为发挥标杆引领作用，激励担当作为，凝聚奋进力量，决定对在2022年贵州省A级旅游景区服务技能大赛中获奖的单位和个人予以表扬。

奋起新征程，扬帆再出发。希望全省文化和旅游系统以获奖的单位和个人为榜样，勤学苦练提高自身素质，深钻细研做到精益求精，成为优秀的旅游服务技能骨干，在提升服务质量上有新作为，在推动旅游产业化发展上有新奉献，为建设多彩贵州旅游强省贡献力量。

附件：2022年贵州省A级旅游景区服务技能大赛获奖名单（略）

资料来源：贵州省文化和旅游厅官网，有删改。

文体知识

一、决定的含义

决定是党政军机关、社会团体、企事业单位对重要事项或重大行动作出决策或安排，并要求机关各部门、下级机关、有关单位贯彻执行的一种指挥性公文。

决定是经过一定会议讨论研究、表决通过后要求贯彻执行的行政文书，除会议作出外，一般由领导机关制发，属于下行文种。上至党和国家的重大决策与战略部署，下至基层单位的奖惩事宜均可使用决定。

二、决定的类型

决定的适用范围比较广泛。从决定的作用和目的划分，有知照性决定和指挥性决定。

三、决定的结构与写法

（一）知照性决定

知照性决定最突出的特点是，除当事者（单位或个人）外，一般只要求下属单位和有关人员知道，不要求下属单位及有关人员承办和贯彻执行。有些决定在末尾有号召性语言，但没有执行的具体意见和要求，也属知照性决定。常用的知照性决定有：表彰决定、处分决定、机构设置决定、人事决定和具体事项的决定等。这些决定在写作方法上要求开门见山，直陈直述，篇段合一或只写两三个自然段；不分条目，篇幅简短，结构严谨，层次分明，文字精练，语言规范，表述准确。

在公文格式上，知照性决定应有的格式不能省略，应有的要素一项也不能少。标题由发文机关名称、公文主题与“决定”组成。成文日期，包括作出决定的日期与会议通过的日期，一般加圆括号居中标注在标题之下。在县级及县级以下党的机关和行政机关中，所有公文都要加盖印章。因此，在标题之下不标注成文日期，应在正文之后署名（行政机关的公文一般不署名），在署名之下标注成文日期，然后加盖印章。“决定”公文在正文之前不标注主送机关，在正文之后或正文之下成文日期的下一行标注印发传达范围。由于不同类型的知照性决定的内容不同，其正文的写作方法亦不相同。

1. 表彰决定

正文由表彰对象、表彰缘由（一般是贡献大、成绩突出）、作出表彰决定的机关、决定的内容组成。其中，决定的内容包括表彰奖励的等次（给予何种奖励）、希望与号召。通常表彰决定的篇幅很短，可作一个自然段，也可作两个自然段。应注意表彰决定的政策性、办理程序规范性和奖励等次符合有关政策规定，做到手续齐全、奖励等次具体明确、无歧义和无模糊的奖励等次，以便于办理和执行。

2. 处分决定

正文由何人、何事、何错误（即处分的对象因什么问题犯有什么错误）、处分的政策依据、决定内容组成。处分干部（人员），要以事实为依据，以法律、政策为准绳，做到定性准确、处分恰当、手续齐全，达到教育和挽救干部（人员）的目的。在写法上要注意每一个字、词的正确运用，注意语言的规范性，做到无懈可击。

3. 机构设置决定

机构设置问题，均由机构编制部门管理。正文由机构设置的缘由、依据、编制数、职责任务等组成，应做到内容完整、文字精练、篇幅简短。

4. 人事决定

人员岗位的变动和干部职务任免，均属人事决定。正文由决定的缘由、决定事项两部分组成，缘由包括作出人事决定的机关、理由；决定的事项包括人员岗位的轮换、干部职务的任免等内容。写作时应做到文字简练，一目了然。在党政机关，干部任免一般用通知发布。

5. 具体事项的决定

处理突发事件，以及采取临时性的组织措施、安定民心的措施、强制性措施等，需要发布决定。正文的内容根据不同的情况确定，写作方法不拘一格、灵活多样。要求做到结构严谨，语言流畅而含有威严，内容完整而简洁，表述准确，态度鲜明，措施有力，格式规范。

（二）指挥性决定

指挥性决定最突出的特点是：需下属单位和有关人员承办与坚决贯彻执行。常用的指挥性决定有：规定性、规范性决定；指导性、指示性决定；处理问题的决定；重要行动的决定。指挥性决定一般篇幅较长、说理透彻、措施具体，也有篇幅简短的，均具有指令性和指导作用。

标题由发文机关名称、决定的主题与“决定”组成，要求做到标题简练、主题鲜明、文题一致。正文由决定的理由、决定的内容组成。决定的理由在决定的开头部分，阐述决定的根据、背景，要用概括性语言，做到文字精练恰当、表述准确清楚。在决定理由之后，常用“特作如下决定”“现决定如下”等承启语，过渡到决定内容部分。决定的内容是指挥性决定的核心，应阐明决定事项的意义、具体内容、落实措施、解决办法、执行要求与保障措施等。对内容较多的决定，可分条陈述，做到用语准确、文字简练、语气肯定。执行要求与保障措施可有可无，视具体情况而定。无论何种决定，写作方法不同的主要是正文部分，其他部分的写作方法、要求均相同。

公文写作中发文字号的引用错误与矫治

1. 规定性、规范性决定

这类决定的正文，一般篇幅较长，结构严谨，内容完整全面，可操作性很强。它虽不是法规性文件，但又接近法规性文件（如法令、规则、条令等）。它由开头部分和决定内容两大部分组成。

（1）开头部分。包括行文的缘由、依据、目的和过渡句。行文的缘由要有针对性；行文的依据是上级机关的文件精神、党的方针政策和国家的法律法规；行文的目的要明确、准确地体现公文的主题；以过渡句承上启下。

（2）决定内容。包括开展某项工作的意义、决定的具体事项和保障措施（执行要求）三个部分。其中，意义部分用高度概括性的语言，准确地阐述决定事项的内涵及地位与作用。决定的具体事项可分成若干部分，与意义部分平衡布局，写完一个内容，再写另一个内容，要求内容完整具体、结构严谨、逻辑严密、涵盖范围广、可操作性强；用决断性语言，文字精练，表述准确，能起到解惑释疑和激励作用。保障措施，作为最后一个部分，包括如何加强领导、加强队伍建设，加大投入、加强协调配合等内容。有的决定可在保障措施之后另加一个自然段或一句话，对如何汇报贯彻落实情况提出具体的要求，正文写完，全文自然结束。

2. 指导性、指示性决定

这类决定的正文，一般篇幅不长，由决定的理由、内容和保障措施组成。对于语言文字结构和各部分的写作基本要求等，与规定性、规范性决定的要求相同，不同之处是，它的内容着重从宏观性、政策性、指导性等方面着手，对某项工作不作具体的规定，只提出方向性、原则性要求，给下级机关以自主权和创造性工作的空间，以充分发挥下级机关的聪明才智，把上级机关的决定精神与本地本部门本单位的实际紧密结合，与时俱进，创造性地开展工作，增强创新能力，提高领导水平和执政能力。

3. 处理问题的决定

这类决定的正文，由某问题的产生及原因、决定的内容组成。陈述问题产生的过程，要深入实际调查研究、弄清情况，用概括性语言进行归纳表述，抓住主要问题和主要矛盾，切中要害。对问题产生原因的分析要中肯、贴切、实事求是。决定的内容部分，包括对问题的定性、解决问题的方法、应吸取的教训、对下级机关和人员的要求四个部分。要求做到定性准确、处理恰当，对下级机关和人员的要求应具体实在、切实可行。

4. 重要行动的决定

这类决定使用广泛，包括进行重大行动的决定和开展重要活动的决定两大类。

（1）进行重大行动的决定。正文由缘由、意义、具体部署和执行要求组成。缘由包括开展重大行动的依据、目的等内容。意义部分应回答是什么样的重大行动及其地位、作用，语言要简洁有力，富有感召力和激励作用，以提高认识、统一思想。具体部署即决定的内容，由指导思想或目标任务、具体措施组成，要求具体实在、符合实际、切实可行。执行要求包括如何加强领导、服从统一指挥、做好协调配合、改进工作作风和领导作风等内容，应做到明确、具体、规范。

（2）开展重要活动的决定。首先要区别活动的内容和写作要求与方法。比如，关于开展向先进单位和先进人物学习活动的决定，包括先进单位或先进人物基本情况、优秀事迹、决定内容。基本情况是反映先进单位或先进人物基本特征的典型情况、最有代表性的情况和重要情况。在写法上，以叙述为主，夹叙夹议，即一个观点，一个具体事例。优秀事迹写完之后，另起一段，对优秀事迹作肯定性的总结性评价。接着写决定内容，包括决定的目的、授予什么荣誉称号或给予什么奖励、向先进单位或先进人物学习的内容、如何开展学习活动等方面的内容。这种决定对语言文字的要求与其他决定相同。

四、写作提示

决定是机关、社会团体对某些问题或重大行动作出的安排，它带有稳定性和约束性的特点。决定一经作出，就不容改变，必须照办。所以，作决定时必须十分慎重。

（一）标题完整、规范

决定的标题一定要规范、准确，特别是事由要准确概括出来。

（二）时间标注准确

决定的时间标注要注意两个问题：一是成文日期要以会议通过的日期或领导人签发日期为准，不能以起草或打印的时间为成文时间；二是决定的时间一般要标注在标题下方，可用括号括起来，决定的时间不能标在文尾，因为决定一般不写抬头和落款。

（三）缘由准确、合理

决定的缘由是事项的依据、理由。写作时要注意交代清楚，简明扼要，有理有据，令人信服。泛泛而谈、根据不足、说理不清的缘由没有说服力，不可取。

党纪处分决定的写作策略

（四）事项明确、清楚

一般来说，内容比较复杂的决定，事项要一条一条地表述，把主要的、重要的放在前面，次要的放在后面。结构要合理，层次要分明，内容要合乎逻辑。

拓展阅读

决定的写作必须决而有据、定而可行、处而得法

决定是对如何行动作出主张，具有知照性、指挥性和强制性等特点。全国最高领导机关出台的公文处理条例、办法对决定这一文种适用范围的表述大同小异：党的机关是“对重要事项作出决策和安排”，人大机关是“对重要事项作出决策和安排”，行政机关是“对重要事项或重大行动作出安排，奖惩有关单位及人员，变更或者撤销下级机关不适当的决定事项”，军队机关是“对重要事项或重要问题作出安排和处理”。其相同之处是对“重要事项”作出“安排”，但党的机关、人大机关在“安排”前加了“决策”二字，军队机关在“安排”后加了“处理”二字，行政机关在“安排”后加了“奖惩有关单位及人员，变更或者撤销下级机关不适当的决定事项”。尽管不同机关的决定在内容和适用范围上有些差异，但决定的写作必须紧紧抓住以下三点。

一、决而有据

决定的“决”是对情况的判断，是“定”的前提。就结构而言，为决定的缘由部分，务必写明根据什么、为了什么发此决定，也就是交代发布决定的目的、根据、意义。知照类决定由于只需下级知晓、同意、拥护，因此缘由可以从简；表彰性决定一般概述先进集体、先进人物的先进事迹、价值评估、意义所在，如《国务院关于授予巴金“人民作家”荣誉称号的决定》开篇即用“巴金是我国著名作家，是我国进步文化的先驱之一”对巴金作出肯定，接着列举巴金名作作为论断的根据，然后以“为贯彻落实发展先进文化的时代要求，弘扬巴金的崇高精神”为行文目的实现自然过渡。惩戒性决定或者交代错误或事故的事实，或者交代惩戒或处理的依据，如《国务院关于民航222号客机空难事故的处理决定》第一自然段以“××××年××月××日，国务院常务会议讨论了对××月××日民航222号客机空难事故的处理问题”为依据，第二自然段用“会议认为”给事故定性。任免决定多为篇段合一的结构，一般用“经研究决定”开篇。变更或撤销下级机关不适当的决定事项的决定一般只说依据，不作长篇说理，如《××县人民政府关于撤销××〈农民房基地审批暂行标准〉的决定》：“经县政府第6次常务会议决定，撤销……”。指挥类决定中安排部署重要事项、重大行动的决定需要细述缘由，如《国务院关于进一步加强食品安全工作的决定》开头用三个“关系到”强调“加强食品安全工作”的意义，用“党中央、国务院历来高度重视食品安全……趋于好转”概述“打击制售假冒伪劣食品”的过程，再用“但是”揭示“地方保护、有法不依、执法不严、监管不力”的危害，最后用“为恢复和提高……加强食品安全工作”实现缘由与事项的承上启下。政策法规性决定的缘由一般直述目的、依据，如《中共中央关于建立社会主义市场经济体制若干问题的决定》开头：“为贯彻落实党的第十四次全国代表大会提出的经济体制改革的任务，加快改革开放和社会主义现代化建设步伐，十四届中央委员会第三次全体会议讨论了关于建立社会主义市场经济体制的若干重大问题，并作出如下决定”，言简意赅，主旨突出。

总之，决定的“决”只有断事断物情况准确、理由充分、依据有力，才能“定”得科学、客观、正确。

二、定而可行

“定”为规定，从结构上看属于决定事项部分，务必明确规定相关事项，使人明白做什么和怎么做，这是决定写作的重中之重。知照类决定的事项简单易写，其中：表彰性决定直接写明表彰的对象和等级，如果受奖单位、个人较多，可用“授予××等15个单位××××先进集体称号，授予××等35名同志为××工作先进个人称号”的方式缩短正文的篇幅，而将受奖名单作为附件处理；惩戒性决定则写明给什么单位、个人什么处分或作何处理；任免性决定务必写明任命谁担当什么职务，免去谁的什么职务；变更或撤销性决定写明变更什么、撤销什么；指挥类决定无论是政策法规的公开发布还是重要事项、重大行动的安排部署，多用分条列项结构，根据需要写明指导思想、工作原则、工作目标、近期工作重点、保证措施等。如“体改决定”的事项有十：我国经济体制改革面临的新形势和新任务；转换国有企业经营机制，建立现代企业制度；培育和发展市场体系；转变政府职能，建立健全宏观经济调控体系；建立合理的个人收入分配和社会保障制度；深化农村经济体制改革；深化对外经济体制改革，进一步扩大对外开放；进一步改革科技体制和教育体制；加强法律制度建设；加强和改善党的领导，为本世纪末初步建立社会主义市场经济体制而奋斗。

“定”的关键在于事项切实可行，易于操作。历史的教训告诉我们，真正做到定而可行，一要定制。鹖冠子《道端》：“圣人之功，定制于冥冥。”决定事项必须依法合规，并辅之以强有力的思想政治工作，实现依法治国与以德治国的有机结合。二要定限。《晋书·陶侃传》：“侃每饮酒有定限，常欢有余而限已竭。”即明确任务、目标、责任，并在数量和质量上体现出最高、最低点。三要定准。《宋书·天文志》：“设使唐、虞之世，已有浑仪，涉历三代，以为定准，后世聿遵，孰敢非革。”即制定明确的检验、考核标准，否则就无法评优劣、比先后、见高低。四要定分。《荀子·王制》：“分均则不偏。”“分”指职分、名分，应该功必赏，过必罚，正必扶，邪必祛，如果“背正崇邪，弃直就佞，忠无定分，义无常经”（《郤正传》），那么，再好的决定也是井中的明月、镜中的花儿。

希望号召或执行要求也是“定”的有机组成部分，但任免、变更或撤销性决定一般是事毕文止。表彰性决定多为希望号召式，如《××省人民政府关于表彰全省职业教育先进集体和先进个人的决定》末段为：“省政府希望受到表彰的先进集体和先进个人珍惜荣誉……各地、各有关部门和广大职教工作者要以先进集体和先进个人为榜样，为……作出新的贡献”。惩戒性决定可以是预警式的，如“希望各县区政府及公安、林业部门深刻吸取天狗山‘3·12’森林火灾的教训，立即开展火灾隐患的排查工作，确保……”；也可以是慰勉式的，如《国务院关于大兴安岭特大森林火灾事故的处理决定》为：“国务院相信，在党中央领导下，只要……重大事故将会大大减少，亿万劳动人民勤俭建国、奋发向上的积极性一定会大提高，从而为实现社会主义现代化的伟大事业作出更大的贡献”。制度法规性决定多为附注式，如《国务院关于修改〈全国年节及纪念日放假办法〉的决定》结尾：“此外，对个别条文的文字作了修改。本决定自2008年1月1日起施行”，“《全国年节及纪念日放假办法》根据本决定作相应的修订，重新公布”。安排重要事项、重大行动的决定一般为执行要求式，如《国务院关于进一步加强食品安全工作的决定》结尾为：“国务院责成食品药品监管局会同有关部门抓好本决定的落实工作，并于2005年春节前组织开展一次食品安全工作综合检查，适时将检查情况向国务院汇报。”

三、处而得法

“处”指安排、处置，即决定写作技术问题的处理要得法。

文种选择要得法。决议与决定混用的问题地方机关有，中央机关也有。周森甲先生在《中国现代公文写作原理与方法》中列举了若干“莫名其妙、难得其解”的例子：同是中共中央关于邓小平职务变动文件，1976年用“决议”，1977年用“决定”；同是第七届全国人大一次会议通过的建置事项，一个称《关于设立海南省的决定》，另一个称《关于建立海南经济特区的决议》……笔者认为，除按公文处理条例、办法规定的适用范围选择决定、决议外，还可依式定体，那就是：凡属党的会议、人大会议、社会团体会议等以举手或投票表决的方式审议通过的事项，用决议；凡属法（特）定的组织和会议研究讨论，最后由会议主持人综合各方意见拍板定案的事项，用决定。

生效标识要得法。有学者主张："决定不写主送机关也不应写主送机关，因而不必落款也不应落款"，笔者对此不敢苟同。第一，与国家规定相左。根据《国家行政机关公文格式》的规定，印章是公文的生效标志。一般情况除了会议纪要以外，不加盖印章的公文应视为无效。决定不是会议纪要，所以，凡属内部下发的决定，必须前标主送机关，后署成文日期并加盖机关印章，如《国务院关于加强市县政府依法行政的决定》（国发〔2008〕17号）以及省、市、县政府的决定均是如此，无一例外。但通过报刊等媒体发布的决定则有两种标法：一是将制发机关（会议）和成文日期标识于标题正下方，如《全国人民代表大会常务委员会关于司法鉴定管理问题的决定》（2005年2月28日第十届全国人民代表大会常务委员会第十四次会议通过）；二是只在标题正下方圆括号内标明成文日期，如《中共中央国务院关于实施科技规划纲要增强自主创新能力的决定》（2006年1月26日）。第二，与工作实践相悖。有些奖惩决定、审批决定、任免决定的内容不需要通过报刊等新闻媒体向社会公开发布，或者只主送一个或几个机关，如果不标主送机关，不盖机关印章，那么，主送谁？如何生效？

附件标识要得法。目前不得法者有二：一是当标而未标；二是附件名称前后不一、数量不一，恕不赘述。

资料来源：邱相国. 决定的写作必须决而有据、定而可行、处而得法. 应用写作，2010（5）.

文体实训

1. 请根据下列材料，以××旅行社的名义写一则处罚决定。

2024年7月，北京某旅行社组织接待了从外地某市一行34人来北京旅游的团队。在参观游览过程中，作为地陪的高某为了节省时间并增加计划以外的游览项目，私自减少了两个计划景点，并一再对客人说，大家到北京来一次不容易，既然来了就应多看一些景点。在征得大多数客人同意并对每位客人加收了50元的基础上，增加了四个景点（包括高某私自从计划中减去的两个景点）。在团队活动期间，高某还向客人兜售了纪念邮票册8套。由于夏天天气炎热，加上团队中老人较多，故此，许多客人感到在计划景点的参观时间太少、太仓促，并对高某额外增加景点的行为表示不满。旅游结束后，该团客人集体签名向旅游行政管理部门投诉，并要求对导游高某进行处罚。旅游局根据游客投诉情况进行调查，证实无误后决定对导游高某的违规行为予以处罚。

2. ××旅行社要表彰一批在导游服务工作中涌现出来的先进个人和集体。请代为拟写表彰决定，具体情节可虚拟。

第二节　通　知

范文示例

文化和旅游部办公厅
关于公布2023年文化和旅游数字化创新示范案例的通知

各省、自治区、直辖市文化和旅游厅（局），新疆生产建设兵团文化体育广电和旅游局，本部各直属单位，中国演出行业协会、中国对外文化交流协会、中国非物质文化遗产保护协会、中国文化馆协会、中国文化娱乐行业协会、中国古籍保护协会、中国互联网上网服务行业协会：

为深入贯彻落实党的二十大精神和中共中央办公厅、国务院办公厅印发的《关于推进实施国家文化数字化战略的意见》，加强文化和旅游数字化建设，围绕文化和旅游部贯彻落实国家文化数字化战略分工实施方案确定的重点任务，文化和旅游部征集评选出2023年文化和旅游数字化创新示范十佳案例和2023年文化和旅游数字化创新示范优秀案例，现将案例名单予以公布。

特此通知。

附件（略）

文化和旅游部办公厅
2023年9月19日

资料来源：文化和旅游部官网，有删改。

文体知识

一、通知的含义

撰写预通知的方法和技巧

通知是向特定受文对象告知或转达有关事项或文件，让对象知道或执行的知照性公文。

通知具有适用范围广、使用频率高、时效性强等特点。通知适用于批转下级机关的公文，转发上级机关和不相隶属机关的公文，发布规章，传达要求下级机关办理和有关单位、人员需要周知或共同执行的事项，任免和聘用干部等。通知大多属下行或平行公文。

二、通知的类型

根据适用范围的不同，通知可以分为以下六大类：

（1）发布性通知，用于发布行政规章制度及党内规章制度。

（2）批转性通知，用于上级机关批转下级机关的公文给所属人员，让他们周知或执行。

（3）转发性通知，用于转发上级机关和不相隶属机关的公文给所属人员，让他们周知或执行。

（4）指示性通知，用于上级机关指示下级机关如何开展工作。

（5）任免性通知，用于任免和聘用干部。

（6）事务性通知，用于处理日常工作中事务性的事情，常把有关信息或要求用通知的形式传达给有关机构或群众。

政务短信的写作艺术

三、通知的结构与写法

通知一般由首部、正文、尾部三部分组成。

（一）首部

首部包括通知的标题和主送机关（受文对象）两部分。

1. 标题

通知的标题一般采用公文标题的常规写法，由发文机关＋主要内容＋文种组成。如“中共中央办公厅、国务院办公厅关于严禁用公费变相出国（境）旅游的通知”。

也可以省略发文机关，由主要内容＋文种组成标题。如“关于印发《关于大力发展旅游业促进就业的指导意见》的通知”。

发布规章的通知，所发布的规章名称要出现在标题的主要内容部分，并使用书名号。

批转和转发文件的公文，所转发的文件内容要出现在标题中，但不一定使用书名号。如“国务院办公厅转发国家旅游局关于加强旅游工作意见的通知”。

2. 主送机关

通知的发文对象比较广泛，因此，主送机关较多，要注意主送机关排列的规范性。

（二）正文

正文包括通知缘由、通知事项和执行要求三部分。

1. 通知缘由

发布指示、安排工作的通知，这部分主要用来表述有关背景、根据、目的、意义等。

2. 通知事项

这是通知的主体部分，所发布的指示、安排的工作、提出的方法、措施和步骤等，都在这一部分中有条理地组织表达。内容复杂的需要分条列款。

3. 执行要求

发布指示、安排工作的通知，可以在结尾处提出贯彻执行的有关要求。如无必要，可以没有这一部分。

（三）尾部

尾部也即落款，写出发文机关名称和发文时间。如已在标题中写了机关名称和时间，这里可以省略不写。

四、写作提示

（一）层次清楚，逻辑严密

通知的内容大多是交办或告知的事项，需要发文机关从多方面、多角度提出要求或给予说明，写作时一般采用分条列项的形式。同时，要按照事项的轻重主次一事一条逐层展开，形成环环相扣、逻辑严密的结构布局。

紧急通知的适用范围探析

（二）内容明确，要求具体

通知所涉及的原则措施、步骤办法要清楚明确，符合实际情况，具有较强的可操作性，以便于下级贯彻执行。

拓展阅读

基层单位起草禁止性通知要做到“四明确”

通知是日常工作中常用的一种法定公文文种。根据适用范围的不同，通知一般可以分为发布性通知、批转性通知、转发性通知、指示性通知等几大类，分别适用于不同的通知事项。

在通知写作中，有一种对单位或个人提出禁止要求的通知比较常见。比如，中共中央办公厅、国务院办公厅下发的《关于严禁党政机关到风景名胜区开会的通知》，国务院下发的《关于禁止传销经营活动的通知》，中共中央组织部、中央编办、国家公务员局印发的《关于严禁超职数配备干部的通知》，等等。这种禁止性通知，明令禁止某个事项或某种行为，对于严肃纪律、规范管理具有重要作用。为了确保执行过程中不走样、不变形、不打折扣，级别较高的党政机关发布禁止性通知时，一般措辞比较严厉，提出的要求和标准比较高。而基层单位由于各种复杂的现实原因，制发禁止性通知时更需要慎重，争取做到“四明确”。

一是要明确禁止事项。禁止性通知一般针对性较强，是针对某一类问题或现象提出的，因此，在撰写时要具体地点明禁止的事项。如果禁止的事项模糊不清、模棱两可，会给执行带来不便。例如，2014 年 1 月 17 日，教育部下发了《关于在全国各级各类学校禁烟有关事项的通知》。某大学根据该通知精神，起草下发了该校的禁烟通知，明确要求“在校园内全面禁止吸烟”，但在另一条款中却指出，“建筑物内一律禁止吸烟”，“在室外露天区域设置少量吸烟区”。这种自相矛盾的要求，会让人无所适从，不知道该怎么做。

二是要明确责任主体。禁止性通知常常需要明确责任主体，即责任部门和责任人，明确责任，落实到人，这样便于具体操作。如果责任部门、责任人不明确，会出现推诿扯皮、卸责等现象，最终造成通知流于形式，成为一纸空文。比如，2014 年 8 月 25 日，广西壮族自治区纪委监察厅下发的《关于在中秋、国庆节期间严禁用公款购买赠送月饼等节礼的通知》指出，“各级党委（党组）要自觉担负起党风廉政建设的主体责任，切实把抓好中秋、国庆节期间刹风正纪工作作为一项重要的政治任务，旗帜鲜明、敢抓敢管，自觉承担起宣传发动、组织实施和监督检查等职责。各级领导干部特别是主要领导干部要认真履行‘一岗双责’，带头弘扬党的优良传统和作风，带头抵制各种歪风邪气，自觉接受群众监督”。这则通知，明确了作为责任部门的各级党委（党组）的主体责任、作为责任人的各级领导干部的“一岗双责”，使通知有了执行主体和操作主体，强化了责任，落实了任务，有利于工作的具体开展和推进。

三是要明确问责办法。一则没有任何督查监督和责任追究措施的禁止性通知，是没有约束力的，也是无法得到很好贯彻执行的。因此，禁止性通知不仅要明确责任主体，还要明确违纪处罚问责办法。例如××县纪委 2014 年 7 月下发的《关于重申严禁机关工作人员工作日中午饮酒的通知》，明确指出：“违反规定的，在全县范围内通报批评，造成严重影响的，根据有关规定给予党政纪处分”，“对连续三次以上出现违规行为的单位，要责成单位主要领导写出书面检查，并追究领导责任”。这则通知，处罚措施阐述得比较具体，对执法执纪检查人员来说，有了问题的处理依据；对机关工作人员来说，具有警示教育作用；对违纪人员来说，“勿谓言之不预”，避免了在问题处理时纠缠不清。

四是要明确写作对象。基层单位禁止性通知的行文对象是基层群众，他们的思想觉悟和文化层次高低不一，因此写作时在用语上需慎重，专业用词过多或者说法隐晦等，均不足取；在措辞上，最重要的是不能小题大做，给人生硬的感觉，让人感到以势压人、以权压人，不好接受。比如，根据中纪委《关于严禁公款购买印制寄送贺年卡等物品的通知》（中纪发〔2013〕8 号）精神，某大学下发了一则校内通知，在检查监督方面指出，学校“将采取随机抽查、专项督查、明察暗访等形式开展专项督查，接受举报投诉。对无视规定、顶风违纪的，发现一起、查处一起；对严重违纪的，视情节予以纪律处分，通报曝光典型案例，并追究领导责任”。本来，随着时代的发展，在该校用公款购买、印制、邮寄、赠送贺年卡、明信片、年历等物品的情况近年来几乎绝迹，而该通知却兴师动众地采取多种督查方法，措辞严厉地指出了处罚措施。很显然，这则通知既不符合实际情况，“不接地气”，也有小题大做的嫌疑，很容易引起反感；既无法起到警示作用，还容易引发负面言论和情绪。所以，起草禁止性通知时，在用词、语气上一定要认真推敲、仔细斟酌。

起草通知看似简单，但要交代清楚具体事项，明确具体要求，起到应有效果，还需要起草者认真思考。特别是对于禁止性通知，很多内容涉及人们的具体利益、言行，起草时更需要仔细揣摩，既要领会好上级精神和领导意图，还要从受众的角度换位思考通知发布后可能引发的心理感受和反应，不断调整写作思路，在措辞等方面把握好“度”。有时，不妨把草稿交给相关人员来征求意见，提高文稿写作质量，从而达到既可以规范人们的行为，又便于其接受的目的。

资料来源：李展. 基层单位起草禁止性通知要做到“四明确”. 应用写作，2014（11）.

文体实训

1. 下面的材料是澎湃新闻网站刊登的一则新闻。请以该市××景区管理处的名义撰写一则通知，要求做好相关工作。

4月27日，市文化广电和旅游局下发紧急通知，全面加强旅游景区安全管理，有效防范和坚决遏制旅游安全事故的发生。

五一小长假即将到来，为防止旅游安全事故的发生，市文化广电和旅游局要求各县（市）区文旅部门、各旅游景区严格落实安全责任，突出重点，立即开展安全隐患全面排查治理工作，重点加强景区内游客运载工具，各类游乐设施，索道、玻璃栈道等带有危险性旅游项目的排查监测和维护管理。同时，在游客拥堵路段、游客密集场所、交通集散地安排工作人员进行游客引导疏散，防止游客聚集、车辆拥堵；加强景区内食品安全及住宿环境卫生监督检查，做到安全清洁消毒。

针对森林防火、地质灾害防治等，市文化广电和旅游局要求各县（市）区文旅部门、各旅游景区加强景区林区、地质灾害隐患点、山体落石隐患点等关键区域部位的隐患排查，严防火种进入景区林区，提醒提示游客躲避风险点，安排安全巡护人员上岗到位，重点部位死看死守，重点人群盯紧看牢，关键时段管控到位；加强景区内用电用气安全检查，严防私拉乱接，严禁违规用电用气等；加强对景区内道路、桥梁、隧道、涵洞、边坡、临水临崖路段道路交通安全隐患的排查治理，确保安全通行；切实做好大风、降雨引发安全事故的预测预警工作，加强与气象部门联系，及时掌握风情雨情气象，科学监测预警，必要情况下及时封闭、停止运营，并做好人员疏散工作，确保人员安全；切实排除各种安全隐患，全面增强旅游景区安全运营保障能力。

此外，市文化广电和旅游局还要求各旅游景区通过多种手段开展安全旅游、文明旅游宣传，及时、主动、有效处置应急突发事件，并做好应急突发事件信息报送工作，坚决杜绝迟报、漏报、虚报和瞒报等现象发生。

2. ××省文化和旅游厅计划举办的“20××年传统风筝旅游文化展”定于9月19日至9月20日在××举行。请你撰写一则通知，向社会各界征集活动主题和宣传口号。

第三节 通 报

范文示例

广东省文化和旅游厅
关于2023年第三季度旅游投诉情况的通报

各地级以上市文化广电旅游体育局：

结合各地级以上市报送的旅游投诉数据及监测结果，现将2023年第三季度全省旅游投诉情况通报如下：

一、基本情况

截至2023年9月30日，第三季度全省共接到旅游投诉6 335宗，与去年同期相比增加2 681宗，同比增长73.37%；与2023年第二季度相比增加1 306宗，环比增长25.97%，投诉总量同比、环比均上升较快。第三季度全省共正式受理旅游投诉5 590宗，不予受理745宗，受理率为88.24%；已办结5 258宗，正在办理332宗，结案率为94.06%。

从投诉渠道来看，通过各地级以上市12345政府服务热线接到旅游投诉5 209宗，占正式受理投诉的93.18%；来信来访投诉74宗，占比1.32%；全国文化市场技术监管与服务平台转办25宗，占比0.45%；其他渠道接收282宗，占比5.04%。

二、市场情况

按三大旅游市场划分，第三季度受理国内旅游投诉4 915宗，占受理投诉总数的87.92%；受理出境旅游投诉674宗，占受理投诉总数的12.06%，比第二季度增加了1.17%；受理入境旅游投诉1宗。

三、理赔情况

经各地旅游投诉受理机构调解，第三季度理赔总额为810.47万元，比去年同期增加308.43万元，同比增长61.44%。其中，国内旅游投诉理赔601.43万元，占理赔总额的74.21%；出境旅游投诉理赔209.04万元，占理赔总额的25.79%。

四、被投诉对象情况

从结案案件的被投诉对象来分析，第三季度投诉旅行社2 232宗，占投诉总数的39.93%；投诉在线旅游企业873宗，占投诉总数的15.62%；投诉景区（点）1 581宗，占投诉总数的28.28%；投诉酒店644宗，占投诉总数的11.52%；投诉民宿23宗，占投诉总数的0.41%；投诉购物、餐饮8宗，占投诉总数的0.14%；其他投诉229宗，占投诉总数的4.09%。

五、投诉主要类型

按受理投诉的类别划分，涉嫌无证经营183宗，占全部投诉的3.27%；强迫或诱骗购物70宗，占全部投诉的1.25%；违反合同规定636宗，占全部投诉的11.37%；导游未尽职责56宗，占全部投诉的1%；在线预订产品退订纠纷1 379宗，占全部投诉的24.67%；旅游景区服务质量1 350宗，占全部投诉的24.15%；拒签或退团不当扣费410宗，占全部投诉的7.33%；涉及不可抗力因素211宗，占全部投诉的3.77%；旅游住宿服务质量356宗，占全部投诉的6.37%；其他投诉936宗，占全部投诉的16.74%。

六、主要特点

（一）投诉总量继续攀升

今年第三季度是疫情放开后的第一个暑假，大中小学校集中放假，研学游、亲子游、休闲度假游市场异常火爆，同时，出境游目的地国家进一步放开，大大提升了居民出游消费欲望，投诉总量也因此大幅攀升，其中广州、深圳投诉总量达4 686宗，占全省投诉总量的73.97%。各地文化和旅游监管部门特别是广州、深圳要注意合理增加人员加快旅游投诉处理工作。

（二）在线旅游市场成监管重点和难点

统计数据显示，第三季度在线预订产品退订纠纷达 1 379 宗，比第二季度增加 258 宗，环比增长 23.01%。目前，越来越多的游客选择线上预订消费，然而相关的法律法规仍不健全，工作地点不固定，时空跨度大，为旅游投诉处理增加了难度，各市要因地制宜，认真研究有关在线旅游投诉处理措施，切实提高游客在线旅游服务体验。

（三）投诉渠道发生转变

第三季度 12345 政府服务热线渠道接到的旅游投诉比例达到 93.18%，说明政府大力整合投诉渠道已见成效，同时在于该渠道的投诉处理效率和满意度相对较高，逐渐成为游客的主要投诉渠道。

七、下一步工作

各地要针对 2023 年第三季度全省旅游投诉情况，继续加强旅游投诉处理和普法宣传工作：一是认真落实旅游投诉处理属地管理责任，畅通旅游投诉渠道，化解矛盾纠纷，进一步提高投诉结案率。指导旅行社和在线旅游企业强化旅游服务、旅游产品、旅游线路安全评估，严格执行“一团一报”、旅游包车“五不租”等制度；加强大型游乐设施和高风险项目设施的检测维护管理，加强消防设施、疏散通道等安全检查。二是加大线上线下旅游市场执法监管力度，持续深入推进诉转案工作，加强与公安、交通运输、市场监管等相关职能部门的协调联动，依法查处未经许可经营旅行社业务、“不合理低价游”、诱导或强迫购物等违法违规经营行为，切实维护旅游市场秩序。三是认真总结投诉规律，针对投诉比较集中的不可抗力因素、退团退费等问题，加强相关法律法规知识宣传，适时发布旅游消费提示。四是加强投诉分析，梳理旅游投诉纠纷，编制并公布典型案例，以儆效尤，引导游客理性消费、依法维权。五是加强全国文化市场技术监管与服务平台旅游投诉案件办理工作，及时高效处理投诉案件。

特此通报。

广东省文化和旅游厅

2023 年 10 月 17 日

资料来源：广东省文化和旅游厅官网，有删改。

文体知识

一、通报的含义

通报是上级单位、部门对下级单位、部门或有关人员进行表彰、批评、传达重要精神或者情况时使用的一种指导性文件。

通报具有典型性、教育性、针对性等特点，可以用来表彰先进、批评错误、传达精神、沟通情况。

二、通报的类型

根据内容的不同，通报可以分为表彰性通报、批评性通报和情况通报三种。

（一）表彰性通报

表彰性通报是用来表彰先进单位和个人，介绍先进经验或事迹，树立典型，号召大家学习的通报。

（二）批评性通报

批评性通报是用来批评某种严重错误或带有普遍性的不良风气和行为，以示警诫，要求被通报者和大家吸取教训的通报。

（三）情况通报

情况通报是在一定范围内传达重要情况和动向，以指导工作为目的的通报。

三、通报的结构与写法

通报一般由首部、正文和尾部三部分组成，写法大致如下。

（一）首部

首部包括标题和主送机关两项内容。

1. 标题

通报的标题通常有两种构成形式：一种是由发文机关名称＋事由＋文种组成，如“××旅行社关于给不顾个人安危勇于救人的王××同志记功表彰的通报”；另一种是由事由和文种构成，省略发文机关。

2. 主送机关

除普发性的通报外，通报一般应该标明主送机关。

（二）正文

通报正文的结构通常由开头、主体和结尾三部分组成。开头部分说明通报缘由；主体部分说明通报决定；结尾处提出希望和要求。不同类别的通报，其具体内容和写法又有所区别，大体写法如下。

1. 表彰性通报

一般在开头部分概述事件情况、说明通报缘由，这部分要求叙述清楚、语言概括、详略得当、重点突出；主体部分通过对先进事迹的客观分析，在阐明所述事件性质和意义的基础上，写明给予精神或物质奖励的决定；结尾部分明确提出希望和要求，号召大家向先进学习。

2. 批评性通报

分为两种情况：一种是对个人的批评通报，其写法与表彰性通报基本相同；另一种是对某一单位或集体的批评通报，旨在通过对恶性事故的性质、后果，特别是酿成事故的原因的分析，总结教训，达到指导工作的目的。正文主要包括错误事实、原因、教训、提出要求和改进措施等几项内容。

3. 情况通报

先概述总的情况，再具体介绍情况特点（如分析形成某种情况的原因或阐述某种情况的意义)，最后提出指导性意见或要求。如果情况复杂，可以对其进行综合分类，分别介绍情况的各个方面并分析其意义，最后提出要求。总之，写法多样，如何表述可因事制宜，无须强求一致。

情况说明的写作方法与技巧

(三) 尾部

尾部包括发文机关署名和成文时间两项内容。在标题中已标明发文机关名称的通报，这里可以不必再写。

四、写作提示

(一) 内容必须真实

动笔前，要对有关情况和事例进行认真核实，保证所通报事件和材料真实无误。

(二) 突出时代感

通报的内容，无论是表彰先进、批评落后还是告知情况，都必须以党的方针政策和国家的法律法规为基础，与当前形势，也就是当前经济工作中心和思想教育中心结合起来，以便对广大干部职工起到教育指导作用。

(三) 语言简洁庄重、恰如其分

通报中的叙述要简明扼要，不使用文学手法；议论分析要公正中肯、讲究分寸，定性要准确，态度要明确。

拓展阅读

怎样写表彰性和批评性通报

表彰性通报和批评性通报是党政机关、企事业单位和社会团体内部经常使用的两种通报形式。写好这两种通报，对表彰先进、弘扬正气和批评错误、吸取教训，显得非常重要。要写好这两种通报，笔者以为应该做到以下三点。

一、要准确把握两种通报的结构和写法

要准确把握这两种通报由几个部分组成，每个部分写什么、怎么写。从结构上说，这两种通报由标题、主送机关、正文和落款四个部分组成；就写法而言，除正文部分写什么、怎么写有所差异之处，其余三个部分完全相同。下面按照结构顺序，分别介绍每个部分的写法。

(一) 标题

两种通报常用的标题形式有两种：一种是“发文单位名称+缘由+文种”，如《××县教育局关于表彰×××同志奋勇抢救落水学生事迹的通报》；另一种是“缘由+文种”，如《关于×××同志挪用教育经费私建住宅的通报》。

(二) 主送机关

应在标题下一行的顶格处，写清楚主送机关的名称，并在名称后面用冒号。如果遇到普发性的情况，发送机关可以不写。

（三）正文

这一部分是全文的重点部分。在这一部分，表彰性通报与批评性通报的内容和写法有所差异，这里分开介绍。

1. 表彰性通报

在正文部分应该写清楚三项内容，即表彰缘由、表彰决定（事项）以及号召和希望。

(1) 表彰缘由。在正文的三项内容中，笔者以为“表彰缘由”是正文写作的重心，它是“表彰决定”乃至整个表彰性通报的依据。这项内容应该从两个方面来写：一是要概述表彰对象和先进事迹。表彰对象（人物或单位）的介绍要概括清晰，特点鲜明；事迹陈述不但要清楚明白，而且要详略得当，重点突出。不论是表彰对象的介绍还是事迹陈述的详略，都要按照通报的主题来确定，比如，表彰某人勇斗歹徒，就应该突出介绍某人不畏强暴的个性特点，详细陈述“勇斗”的经过。二是要在陈述事迹的基础上对其认真分析，作出恰如其分的评价。事实上，分析评价是最重要和最具说服力、感染力的一个环节，要抓住本质、据事说理，紧密结合先进事迹本身进行评价，重点突出先进人物的思想品质和精神境界，做到观点明确，分寸适度，切忌空泛浮夸和千篇一律。

(2) 表彰决定（事项）。这种决定（事项）是在以上表彰缘由的基础上作出的，决定的宣布要明确简单。如果表彰和奖励的事项较多，可采用“分条列项”的方法来写，以便做到眉目清晰、条理清楚。

(3) 号召和希望。这是表彰性通报正文部分不可或缺的一项内容，它是表彰决定的进一步引申。事实上，用通报的形式表彰某人某事，其真正目的是让人们学习先进，使先进人物的思想品质和精神境界在群众中发扬光大。因此，写好这一部分是锦上添花之举，也能给正文部分画上一个圆满的句号。为使此项内容不出现脱离实际、空喊口号的现象，应承接前两部分内容，写明号召与希望的对象、范围及具体要求，注意结合前文内容，发掘先进的典型意义和时代精神，力求体现出表彰的针对性。

2. 批评性通报

在正文部分也应该写清楚三项内容，即缘由、处理决定和要求。从实际的使用情况看，批评性通报分为两种情况。一种是对个人的通报批评，其写法与表彰性通报基本一样，要求先介绍人物和情况，陈述其错误事实，再分析评论，最后作出处理决定，提出要求。这种通报写缘由时对人物和情况的介绍以及对错误事实的陈述，要真实准确；对错误事实的分析评论要据事说理，抓住要害，避免空做议论和无限上纲。写处理决定时，要在缘由的基础上表明态度，要在事实清楚、证据确凿、定性准确之后，明确宣布处理决定，措辞一定要讲究分寸，做到字斟句酌。写要求时，要从通报批评的错误中引出教训，提出具体要求，以此告诫受文者，教育大家，很自然地结束正文。另一种是对国家机关或集体的批评通报，这类通报旨在通过对恶性事故的性质、后果，特别是对酿成事故的原因的分析，总结教训，启发受文者引以为戒。这样的通报所批评的错误往往具有一定的代表性，因而写作时要注意以点带面、点面结合，以达到指导面上工作的目的。这种通报的写法与表彰性通报略有不同，其正文主要包括陈述事实、分析原因、提出改进措施和明确目的要求等内容。比如《国务院办公厅关于贵州省乡镇煤矿发生特大瓦斯爆炸事故的通报》，正文部分首先概括交代事故发生的时间、地点、伤亡人数、严重程度，认定的性质和通报的根据；接着列了三个序号，分析了事故发生的历史原因、直接原因和惨痛教训；随后提出了杜绝事故再次发生的措施；最后十分鲜明地表述了通报的目的，即要求全国各地、各有关部门应从这次事故中吸取教训，采取坚决有效的措施，以确保乡镇煤矿的安全生产。

（四）落款

需要在正文的右下方写清两项内容，即发文单位名称（要写全称）和发文时间（要年、月、日写全）。如果通报标题中已写有发文单位名称，这里无须再写；如果通报标题下已写明了发文时间，这里也可省略。

二、要清楚认识两种通报的写作要求

除把握好两种通报的结构和写法外，还要清楚认识以下几点写作要求：

（1）内容要典型。无论是表彰先进还是批评错误，都要注意选择具有典型性的人和事，力避一般化。

（2）材料要真实。应坚持实事求是的原则，做好深入细致的调查研究工作，对事实要认真核对，不夸大、不缩小，更不能添枝加叶或凭空虚构。

（3）评析要讲分寸。一定要做到分析中肯、评价恰如其分、结论准确公正，决不任意降低或拔高。

（4）语言要注意色彩。对褒奖性事项要赞美而不失庄重，对惩戒性事项要严厉而不失劝诫，要做到语言色彩与客观事实相协调。

三、要认真了解通报与通知的主要区别

笔者以为通报与通知主要有四点区别：

（1）内容范围不同。通报的内容范围是表彰先进、批评错误或传达重要的情况；通知的内容范围包括发布行政法规、批转和转发公文、传达需要办理的事项等。

（2）目的要求不同。通报的目的是陈述事实，交流情况，提高认识，指导工作；通知的目的是告知事项，布置工作，有严格的约束力。

（3）发文时间不同。通报是在事后发文，通知是在事前发文，即事前通知，事后通报。

（4）表达方法不同。通报可以兼用叙述、说明和议论等多种表达方法；通知主要采用叙述的表达方法。

资料来源：彭文博. 怎样写表彰性和批评性通报. 写作，2010（9）.

文体实训

1. 阅读下面的材料，替××旅行社撰写一则通报，奖励两位导游每人 1 000 元奖金，在公司网站通报表扬，并享有优先带团权。

20××年 7 月 5 日，在××旅行社组织的长白山、镜泊湖 4 日游中，旅行社的导游蔡×、柳×同志在路况不好、客人屡次产生误解的情况下，认真积极地解决问题，使得所有误解、争执都得到了圆满解决，无一投诉。

7月1日，由于大坝决堤旅行途中延误了一个小时，客人十分不满，这两位导游请示负责人后及时提高了晚餐的标准，并对客人进行安抚，使客人的不满情绪烟消云散。在入住酒店时，由于需要身份证登记入住，造成客人在大厅等待时间过长，客人再次不满，并开口骂人，导游没有意气用事，而是耐心地解决纠纷。最终使所有客人都很满意，没有发生一起投诉事件。

2. 阅读下面的材料，请为市文化和旅游局起草一份通报，对事件进行处理。

10月9日，来自成都的徐女士致电记者，讲述了其父母到××景区自驾游的遭遇：本想购买少量天麻调理身体，结果被强迫购买了2斤，共4 000元。因天麻已被磨成粉，徐先生和太太不得不付款了事。其间，夫妻俩身上携带的现金不够，多名高壮男子还“陪同”他们出景区取钱。

回到家后，徐先生和太太越想越气，便将此事告诉了女儿。可是，当女儿致电××景区管理人员时，对方却称，需提供购买药品的发票，否则没有证据表明事件的真实性。

3. 景区管理处要通报表彰一批在管理、服务工作中涌现出来的先进个人和集体。请代为拟写通报稿，具体情节可虚拟。

第四节　报　告

范文示例

2022年全国旅游市场服务质量提升报告

2022年，文化和旅游行业坚持以习近平新时代中国特色社会主义思想为指导，学习贯彻党的二十大精神和习近平总书记关于旅游工作、质量工作的重要论述，深入落实党中央、国务院关于高质量发展的决策部署，加强系统谋划，凝聚行业共识，坚持守正创新，充分发挥服务质量提升政策的引领带动作用，不断增强质量、提升影响力，为推动旅游业高质量发展提供了有力支撑。

一、主要成效

（一）服务质量提升政策体系进一步健全

一是服务质量提升系统性进一步增强。为有序推进“十四五”时期旅游服务质量提升工作，持续推动《文化和旅游部关于加强旅游服务质量监管 提升旅游服务质量的指导意见》（以下简称《指导意见》）落地见效，文化和旅游部坚持统筹规划、突出重点，兼顾旅游市场发展的阶段性特点和地方旅游服务质量提升工作实际，研究制定了《指导意见》2022年工作要点，各地加强统筹协调，多维度推动各项任务落地见效，创新质量提升手段，增强质量提升效能，推动全国旅游服务质量水平稳中有升。整体来看，以《指导意见》年度工作要点为纲，以各地省级旅游服务质量提升工作领导小组为机制保障，以第三方评估为监测手段，以鼓励质量创新为导向的质量提升体系进一步完善。

二是协同落实力度进一步加大。文化和旅游部与市场监管总局等18部门联合印发《进一步提高产品、工程和服务质量行动方案（2022—2025年）》，进一步优化制度体系，增强提升旅游服务质量合力。旅游服务质量提升工作纳入多地省级质量工作考核范围，有效整合地方各职能部门力量，统筹推进的效力进一步增强。山西省文化和旅游厅、山西省财政厅联合印发《导游服务质量奖励办法》，设立导游服务质量奖，对一线导游员进行奖励。安徽省文化和旅游厅、安徽省市场监督管理局联合在全省范围内组织开展“2022年安徽省旅游服务质量标杆单位遴选活动”。重庆在该市11个区县开展旅游服务质量提升试点。

三是质量文化建设深入推进。文化和旅游部联合市场监管总局、商务部等部门举办全国“质量月”和“诚信兴商宣传月”等活动，举办2022年文化和旅游市场服务质量提升主题活动，搭建促进服务质量管理、制度创新、业务提升和经验推广的交流研讨平台，推动形成质量提升的良好氛围。各地进一步发挥“首席质量官”“标杆服务员”等质量提升制度的引领作用，积极开展制度建设和评定工作，全国共有天津、贵州、宁夏等10个省（区、市）以及山东淄博、河南信阳、江西南昌等10个地市分别建立首席质量官、标杆服务员制度。其中，北京评出“首席质量官”17名、“标杆服务员”15名，广东公布34家建立“首席质量官”制度的企业名单，青海公布14家建立“首席质量官”制度企业名单、评出“标杆服务员”42名。各地强化行业自律，北京、海南、新疆生产建设兵团等18个省（区、市）引导旅游企业发布了旅游服务质量承诺。

（二）服务质量主体责任进一步压实

一是服务品牌发展能力进一步增强。文化和旅游部持续完善旅游服务品牌建设基础理论研究，推动旅游服务品牌建设纳入《质量强国建设纲要》，进一步提升政策能级。开展“美丽中国 美好生活”国内旅游宣传推广活动，实施“跟着季节游中国”“城市巡游记”等专项推广，在海外举办系列旅游推广活动。各地凝聚品牌发展共识、营造品牌培育氛围，服务品牌建设能力进一步提高。湖北创建旅行社优质服务品牌，四川公布第二批“天府旅游名牌”名单，青海授予13家文旅企业“大美青海 放心消费”示范单位称号，浙江开展旅游饭店品牌创建工作，河北、黑龙江、福建等地持续增强省级旅游品牌传播力和IP影响力，旅游服务品牌蓬勃发展。

二是旅游企业数字化发展取得实效。文化和旅游部鼓励和支持旅游企业数字化转型，发布2022年文化和旅游数字化创新实践十佳案例、文化和旅游数字化创新实践优秀案例，推动5G、人工智能、大数据、云计算等技术的创新应用。编制印发《智慧旅游场景应用指南（试行）》，推荐10个具有普遍适用性的智慧旅游典型场景；组织开展智慧旅游创新企业和项目推选，分别新推出10个示范企业和20个创新项目。各地以数字化驱动旅游服务质量提升变革，上海推广“数字酒店扫码入住”模式，江西出台推动数字文旅产业高质量发展的实施方案，推进旅游业“上云用数赋智”；新疆携手商业银行、行业龙头企业共同打造“新疆旅游数字卡”；内蒙古建成“游内蒙古”平台，实现549家A级景区和文化场馆预约服务功能。

三是行业组织作用进一步增强。文化和旅游部鼓励和支持各级行业组织发挥质量提升积极作用，指导中国旅游协会、中国演出行业协会等8个行业协会共同发布“提升文化和旅游市场服务质量”倡议书，号召全行业重视服务质量、提升服务质量。指导推动行业组织在15个省2个地市（区）建立行业服务质量分会（专委会），其中，旅游协会质量分会12个，旅行社协会质量分会1个，旅游饭店业协会质量分会1个，质量专委会3个；省级分会12个、专委会3个，地市（区）级分会2个。中国旅游协会举办第三届“中国服务”·旅游产品创新大会，组织策划《大家开讲》栏目为行业赋能；中国旅行社协会推动相关职业规范发展，促进旅游人才高质量建设；中国旅游景区协会打造纾困提振平台，开展“我为景区送服务”系列活动；中国旅游饭店业协会积极推进星级饭店复核，引导星级饭店持续提升服务质量品质；中国旅游车船协会开展全国自驾车旅居车营地等级认定工作，推动旅游出行服务质量进一步提升。

（三）服务质量提升工作基础进一步夯实

一是标准的支撑保障作用进一步增强。针对旅游服务供给重点领域，全年共出台《旅游度假区等级划分》等3项国家标准、《出境旅游领队服务规范》1项行业标准，立项11项行业标准，6项国际标准立项或成为预工作项目。持续推进标准公开工作，加强标准出版与公开的衔接，完善标准发布专栏，方便群众免费查阅下载。支持举办旅游标准化工作培训班，组织开展世界标准日宣传活动，提升标准化从业者的认识水平。加强标准监督实施，全年新评国家级旅游休闲街区54家、5A级旅游景区12家、五星级旅游饭店18家、等级旅游民宿71家（甲级40家、乙级31家）、国家工业旅游示范基地53家、国家级体育旅游示范基地14家，对58家国家级文明旅游示范申报单位开展实地评定，推出10个全国红色旅游融合发展示范区建设试点单位、首批12家国家级滑雪旅游度假地、第四批298个全国乡村旅游重点村和第二批全国乡村旅游重点镇；广西大寨村和重庆荆竹村入选联合国世界旅游组织“最佳旅游乡村”，标准供给质效进一步提升、监督实施力度不断加大，有力支撑了服务质量提升工作。各地加大地方标准制定力度，山西制定《A级旅游景区服务质量要求》、辽宁制定《冰雪旅游景区管理与服务规范》、安徽制定《民宿管家服务规范》、湖南制定《旅游民宿等级划分与评定》。

二是服务质量人才队伍素质进一步提升。文化和旅游部全年新评选出140名“金牌导游”、16名特级导游，举办2022年度乡村和旅游带头人支持项目培训班，实施第二批全国红色旅游五好讲解员培养项目。各地持续优化政府、院校、科研院所、行业协会和旅游企业等多方参与的人才培养方式，线上培训和线下教育同步推进，质量人才教育培训的针对性不断增强，人员结构和数量更好适配旅游服务质量提升需要，为推动实现以人才驱动推动行业创新发展提供支撑。海南加强“政校企”三方合作机制，“旺工淡学”旅游业人才培养项目招生范围进一步扩大至旅游业8大业态；贵州与省内外高校签订合作办学框架协议，共建文化旅游产业人才实践教学基地；云南实施万名文旅人才专项培养计划；内蒙古联合39家区内高校启动旅游人才培养“双进”工程；河南举办“提升全省文旅文创能级专题培训班”；吉林建立百名专家服务团和50家校企合作服务团与校企联动机制；黑龙江开展“定制旅游管家”、“互联网营销师”和文化型新媒体导游直播带游培训；西藏采用“送教上门”的方式邀请全国专家学者以讲解服务为重点，组织开展三期全区导游人员线下业务培训。

三是旅游服务质量评价有序推进。文化和旅游部持续开展旅游服务质量基础理论研究工作，进一步完善全国旅游服务质量评价体系相关指标、模型，为建立以游客为中心的旅游服务质量评价体系夯实基础。全国有12个省（区、市）开展旅游服务质量评价，主要形式包括开展满意度调查、编制服务质量监测评价报告、发布蓝皮书、开展网上调查等，进一步发挥质量评价在推动旅游市场高质量发展中的导向作用。四川编制2022年文化旅游服务质量蓝皮书；广西、宁夏开展旅游服务综合满意度评价；陕西发布旅游服务质量监测（测评）报告；福建开展提升福建省旅游服务质量网上调查。

（四）信用体系建设迈入深化应用新阶段

一是信用体系进一步健全。文化和旅游部推动《文化和旅游市场信用管理规定》落地实施，配套印发文化和旅游市场失信主体信用修复工作指南，形成了1部专门性规章＋多项制度的“1＋N”信用制度体系基础架构。全年各地共出台文化和旅游市场信用体系建设配套制度74项，其中，行政规范性文件71项，主要涉及领域为综合信用管理（29项）、信用分级分类监管（15项）、信用评价（10项）、信用承诺（9项）、信用修复（4项）、联合奖惩（2项）、信用激励（1项）、信用品牌培育（1项）；地方标准3项，涉及领域为信用评价。信用监管配套制度的建立与完善，为提升服务质量、优化营商环境，进一步释放文化和旅游市场消费潜力夯实了基础。

二是信用监管震慑力进一步增强。文化和旅游部改造升级全国文化和旅游市场信用管理系统（二期），进一步优化流程，提高便利性。各地依法依规开展失信主体认定与管理工作，全年各地共认定旅游市场失信主体14个，其中，严重失信主体6个，包括旅行社4家、从业人员2名，均通过文化和旅游部政府门户网站同步公开并实施相应的管理措施；轻微失信主体8个，包括旅行社7家、旅游景区1家，进一步增强了信用监管的震慑力。

三是信用应用场景进一步拓展。文化和旅游部积极开展信用经济发展试点工作，不断拓展信用应用场景，遴选出的14个试点地区结合本地优势，积极探索创新，呈现出良好的带动效应。在提升信用监管效能方面，江苏镇江、浙江宁波奉化积极构建信用评价模型和信用评价监管体系，湖北武汉、广西桂林打造信用承诺工作闭环，甘肃张掖加强信用信息互联互通，进一步提升了信用监管的精准性和有效性。在促进信用交易方面，山东日照积极构建“先游后付”信用消费模式，重庆铜梁通过“信易游”积极拉动旅游市场消费，重庆武隆探索推出信用免票、信用优惠、信用免押等产品和服务，四川乐山峨眉山倡导“信用畅游、信用消费”，进一步发挥信用在有效衔接供需、降低制度性交易成本方面的基础性作用。在创新信用应用场景方面，辽宁大连、上海黄浦建立信用品牌培育机制，以信用品牌赋能行业发展；山东威海荣成建立完善支持创新信用应用场景的相关政策和保障机制；广东广州以编制地方标准为切入点，组织评选一批诚信旅行社；青海海西州建立与金融等部门信用信息互联互通机制，带动当地文化和旅游市场各业态加快复苏。

（五）质量监管和综合执法效能进一步提升

一是质量监管机制进一步完善。文化和旅游部持续完善以“双随机、一公开”监管和“互联网＋监管”为基本手段、以信用监管为基础的新型监管机制；适应智能监管需求，优化全国旅游监管服务平台功能，新增星级饭店评定、在线旅游经营服务管理、旅行社告知承诺等功能。各地持续创新质量监管方式，以互联网、大数据、人工智能等信息技术为基础的智慧监管模式进一步完善，线上线下一体化监管取得新进展。北京在实践中进一步完善“6＋4”一体化综合监管体系；贵州上线“一码游贵州”文旅市场监管服务平台，实现“事前预防、事中监控、事后溯源”的闭环管理；青海落实星级旅游饭店网评回复制度，将宾客意见及意见回复情况纳入年度星级复核、星级评定范畴。多地实现跨部门数据共享，审管边界进一步明晰，审管互动进一步强化，事前事中事后全链条、全领域监管的基础进一步夯实。

二是专项整治工作取得积极成效。文化和旅游部部署开展未经许可经营旅行社业务、“不合理低价游”专项整治行动，持续整治旅游市场突出问题，规范旅游市场秩序，维护旅游者合法权益。开展文化和旅游市场打击整治养老诈骗专项行动，摸排文化和旅游市场领域涉及养老诈骗问题隐患，深入开展规范整治。指导各地通过主要新闻媒体、政府网站等发布指导案例，震慑违法违规经营行为，提高社会公众的法治意识。组织开展暗访评估，发现并核查处理旅游市场各类问题。加强网络监测，督促在线旅游经营服务平台下线删除涉嫌违法违规产品。加强假日旅游市场执法检查，维护假日期间市场安全、平稳。

三是游客权益保护力度进一步加大。文化和旅游部升级改造全国文化和旅游市场网上举报投诉处理系统，及时交办核查违法违规线索，回应游客合理诉求。指导地方文化和旅游行政部门加强与12345热线主管部门沟通，推动数据归集和互联互通，为加强数据分析、及时发现和处置共性问题、提高执法监管工作针对性提供支撑。各地深入探索旅游纠纷投诉调解与仲裁衔接机制，多元化解投诉纠纷。江西建立旅游诚信退赔工作机制；江苏建立旅游投诉警示机制，定期公布警示名单；重庆创新实施文化旅游市场监管新闻媒体通报机制，及时回应群众关切。

一年来，服务质量提升政策体系进一步健全，服务质量主体责任进一步压实，工作基础更加坚实，信用体系建设迈入深化应用新阶段，质量监管和综合执法效能进一步提升，质量提升影响力不断增强，全国旅游服务质量水平稳中有升，为旅游行业高质量发展提供了有力支撑。

二、面临形势

当前，旅游市场快速恢复、运行态势逐步向好，旅游服务需求呈现高品质、多样化趋势，游客的质量意识进一步增强，对服务质量需求与有效供给的适配性提出更高的要求，在推动行业高质量发展的进程中，服务质量提升工作面临着新的形势与挑战。

（一）党中央、国务院对质量工作提出新要求

党的二十大报告指出，高质量发展是全面建设社会主义现代化国家的首要任务，强调实现高质量发展是中国式现代化的本质要求之一，要坚持以推动高质量发展为主题，把实施扩大内需战略同深化供给侧结构性改革有机结合起来，推动经济实现质的有效提升和量的合理增长。2023年，中共中央、国务院印发的《质量强国建设纲要》提出，必须把推动发展的立足点转到提高质量和效益上来，培育以技术、标准、品牌、质量、服务等为核心的经济发展新优势，明确要求提升旅游管理和服务水平，规范旅游市场秩

序，改善旅游消费体验，并要求在旅游领域开展质量满意度提升行动，推动标准化、专业化、品牌化发展，培育一批专业度高、覆盖面广、影响力大、放心安全的服务精品。上述关于高质量发展的决策部署明确了服务质量提升的方向、重点和路径，对有效提升服务质量提出了新的要求。

（二）行业发展对质量提升工作提出新需求

当前，服务质量仍是旅游业高质量发展的制约因素。企业需要解决人员不足等发展基础性问题以保障业务经营顺利开展，需要加快转型升级、提高服务质量管理水平、提升品牌知名度以适应旅游服务需求高品质、多样化的新趋势。行业组织要进一步发挥质量文化宣传培育作用，为高质量发展营造良好氛围。行政部门需要完善服务质量提升体系，系统推进落实宏观质量提升政策，加强中观质量的机制建设，引导推动微观质量改革创新，着力解决高质量服务供给不足与低质量服务供给过剩的结构性矛盾，改善区域间质量发展不均衡不充分的问题，创新质量提升手段，让质量提升实现游客有感、企业受益。

（三）游客对服务质量寄予新期待

现阶段，旅游消费快速变革，游客更加注重旅游体验，质量意识进一步增强，对服务质量寄予了新期待。一是希望旅游目的地能够树立和强化整体旅游形象观，进一步规范涉旅经营服务行为，倡导诚信经营，优化旅游消费环境。二是希望加快提升旅游企业服务管理水平和导游等从业人员职业素养，以便能够提供高质量、个性化的服务。三是希望完善游客投诉反馈制度，进一步提高投诉处理效能，加强消费者权益保护。四是希望落实旅游市场退出机制，建立完善合理、公开、透明的价格机制。五是希望更便利地获取企业质量承诺、信用品牌等信息，提升服务商选择的精准性，防范风险、降低出游成本。

三、前景展望

2023年，是全面贯彻落实党的二十大精神的开局之年，国家“十四五”规划实施进入中期阶段，《质量强国建设纲要》发布实施，旅游市场加快复苏，以提升服务质量支撑和保障旅游行业高质量发展的要求更加凸显，系统谋划好、落实好旅游服务质量提升工作意义重大。文化和旅游部将深入学习贯彻党的二十大精神，落实党中央、国务院关于高质量发展的决策部署，把“更好统筹质的有效提升和量的合理增长”贯穿质量提升工作全过程，坚持系统推进与重点突破相结合，让质量提升工作可见、可感、可测、可评，进一步提升质量工作的影响力。着力加强行业质量文化建设，树牢质量意识，弘扬质量文化，以凝聚质量发展共识推动质量提升工作走实走深。引导和推动企业落实质量主体责任，加强全面质量管理。完善旅游服务质量基础设施，强化标准监督实施，推动旅游标准化发展由数量规模型向质量效益型转变。提升旅游管理和服务水平，加强质量监管，丰富质量提升手段，开展服务质量评价，加强服务质量品牌培育，举办服务质量提升活动。提升综合监管效能，在旅游领域实施“信用＋”工程，增强信用监管震慑力。创新质量人才培养模式，完善保障工作机制，加强质量工作创新激励，着力优化服务质量提升工作格局，以服务质量提升实效支撑和保障旅游行业高质量发展。

资料来源：文化和旅游部官网，有删改。

文体知识

一、报告的含义

报告是向上级机关汇报工作、反映情况、提出意见或者建议、答复上级机关的询问时使用的公文。

报告具有内容的汇报性、语言的陈述性、行文的单向性、成文的事后性、沟通的双向性等特点，主要用来向上级或群众就人、事、物的观察、调查作正式结果陈述，提出详细书面材料或作口头叙述，属于上行文。

二、报告的类型

（一）工作报告

工作报告是向上级机关汇报工作的报告。多数工作报告只向上级机关汇报某一阶段工作的进展、成绩、经验、存在的问题及打算，汇报上级机关交办事项的结果，汇报对某一指示传达贯彻的情况，以及向上级机关报送物件或材料等，并不向上级提出工作建议。当然，工作报告也可以提出工作建议。有的工作报告提出的工作建议只要求上级机关认可（即呈报类建议报告），有的则在提出工作建议的同时，还要求上级机关批准转发（批转）给下级机关执行（即呈转类建议报告）。

（二）情况报告

情况报告即向上级机关汇报出现的新情况、新问题，特别是突发事件、特殊情况、意外事故及处理情况的报告。

（三）答复报告

答复报告即对上级机关所询问的问题作出答复的报告。

三、报告的结构与写法

报告的结构一般由三部分组成：首部、正文、尾部。

（一）首部

1. 标题

一般采用完整公文标题的写法。如果标题中省略了发文机关，则落款时必须写发文机关名称。

2. 主送机关

一般是发文机关的直属上级机关。如有必要报送其他上级机关，可采用抄报形式。

（二）正文

1. 工作报告

正文围绕主旨展开陈述，内容一般包括基本情况、主要成绩、经验教训、今后计划或有关建议等几个部分。不同类型的工作报告，汇报的侧重点会有所不同。如果内容较多，则应分条列项写，或分若干部分写，但各条项、各部分之间要有逻辑关系，避免无序交叉。

2. 情况报告

正文围绕主旨，实事求是地概括叙述事件发生的原因、经过及事件的性质，同时要写出处理意见、处理情况或处理建议。

3. 答复报告

正文包括答复依据和答复事项两部分内容。答复依据即上级要求回答的问题。

一般报告的结尾都有习惯用语。根据报告的不同内容，使用不同的习惯用语。提出建议要求上级机关批转给下级机关的工作报告，常以“如无不妥，请批转有关单位执行”等请求式用语作结，其他各类报告常以“特此报告”“专此报告”等用语作结。

公文写作专用语及其使用

(三) 尾部

尾部包括报告单位和时间。

四、写作提示

(一) 抓住重点

要突出主要矛盾和矛盾的主要方面，在此基础上列出若干观点，分层次阐述。说明观点的材料要详略得当，以观点统领材料。

(二) 一事一报

报告要体现专一性，切忌在同一专题报告中反映各不相干的事项和问题。

(三) 不能夹带请示事项

切忌将报告提出的建议或意见当作请示，要求上级指示或批准。

(四) 注意工作报告和情况报告的区别

工作报告反映的是常规性的工作，内容相对稳定，写法也相对固定，有的工作报告还向上级提出工作建议；而情况报告汇报的是偶发和突发的特殊情况，内容多不确定，写法相对灵活。

拓展阅读

政府工作报告写作常用固定句式探究

政府工作报告每年都写，每年都做，有些句式在历年的政府工作报告中的运用已经固定下来。为了进一步了解政府工作报告的起承转合，我们归纳了政府工作报告中常用的句式。这类句式主要包括导语句、工作总结定性句、工作总结部署句、命令要求希望句、强调句、礼仪句、引出工作不足句、总分句、表态句、倡导号召句等。

一、导语句

导语句指讲话开头讲的话，其作用一般是点明主题、开宗明义。基本形式为：现在，我代表……向大会作政府工作报告，请予审议，并请……提出意见。

例1 现在，我代表国务院，向大会作政府工作报告，请予审议，并请全国政协各位委员提出意见。(《政府工作报告》，2007年3月5日在第十届全国人民代表大会第五次会议上)

例2 现在，我代表市人民政府向大会报告工作，请予审议，并请市政协委员和其他列席会议的同志提出意见。(《政府工作报告》，2012年2月10日在烟台市第十六届人民代表大会第一次会议上)

二、工作总结定性句

这类句子主要是对已取得的工作成绩、成绩取得的原因和不足加以综合说明，让人民对过去一段时间所做的工作有一个整体的认识。

例1 2006年，是我国实施“十一五”规划并实现良好开局的一年，国民经济和社会发展取得重大成就。(《政府工作报告》，2007年3月5日在第十届全国人民代表大会第五次会议上)

例2 2009年是新世纪以来我国经济发展最为困难的一年。(《政府工作报告》，2010年3月5日在第十一届全国人民代表大会第三次会议上)

三、工作总结部署句

主要用来引起总结工作、部署工作任务的句子，常见的有以下几种：一是过去一年的工作（回顾）；二是（本年）的主要任务（工作总体安排、部署）。

例1 2009年工作回顾

例2 2010年主要任务

例3 一年来的主要工作是：

例4 今年要着力抓好以下七方面工作：

四、命令要求希望句

常用的结构形式有：要……，必须……，希望……，一定……，务必……，请大家……。

例 我们要大力开展经贸、科技、文化、教育、体育等领域的对外交往与合作，增进同世界各国人民的了解和友谊，树立中国和平、民主、文明、进步的形象，维护我国公民和法人在海外的合法权益，尊重和依法保护其他国家公民在中国的合法权益。(《政府工作报告》，2007年3月5日在第十届全国人民代表大会第五次会议上)

五、强调句

强调句常用“特别是”“尤其是”“关键是”等短语。通过强调更能吸引听众的注意力，可以加深听众对事物或现象的认识。

例1 认真落实西部大开发“十一五”规划，重点是加强基础设施、生态环境建设和发展科技教育，发展特色优势产业。(《政府工作报告》，2007年3月5日在第十届全国人民代表大会第五次会议上)

例2 关键是合理控制固定资产投资规模，着力优化投资结构。(《政府工作报告》，2008年3月5日在第十一届全国人民代表大会第一次会议上)

例 3　自主创新能力不足，部分企业特别是中小企业生产经营仍很困难。(《政府工作报告》，2010 年 1 月 19 日在烟台市第十五届人民代表大会第三次会议上)

六、礼仪句

礼仪句包括称呼句、祝贺句、感谢句、慰问句等，表示祝愿和慰问的语言能使听众倍感亲切，有助于拉近报告人与听者之间的心理距离。其主要形式是：我们取得的成就，是……的结果，是……的结果。我代表……向……表示诚挚的感谢！向……表示诚挚的感谢！向……表示诚挚的感谢！

例　我代表国务院，向全国各族人民，向各民主党派、各人民团体和各界人士，表示诚挚的感谢！向香港特别行政区同胞、澳门特别行政区同胞和台湾同胞以及广大侨胞，表示诚挚的感谢！向一切关心和支持中国现代化建设的各国朋友，表示诚挚的感谢！(《政府工作报告》，2007 年 3 月 5 日在第十届全国人民代表大会第五次会议上)

七、引出工作不足句

主要是通过一个过渡句或过渡段指出上一年工作中还存在的突出问题和不足。

例 1　我们也清醒地看到，我国经济社会发展中仍然存在不少矛盾和问题，政府工作还有一些缺点和不足。(《政府工作报告》，2007 年 3 月 5 日在第十届全国人民代表大会第五次会议上)

例 2　按照科学发展观的要求，我们也认识到，我省经济社会发展中还存在不少问题和困难，政府工作中也存在一些缺点和不足，主要表现在……(《政府工作报告》，2007 年 2 月 9 日在山东省第十届人民代表大会第五次会议上)

例 3　我市经济社会发展虽然取得了很大成绩，但也存在不少困难和问题，主要表现在……(《政府工作报告》，2009 年 1 月 14 日在烟台市第十五届人民代表大会第二次会议上)

八、总分句

总分句指先总说后分说的句子，起着解释说明事物、现象等的作用。

例 1　做好今年政府工作，必须把握好以下原则：一是扩内需、保增长……二是调结构、上水平……三是抓改革、增活力……四是重民生、促和谐……(《政府工作报告》，2009 年 3 月 5 日在第十一届全国人民代表大会第二次会议上)

例 2　今年重点抓好五件事：一是稳定发展粮食生产……二是以市场需求为导向调整农业结构……三是加强农业基础设施和农村民生工程建设……四是多渠道促进农民增收……五是加大扶贫开发力度……(《政府工作报告》，2009 年 3 月 5 日在第十一届全国人民代表大会第二次会议上)

九、表态句

表态句就是对问题的认识或下一步工作所采取的态度，这一部分通常出现在总结不足的后面和工作部署的前面。

例 1　我们必须以对国家和人民高度负责的精神，采取更加有力的措施，切实解决这些问题，决不辜负人民的期望。(《政府工作报告》，2007 年 3 月 5 日在第十届全国人

民代表大会第五次会议上）

例 2 今年是本届政府任期的最后一年，我们要以更加昂扬的精神状态，恪尽职守，积极进取，毫不懈怠，努力把各项工作做得更好，向人民交出满意的答卷。（《政府工作报告》，2007 年 3 月 5 日在第十届全国人民代表大会第五次会议上）

十、倡导号召句

政府工作报告结束语要在一个很短的时间内，抓住听众的注意力，使其对指导思想、下一步的工作态度有一个更清晰的认识，就必须用最有力量的语言，将思想升华，达到讲话的目的。政府工作报告结尾的写法通常以“让我们……”的形式结束。

例 1 让我们紧密团结在以胡锦涛同志为总书记的党中央周围，高举邓小平理论和“三个代表”重要思想伟大旗帜，全面落实科学发展观，加快构建社会主义和谐社会，万众一心，开拓进取，奋力把改革开放和社会主义现代化事业推向前进！（《政府工作报告》，2007 年 3 月 5 日在第十届全国人民代表大会第五次会议上）

例 2 让我们在以胡锦涛同志为总书记的党中央领导下，坚定必胜信心，勇敢面对挑战，扎实工作，锐意进取，创造无愧于时代、无愧于历史、无愧于人民的新业绩，奋力把改革开放和现代化建设伟大事业推向前进，迎接中华人民共和国成立 60 周年！（《政府工作报告》，2009 年 3 月 5 日在第十一届全国人民代表大会第二次会议上）

资料来源：刘玉坤．政府工作报告写作常用固定句式探究．应用写作，2012（3）．

文体实训

1．阅读以下材料，请你以文化和旅游局投诉调查员的身份撰写一份该事件的调查报告，在报告中要提出处理建议。

2024 年 7 月，某国际旅行社组织了一个西藏探险旅游团，委派刘某为全程导游随团服务。当该团进入西藏将赴那曲地区时，刘某听过往司机讲，那曲地区发生暴风雪，道路已断，遂与地陪陈某商量，决定取消那曲行程，改道返回拉萨。当刘某将此决定通知该团之后，全体团员认为仅凭道听途说，无真凭实据就取消那曲行程不妥，应得到确切消息后再定行程。由此，旅游者与刘某发生争执，最终刘某以不可抗力为由，将团带回拉萨。为此该团团员投诉该国际旅行社，要求提供那曲确实发生暴风雪的证明，否则该社应承担赔偿责任。该国际旅行社认为取消那曲行程是导游刘某的个人行为，与旅行社无关，拒绝承担证明及赔偿责任；刘某则以法律没有规定不可抗力必须证明为由，拒绝承担证明及赔偿责任。

2．假设你是××旅行社的办公室主任，请你撰写一份 2024 年度的工作报告。

3．请你以实习导游的身份撰写一份少林寺景区带团实习报告。

第五节　请　示

范文示例

关于酒都公园申创国家 AAA 级旅游景区的请示

宿迁市文化广电和旅游局：

为切实加快旅游业发展步伐，提升旅游景区品牌形象，促进地区经济社会发展，宿城区扎实开展国家 A 级旅游景区创建工作。酒都公园位于迎宾大道西侧，总建筑面积约 17 000 平方米。景区北至骆马湖路，西临渤海路，南接青海湖路，占地面积为 21.333 6 公顷，由读酒史、识酒韵、品酒香三大特色区域构成，共建设展馆配套、服务用房7 200 平方米，景观绿化 12.6 万平方米，停车场 5 000 平方米，规划了 222 个车位，以及智慧园林和海绵城市系统。

景区深度挖掘了宿迁本地特色酒文化，园内有酒文化展示区、酒文化体验区及滨水活动区，布置了酒史馆、酒韵馆、酒道馆、宿迁之樽、酿酒花园、大型庆典舞台等 6 大主要景点。景区将着力打造为独具宿迁酒文化特色的全国知名文化休闲旅游目的地，形成一条浸没式的酒都文旅体验路线。自开园以来，已接待游客超过 100 万人次。

现根据国家等级旅游景区创建工作要求，我区认为该旅游景区景观质量评价得分已经达到《旅游景区质量等级的划分与评定》国家 AAA 级旅游景区标准。为充分利用现有旅游资源，提升景区品牌形象，发展壮大旅游产业，特报送酒都公园申创国家 AAA 级旅游景区景观质量相关材料，请予以评审。

特此请示。

宿城区文化广电和旅游局

2021 年 11 月 10 日

资料来源：宿迁市宿城区人民政府官网，有删改。

文体知识

一、请示的含义

请示是下级机关向上级机关请求指示和批准的公文文种。请示适用于以下情况：遇到缺乏明确政策规定的情况需要处理；遇到需要上级批准才能办理的事情；遇到超出本部门职权之外，涉及多个部门和地区的事情。

请示必须具备以下三个条件：一是必须是下级机关向上级机关的行文，属上行文；

二是请示的问题必须是自己无权作出决定和处理的；三是必须是为己向上请求决断。

请示具有时间性强、一事一请示、主送针对性强、逐级请示不得越级等特点。

二、请示的类型

根据内容和写作意图的不同，请示分为以下三类。

（一）请求指示的请示

此类请示一般是政策性请示，如下级机关需要上级机关对原有政策规定作出明确解释，对变通处理的问题作出审查认定，对如何处理突发事件或新情况、新问题作出明确指示等请示。

（二）请求批准的请示

此类请示是下级机关针对某些具体事宜向上级机关请求批准的请示，主要目的是解决某些实际困难和具体问题。

（三）请求批转的请示

下级机关就某一涉及面广的事项提出处理意见和办法，需各有关方面协同办理，但按规定又不能指令平级机关或不相隶属部门办理，需上级机关审定后批转执行，这样的请示就属此类。

三、请示的结构与写法

请示一般由首部、正文和尾部三部分组成。

（一）首部

首部主要包括标题和主送机关两项内容。

1. 标题

请示的标题一般有两种构成形式：一种由发文机关名称、事由和文种构成，如“××县人民政府关于×××的请示”；另一种由事由和文种构成，如“关于举办×××旅游节的请示”。

2. 主送机关

请示的主送机关是指负责受理和答复该文件的机关。每件请示只能写一个主送机关，不能多头请示。

（二）正文

其结构一般由开头、主体和结语等部分组成。

1. 开头

主要交代请示的缘由。它是请示事项能否成立的前提条件，也是上级机关批复的根据。原因讲得客观、具体，理由讲得合理、充分，上级机关才好及时决断，予以有针对性的批复。

2. 主体

主要说明请求事项。它是向上级机关提出的具体请求，也是陈述缘由的目的所在。这部分内容要单一，只宜请求一件事。另外，请示事项要写得具体、明确、条项清楚，以便上级机关给予明确批复。

3. 结语

结语应另起段，习惯用语一般有“当否，请批示”“妥否，请批复”“以上请示，请予审批”等。

（三）尾部

一般包括署名和成文时间两项内容。标题写明发文机关的，这里可不再署名，但需加盖单位公章。

四、写作提示

（一）请示理由充分

请示时应将理由陈述充分，提出的解决方案应具体、切实可行。请求的内容若涉及其他部门或地区，在正常情况下应事先进行协商，必要时还可联合行文。若有关方面意见不一致，应如实在请示中反映出来。

请示写作要主旨明确

（二）使用准确

请示只送给直接的上级机关，不得越级请示；不能一文多事；不得抄送下级机关；语言要得体，不能使用指示性语言；不能滥用请示，凡在自己职权范围内经过努力能够处理和解决的问题与困难，都应尽力自行解决，不能动辄请示，将问题上交。

撰写请示需要增强针对性

拓展阅读

请示与相近文种的区别

在实际工作中，请示与报告、上行意见及申请相互混淆的情况十分严重，必须引起高度重视。

一、请示与报告的区别

（1）发文目的不同。请示是发文机关对自己工作中的困难和问题无力解决时请求上级机关指示、批准和帮助的公文；而报告是下级向上级汇报工作、反映情况、答复上级询问的公文。可见，请示是为自己，报告是为上级。

（2）处理方式不同。请示属于办文，上级一般要给予答复；报告属于阅文，上级一般不作答复。

（3）制作时机不同。请示属事前行文，上级如果反对或不同意，请示的工作就不得进行；报告属事后行文，只是让上级了解已经开展的工作情况。

（4）基本要求不同。请示要求一文一事，而报告可以一文数事；请示用以请求指示或批准，而报告中不得夹带请示事项。

二、请示与上行意见的区别

（1）发文目的不同。请示是因为本机关在工作中遇到了自身难以解决的困难和问题而请求上级机关协助解决，从这个意义上讲，请示纯粹是为了发文机关自己；而意见则是下级机关就某个重要问题提出见解和处理办法，这个问题不仅在下级机关工作中存在，在上级机关甚至全局范围内也可能存在，解决好这个问题既对下级有利也对上级乃至全局的工作有利。

（2）涉及事项不同。请示涉及的问题往往比较具体，有时甚至比较琐碎，只有点上的应用价值；而意见涉及的问题往往比较重大，许多都超越了下级机关的职责权限，解决得好的话则具有面上的推广价值。

（3）处理方式不同。请示具有回复的强制性，上级机关必须予以答复；从使用的文种来看，不管是事项性请示还是政策性请示，上级机关一般都以批复或通知作答，有时也授权其办公厅（室）以函作答。而对上行意见，有答复必要和要求的上级机关才予以答复；从使用的文种来看，或者用通知批转或转发，或者用下行意见作答。

（4）写作要求不同。就写作的重点而言，请示重在阐明理由，以说服上级作出有利于下级的表态或批示；意见则重在就某一重要问题提出见解和处理办法，提请上级机关同意、采纳或批准。就写作的方式而言，请示大都采取开门见山、直奔主题的方式，把要请示的事项说清楚、理由讲充分就行了；意见则采取分条列项、条分缕析的方式，就涉及的是什么事项中的什么问题，解决该问题的动机和目的，处理好这些问题的重要性、必要性和紧迫性，解决问题的指导思想、目标、工作重点、实施步骤及应采取的措施等作出详尽说明。就文章的篇幅而言，请示大都篇幅短小，一般不超过 1 000 字；而意见一般篇幅都比较长。

三、请示与申请书的区别

（1）适用范围不同。请示作为一种法定文种，它适用于组织与组织之间；而申请书是一种事务文书，它主要用于个人与组织之间，有时也用于下级与上级之间。

（2）结构形式不同。请示是一种正式文件，必须按照文件格式的要求来撰制；申请书是一种专用书信，要按照书信的格式来行文。

文体实训

1. 运用所学知识，指出下面这则请示中的错误。

关于要求解决考察旅游经费的请示

为了表彰××××年度工作先进，考察旅游发达地区发展经验，经县委、县政府研究决定，同意游××、李××、邓××、杨××、李××、毛××、黄××、邵××8人赴欧洲考察旅游，具体考察事宜由我局负责组织实施。为此，恳请县政府划拨考察经费柒万（70 000）元人民币至我局账户为感！

另，恳请解决我局老职工医疗补助费用伍万（50 000）元人民币。

××××年×月×日

2. 为进一步拓展旅游市场，××市文化和旅游局计划开展旅游促销活动，需要在报纸、电视、网络等新闻媒体刊登广告，请以此事为由向市政府申请促销经费 10 万元，请你为××市文化和旅游局撰写一份请示。

3. 目前，仙女湖旅游正处于淡季，是景区景点建设、维修的时期。仙女湖景区管理处向区管委会请示增加娱乐项目、丰富景点的景观内容。请代为撰写一则请示。

第六节　批　复

范文示例

关于天姥山景区门票等收费事项的批复

新昌县诗路文化旅游发展有限公司：

你公司《关于核定天姥山景区门票及配套交通服务收费标准的请示》悉。根据《浙江省定价目录（2022 年版）》和《浙江省发展改革委关于严格落实景区价格管理政策的通知》（浙发改价格〔2021〕401 号）等有关规定，经研究，现就天姥山景区门票及配套交通服务收费标准有关事项通知如下：

一、天姥山景区门票价格为 30 元/人次；

景区接驳车为单程 6 元/人次；

景区电动观光车为单程 5 元/人次，当日同方向（凭乘坐票据）不限次数乘坐。

以上价格为最高政府指导价，景区可在上述价格范围内，自主确定具体价格水平。

二、要严格按照法律法规和各级政府相关政策落实门票减免优惠政策，应按照《浙江省发展改革委关于严格落实景区价格管理政策的通知》等文件精神，做好儿童、学生、老年人、军人、消防救援人员等人群的景区门票减免优惠工作，并在收费场所醒目处公示收费标准、减免优惠范围及价格监督电话，自觉接受社会监督。

本批复自发文之日起执行。

新昌县发展和改革局

2023 年 9 月 27 日

资料来源：新昌县人民政府官网，有删改。

文体知识

一、批复的含义

批复是“答复下级机关的请示事项”时使用的文种。它是机关应用文写作活动中的一种常用公务文书，属于下行文。

批复具有行文的被动性、内容的针对性、效用的权威性、态度的明确性等特点，主要用来答复下级机关请示事项。

二、批复的类型

根据内容的不同，批复可以分为审批事项批复、审批法规批复和阐述政策批复三种。

根据性质的不同，批复可以分为肯定性批复、否定性批复和解答性批复三种。

三、批复的结构与写法

批复一般由首部、正文、尾部三部分构成。

（一）首部

首部包括标题和主送机关。

1. 标题

标题的写法最常见的是完全式标题，即由发文机关、事由和文种构成。在事由中一般将下级机关及请示的事由和问题写进去。还有一种完全式标题由发文机关＋表态词＋请示事项＋文种构成。也有的批复只写事由和文种。

2. 主送机关

主送机关一般只有一个，是报送请示的下级机关。其位置同一般行政公文，写于标题之下、正文之前，左起顶格。批复不能越级行文，当所请示的机关不能答复下级机关的问题而需要向更上一级机关转报“请示”时，更上一级机关所作批复的主机关不应是原请示机关，而是“转报机关”。如果批复的内容同时涉及其他的机关和单位，则要采用抄送的形式送达。

（二）正文

正文包括批复引语、批复意见和批复要求三部分。

（1）批复引语要点出批复对象，一般称收到某文或某文收悉。要写明是对于何时、何号、关于何事的请示的答复，时间和文号可省略。

公文中附注的标注方法

（2）批复意见是针对请示中提出的问题所作的答复和指示，意思要明确，语气要适当，同意什么、不同意什么、为什么不同意某些条款、注意事项等都要写清楚。

（3）批复要求是从上级机关的角度提出的一些补充性意见，或是表明希望、发出号召。如果同意，可写要求；如果不同意，亦可提供其他解决办法。

（三）尾部

批复的尾部主要是落款，这部分写在批复正文右下方，署发文机关和成文日期并加盖公章，成文日期标全年月日。标题中已明确发文机关的，此处可不写。

四、写作提示

（一）一个批复针对一份请示

有时数个下级机关联合请示同一件事，经研究后，应分别给各个下级机关行文批复。

（二）有理有据

批复下级的请示，不能违反有关法律和政策规定，也不能超越本机关的职权。

（三）态度鲜明，意思明确

同意或不同意、立办还是缓办，绝不能含糊其词、模棱两可，让下级机关不得要领。切忌使用“似属可行”“酌情办理”“最好去做”之类的词语。

拓展阅读

安全事故调查问题多：无签名批复不完整

人命关天，安全至上。

“坚决遏制重特大事故发生，切实保障人民群众生命财产安全。”李克强总理在今年的政府工作报告进一步明确政府在2017年的工作重点任务之一。

值得欣慰的是，近年来的安全事故发生总数呈现下降趋势。今年召开的全国安全生产工作会议上透露，2016年全国共发生各类事故6万起、死亡4.1万人，同比分别下降5.8%和4.1%。发生较大事故750起、死亡2 877人，分别下降7.3%和9.1%。发生重特大事故32起、死亡571人，同比分别下降15.8%和25.7%。煤矿、烟花爆竹、道路运输、铁路运输等行业领域实现事故起数和死亡人数“双下降”；化工、工贸、铁路运输、航空运输未发生重特大事故。

成立相关事故调查组、作出事故调查报告、政府或有关部门批复，随后依次追究相关当事人的行政责任，甚至是刑事责任，已成为安全事故发生后的标准动作。

然而，近年来，事故调查报告内容不规范、政府对事故调查报告的批复因程序违法被法院撤销、事故调查适用法律错误的情形时有发生，不仅有损政府公信力，而且严重侵害了人民群众的合法权益。

无签名违反法律法规

2月21日，山东省淄博市安全监督管理局公布《淄博嘉周热力有限公司“11·8”较大爆炸事故调查报告》。这起事故造成5人死亡，6人受伤，直接经济损失约1 000万元。事故调查报告认定，该事故是一起较大生产安全责任事故，报告对16名相关责任人和7家单位（或个人）提出处理建议，其中5人被追究刑事责任，11人受党纪、政纪处分。

同一天，淄博市安全监督管理局还公布了另一份调查报告——《淄川区西河镇荒山造林工程“11·6”较大车辆伤害事故调查报告》。

两份报告均没有调查组成员签名。事故调查报告无签名的情况不单单发生在山东。北京市安全生产监督管理局负责调查的多起案件，同样存在此类情况。比如，北京古船福兴食品有限公司“10·1”坍塌事故调查报告、通州区新华大街京杭广场1号住宅商业楼“1·7”较大生产安全事故调查报告、北京密云华鑫水电技术开发总公司昌平“1·11”较大生产安全事故调查报告等均没有调查组成员签名。

记者查阅公开资料发现，江苏省苏州昆山市中荣金属制品有限公司“8·2”特别重大爆炸事故调查报告、天津港“8·12”瑞海公司危险品仓库特别重大火灾爆炸事故调查报告等事故调查报告中，文尾均有调查组成员的签名，而由地方主管部门负责进行的事故调查往往都没有相关签名，也没有调查组成员签名。

“根据《生产安全事故报告和调查处理条例》的有关规定，事故调查组成员应当在事故调查报告上签名。如果没有调查组成员的签名，调查报告实际上是存在瑕疵的，或者说是没有遵守国家法律法规的相关规定。”行政法领域专家、北京大学法学院教授湛中乐在接受《法制日报》记者采访时表示，存在瑕疵或者具有违法性的调查报告即使被政府批复，当事人也可以通过行政复议或行政诉讼的途径申请撤销。

湛中乐同时表示，事故调查报告往往经过政府批复后才会对相关当事人产生效力，在报告被批复前，即使调查报告存在瑕疵，当事人往往难以主张权利，当事人只能等到政府作出批复后，才能走行政复议或行政诉讼的救济途径。这实际上暴露出目前对当事人的救济途径比较缺乏。

批复不完整或被撤销

按照规定，事故调查报告经政府批复后，追责程序随即启动，包括对有关当事人的行政追责和行政处罚。

然而，近年来一些地方政府对事故调查报告部分批复时，往往简单表述为“原则同意事故调查报告对事故原因、责任分析及处理建议”，批复内容不完整的情形较为常见。因批复内容不完整，被法院不认可的案例时有出现。

王火平诉浙江省舟山市人民政府关于“3·13”YUANTONG轮移泊作业海上沉船事故调查报告的批复案件就属于此类情形。

在此案审理过程中，法院认为，涉案事故调查报告对事故基本情况、事故发生经过及救援情况、事故发生原因和性质、事故责任认定及处理建议、安全防范措施均作出认定和建议，但被诉批复仅简单表述为“原则同意事故调查报告对事故原因、责任分析及处理建议”，反映不出其是否对事故调查报告中的其他内容进行了审查，批复内容不完整。

公开资料显示，上海市人民政府在对《关于上海环城再生能源有限公司“12·5”较大爆炸事故调查报告》批复时，同样只对上海环城再生能源有限公司“12·5”较大爆炸事故性质的认定、对相关责任人的处理建议和提出的事故防范措施明确同意；在对《上海志卓成套机械设备有限公司“1·13”较大爆炸事故调查报告》批复时，同样只对上海志卓成套机械设备有限公司“1·13”较大爆炸事故性质的认定、对相关责任人的处理建议和提出的防范措施明确同意。

“政府的批复是对事故调查报告的一种确认或转化，如果只是部分同意，应就不同意的部分作出解释和理由说明。”湛中乐说，政府在批复时应对事故调查报告进行全面审查，而不应仅仅是对个别内容进行选择性认定。

中央民族大学法学院教授熊文钊认为，无论是调查报告的签名问题，还是批复内容不完整情形，政府的批复如果被法院撤销，将是一个十分复杂的问题，比如已被追责的相关当事人可以主张行政赔偿。

资料来源：侯建斌. 安全事故调查问题多：无签名批复不完整 适用法律错误. 中国新闻网，2017-04-20.

文体实训

1. 请为本章第五节“范文示例”中的请示撰写一份批复。

2. ××市文化和旅游局为进一步拓展旅游市场，计划开展旅游促销活动，需要在报纸、电视、网络等新闻媒体刊登广告，向市政府递交请示，申请促销经费10万元。请你为市政府撰写一份批复。

3. 分析下文的错误之处，并改正。

关于要求拨给抢修校舍专款请示的批复

×教〔2024〕8号

××镇教育办：

你们的请示收悉。这次强台风的破坏，使你镇校舍损失惨重，造成许多班级无教室上课。经研究，可考虑拨专款15万元以内给你镇抢修教室，不足部分请自筹解决。

此复

××县教育局

2024年7月10日

第七节 意 见

范文示例

广西壮族自治区人民政府办公厅
关于支持崇左市建设国际边关风情旅游目的地的意见

各市、县人民政府，自治区人民政府各组成部门、各直属机构：

为支持崇左市旅游产业高质量发展，持续打造“壮美边关”品牌，加快建设国际边关风情旅游目的地，经自治区人民政府同意，提出如下意见。

一、加快推进旅游产业升级

（一）建设高等级旅游景区和度假区

支持崇左市德天跨国瀑布景区建设国际一流旅游景区、大新明仕旅游度假区建设国际一流旅游度假区，支持广西左江花山岩画景区、龙州起义·连城要塞景区、凭祥市友谊关景区创建国家AAAAA级旅游景区，支持江州区新和乡村旅游度假区创建国家级旅游度假区，支持崇左市壮族博物馆、崇左水口湖景区、扶绥乐养城景区、大新安平仙河景区、天等立屯天梦景区、天等都康田园景区、龙州南街景区等创建国家AAAA级旅游景区。（责任单位：自治区文化和旅游厅、发展改革委，崇左市人民政府。排第一位的为牵头单位，下同）

（二）建设左江花山岩画文化景观世界文化遗产旅游廊道

支持崇左市加强左江花山岩画文化景观保护与合理利用，打造宁明县—龙州县—江州区—扶绥县世界文化遗产旅游廊道。支持崇左市健全左江花山岩画监测预警和巡查监管制度，建设左江花山岩画文化遗产展示场馆和观景设施，加强数字化技术应用，开展左江花山岩画数字复原及保护展示。支持崇左市以左江花山岩画为元素，创作文化艺术精品，开发常态化旅游演艺项目和文化创意商品，丰富花山文化内涵和外延。支持崇左市设立“左江花山岩画世界文化遗产日”。（责任单位：自治区文化和旅游厅、自然资源厅、林业局、大数据发展局，崇左市人民政府）

（三）加大旅游重大项目支持力度

对崇左市符合遴选条件的重点旅游项目，支持按程序申报自治区层面统筹推进重大项目。重点支持崇左国际边关风情文化旅游中心、崇左太平古城影视城产业集聚区、崇左糖业文旅创意产业园、扶绥龙谷湾二期、天等牛头岭风车山地公园、宁明花山温泉谷、中国—东盟文化旅游交易中心、龙州白雪旅游度假区等旅游重大项目建设。（责任单位：自治区发展改革委、文化和旅游厅，崇左市人民政府）

（四）建设高端旅游住宿设施和精品民宿

支持崇左市按照国际化、高端化、特色化、智慧化的要求，推进高端度假酒店、山水主题酒店和精品民宿建设。加快推进大新明仕帐篷客野奢度假酒店、宁明派阳山森林旅游大酒店、江州区新和甜蜜特色小镇糖文化酒店等项目建设。支持崇左市打造广西精品民宿集群样板区，推进大新德怡天境和江州区野白民宿、喜空民宿等创建国家甲级、乙级旅游民宿。支持崇左市引进国际知名连锁酒店及管理公司，培育一批高水平的本土酒店经营管理团队。（责任单位：自治区文化和旅游厅、商务厅、投资促进局，崇左市人民政府）

二、开发边关特色旅游产品

（五）开发边关红色文化旅游产品

支持崇左市加大革命文物研究和保护力度，加强边关红色旅游资源开发利用，支持龙州红军古道、龙州起义纪念园、胡志明展馆、法国驻龙州领事馆旧址、龙州小连城、凭祥大连城等红色旅游景区改造提升。鼓励崇左市依托革命旧址和革命博物馆、纪念馆建设一批全国爱国主义教育示范基地和中共党史教育基地。支持崇左市将红色边关之旅等打造成全国红色旅游精品线路。推动跨国红色旅游合作区发展，在资源整合、线路打造、设施完善、机制建立、联合宣传等方面给予支持。（责任单位：自治区文化和旅游厅，自治区党委宣传部，自治区外事办、发展改革委，崇左市人民政府）

（六）开发边关风情体验旅游产品

支持崇左市创建国家级文化生态保护区，开发具有民族特色、边关风情的文化旅游产品，推进非遗小镇、非遗旅游体验基地建设。支持开发以“壮族霜降节”为核心的二十四节气主题文化产品，开展主题研学活动，设立“壮族霜降节人类非物质文化遗产日”。深入挖掘龙州天琴艺术、壮族侬峒节等非物质文化遗产内涵，加大力度扶持“非遗进景区”。支持推动公共文化设施完善旅游服务功能，拓展边关风情体验旅游空间。支持崇左市推出系列节庆品牌，分时分地举办常态化旅游主题

节事活动。（责任单位：自治区文化和旅游厅、民宗委，自治区党委宣传部，崇左市人民政府）

（七）开发边境商贸消费旅游产品

支持崇左市创建国家文化和旅游消费示范（试点）城市，推进文化和旅游消费升级。依托城区、县城和重点景区发展夜间经济，培育一批自治区级夜间消费集聚区和旅游休闲街区，打造文化夜市、创客沙龙、非遗展演、旅游演艺等夜间精品项目，支持太平古城创建国家级旅游休闲街区、德天跨国瀑布景区创建国家级夜间文化和旅游消费集聚区。支持开发具有边关特色的旅游商品和系列美食，推出一批特色伴手礼、名小吃和“老字号”餐馆，培育“游购崇左”“吃在边关”等特色消费品牌。支持拓展面向东盟的文化和旅游消费市场，争取在有条件的口岸开设免税店，鼓励跨境电商、市场采购等外贸新业态发展，探索打造跨境电商消费体验中心。（责任单位：自治区文化和旅游厅、商务厅、财政厅，崇左市人民政府）

三、推进旅游与多产业融合发展

（八）推进全域旅游升级发展

支持崇左市优化旅游发展空间，全力构建以大德天景区为龙头，以崇左市城区为集散中心，边关风情旅游、山水休闲旅游、红色教育旅游、壮族文化旅游等四大集聚区协同发展，经典红色文化游、壮族文化风情游、边境探秘跨境游、百里山水画廊游、左江山水度假游、绿色生态休闲游等多条旅游线路齐头并进的全域旅游发展格局。支持推进市容市貌整治、生态保护修复等工程建设，提升城镇与乡村景观风貌，提升全域旅游生态环境质量。支持凭祥市、大新县创建国家全域旅游示范区，天等县、扶绥县创建广西全域旅游示范区。（责任单位：自治区文化和旅游厅、住房城乡建设厅、生态环境厅、发展改革委，崇左市人民政府）

（九）推进农旅融合赋能乡村振兴

支持因地制宜发展乡村旅游、休闲农业，加强农旅融合，推进田园综合体、现代农业庄园、现代农业核心示范区等建设。支持通过创意设计产业、演出产业、音乐产业、工艺美术产业和旅游产业融合发展，赋能乡村振兴。支持汇聚和培育一批积极参与乡村振兴的旅游企业、机构和人才，推动实施一批具有较强带动作用的乡村旅游重点项目，形成一批具有市场竞争力的旅游产业品牌，建成一批特色鲜明、优势突出的旅游产业特色乡镇、特色村落。支持崇左市江州区新和甜蜜特色小镇、扶绥县山圩木艺小镇、龙州县水口边贸小镇、凭祥市东盟特色水果小镇等创建全国特色小镇。支持大新县建设国际乡村旅游目的地，大新县堪圩乡、宁明县城中镇、江州区新和镇等创建全国乡村旅游重点镇，大新县硕龙镇德天村、龙州县逐卜乡逐卜村等创建全国乡村旅游重点村。优先支持在崇左市开展“文化产业特派员”试点和文化产业特色村落培育工作。（责任单位：自治区文化和旅游厅、农业农村厅、住房城乡建设厅、发展改革委、乡村振兴局，崇左市人民政府）

（十）推进“文旅+”“+文旅”融合发展

加快生态旅游发展，积极培育生态旅游产品，支持国家公园、森林公园、湿地公园、地质公园建设，打造一批生态特色文化旅游示范镇和示范村。推进工业旅游发展，支持利用闲置工业设施建设文化和旅游创意项目，支持产业园区景区化建设，打造一批工业旅游基地。推进康养旅游发展，扶持民族中医药产业，鼓励引进国际医疗合作机构，开发面向东盟开放合作的高品质康养旅游项目，支持建设一批中医药健康旅游示范基地、旅居养老示范基地、森林康养基地。推进体育旅游发展，支持承办国际、国内体育赛事，推进体育公园、健身步道、全民健身中心（小型体育综合体）等项目建设，打造一批国家级和自治区级体育旅游示范基地、精品线路、精品赛事。拓展研学旅游，加强研学产品研发，打造一批中小学研学实践教育营地和基地，推出一批研学旅游精品线路。（责任单位：自治区文化和旅游厅、农业农村厅、生态环境厅、工业和信息化厅、卫生健康委、教育厅、发展改革委、林业局、体育局，崇左市人民政府）

四、提升旅游公共服务水平

（十一）构建“快旅慢游”交通网络

加快推进崇左至凭祥城际铁路建设，统筹推进湘桂铁路南宁至凭祥段扩能改造、云桂沿边铁路崇左至防城港段等铁路项目前期工作。支持开通直达北京、上海及面向粤港澳大湾区等重要客源地的旅游专列。支持巴马至凭祥高速公路、东兴至凭祥高速公路、大新德天至宁明花山一级公路、崇左一级旅游大道崇左市区至龙州响水段、扶绥空港大道等公路建设。加快推进滇桂粤国家边海风景道崇左精华段建设。支持加快推进大新县通用机场项目前期工作，培育低空旅游线路。支持推进左江龙州至崇左（冲塘村）航道整治、左江山秀船闸扩能工程建设，推动建设左江旅游专用航道，完善旅游码头布局。（责任单位：崇左市人民政府，自治区交通运输厅、发展改革委、文化和旅游厅，广西交通投资集团，广西机场管理集团）

（十二）完善旅游基础设施

支持在崇左市城区建设中国-东盟国际旅游集散中心，在凭祥市建设中国-东盟自驾车旅游总部基地。完善自驾车服务体系，支持合那高速大新服务区、崇水高速花山服务区等提升旅游服务功能，高标准建设一批旅游驿站、观景平台和高等级汽车旅游营地，加大共享汽车、新能源汽车充电桩等设施的布设密度。推进多语种旅游标识系统全域覆盖。（责任单位：自治区文化和旅游厅、交通运输厅、发展改革委，崇左市人民政府）

（十三）加快旅游智慧化建设

推进智慧旅游城市、智慧景区、智慧乡村建设，建成数字旅游应用体系，实现国家AAAA级（含）以上旅游景区和自治区级（含）以上旅游度假区数字应用服务功能全覆盖。加快推进图书馆、博物馆、旅游集散与咨询中心、旅游停车场、旅游厕所等公共服务设施数字化和智慧化升级。支持建设边境数字文化长廊，推动国门文化数字资源建设和智能化服务应用。推动“互联网＋”深度融合，支持利用第五代移动通信、超高清、增强现实、虚拟现实、人工智能等技术，开发沉浸式旅游体验项目。（责任单位：自治区文化和旅游厅、大数据发展局，崇左市人民政府）

（十四）加强旅游安全管理

高效统筹疫情防控和旅游产业发展，构建旅游安全保障体系，提升重大疫情、突发灾情、设施停运、恶劣天气等涉旅突发事件应对能力。完善旅游安全应急处置方案，健全事前预防、事发预警、事中救援和事后重建机制，加强重点时段、重要设施设备、重大节庆活动及高风险旅游项目的安全监管，营造安全放心的旅游环境。支持创新推广旅游保险产品，推进行业消防安全标准化管理，提升旅游安全保障服务能力。（责任单位：自治区应急厅、卫生健康委、文化和旅游厅，广西银保监局，崇左市人民政府）

五、加强旅游合作和品牌推广

（十五）持续深化旅游国际合作

支持通过线上线下多种方式，举办中越文化交流学术论坛、中越青少年文化体育交流等活动，加强两国文化交流与合作。支持崇左市建设“国门文化交流中心”“国门文化大院”等边关文化发展平台。稳步推进建设中越友谊关——友谊跨境旅游合作区，推动中越德天（板约）瀑布跨境旅游合作区尽快面向中越两国游客试运营，打造跨境旅游和绿色旅游典范。支持在出入境旅游恢复后，逐步探索旅游通关便利化新举措。（责任单位：自治区文化和旅游厅、发展改革委、公安厅、人防边海防办、外事办，崇左市人民政府）

（十六）积极推广“壮美边关”品牌

支持崇左市创新推广“左江花山岩画”“德天跨国瀑布”“友谊关”“边关红色文化”“白头叶猴”“中国糖都”等旅游特色名片，提升“壮美边关”品牌的吸引力和影响力。支持建立多部门联动对外宣传推广机制，加强在粤港澳大湾区等重点旅游客源市场开展旅游推介，拓展与东盟国家、共建“一带一路”国家的合作交流，提升崇左国际边关风情旅游目的地的知名度和美誉度。（责任单位：自治区党委宣传部，自治区文化和旅游厅、外事办、投资促进局，崇左市人民政府）

六、强化政策支持和保障措施

（十七）加强用地保障

在国土空间规划中统筹保障崇左市文化和旅游项目新增用地需求，鼓励探索“点状供地”、长期租赁、先租后让、租让结合等供地方式。对列入自治区层面统筹推进重大项目实行用地指标核销制，由自治区统筹保障用地。对纳入国家和自治区审批（核准、备案）的自治区层面统筹推进重大项目耕地占补平衡，符合自治区补充耕地指标有偿调剂申请条件的，在自治区补充耕地指标充足情况下，尽量有偿调剂保障。（责任单位：自治区自然资源厅、发展改革委，崇左市人民政府）

（十八）加大财税支持

对崇左市符合政府投资资金投向的文化和旅游项目，优先列入中央预算内投资资金申报计划、地方政府专项债券项目计划、自治区财政预算内投资项目年度投资计划。支持崇左市进一步完善文化和旅游品牌奖补政策，加大对成功创建国家级品牌的单位奖励力度。依法落实针对文化和旅游企业的税收优惠政策，对在崇左市投资文化和旅游项目的中小微企业及个体工商户给予补贴支持。鼓励崇左市创新财政资金使用方式，撬动社会资本共同参与旅游公共基础设施建设。（责任单位：自治区财政厅、文化和旅游厅、国资委，广西税务局，崇左市人民政府）

（十九）拓宽投融资渠道

支持崇左市设立文化和旅游发展专项基金，鼓励绿色产业基金、风险投资基金、私募股权基金等积极参与崇左市文化和旅游重大项目开发建设。支持崇左市符合条件的文化和旅游企业通过“重大产业项目贷”“文旅贷”等金融产品获得信贷融资。鼓励银行机构在依法合规、风险可控前提下，不断优化面向文化和旅游中小微企业和个体工商户的金融服务。支持崇左市拓展文化和旅游企业融资方式，开展景区门票收费权、未来收益权等质押贷款业务，通过发行股票、发行债券和私募股权等方式融资。支持崇左市在政府债务限额内和债务风险可控的前提下，发行项目收益与融资自求平衡专项债券用于项目建设。（责任单位：自治区财政厅、商务厅、地方金融监管局，广西证监局，广西银保监局，人民银行南宁中心支行，崇左市人民政府）

（二十）培育市场主体

支持崇左市实施“领军型、骨干型、新锐型”文化和旅游市场主体梯度培育计划，着力培育一批龙头企业、成长型企业和特色小微企业。鼓励崇左市整合国有资产，做大做强国有文化和旅游平台公司，并向集团化发展。鼓励引进国内外涉文化和旅游头部企业、世界500强企业和中国500强企业投资文化和旅游项目。支持崇左市创建国家级和自治区级文化产业示范园区、文化产业示范基地、文化“双创”孵化示范基地。（责任单位：自治区文化和旅游厅、发展改革委、国资委、投资促进局，崇左市人民政府）

（二十一）加强人才队伍建设

支持广西民族师范学院、广西城市职业大学等高校优化文化和旅游相关专业设置，积极培养旅游演艺、文化创意、线上演播、研学培训等新业态新职业人才。支持崇左市引进急需紧缺类高层次人才，实施引智项目工程，全面提升人才服务保障水平。支持本土文化和旅游人才“走出去”，积极开展国内外文化和旅游专业培训和行业互访交流活动。（责任单位：自治区文化和旅游厅、人力资源社会保障厅、教育厅，崇左市人民政府）

（二十二）强化组织实施

各责任单位要进一步细化工作举措，明确推进时间表、路线图，加快做好项目储备与政策配套工作。加强协同合作，强化要素保障，全力推进各项工作任务落实。加强督查问效，确保政策落实到位、重大事项有力有序推进。

2022年11月24日

资料来源：广西壮族自治区人民政府官网，有删改。

文体知识

一、意见的含义

意见是上级领导机关向下级机关部署工作，指导下级机关工作活动的原则、步骤和方法的一种文体。意见可用于上行文、下行文和平行文。

意见的指导性很强，有时是针对当时带有普遍性的问题发布的，有时是针对局部性的问题发布的，意见往往在特定的时间内发生效力。意见具有内容的多样性、行文方向的多向性、内容的针对性、作用的多重性等特点。

二、意见的类型

按照性质和用途不同，可将意见分为以下几类。

（一）指导性意见

指导性意见用于上级机关对下级机关进行工作指导，针对工作中的某些薄弱环节或出现的问题，上级机关用“意见”向下行文，阐明指导思想、工作原则，提出工作思路和措施、办法，给下级机关以及时的指导，从而促进工作的顺利开展。意见在内容上注重原则性和灵活性结合、规定性与变通性结合，为下级办文留有更多的创造性余地。

（二）建设性意见

建设性意见是下级机关向上级机关提出工作建议、设想的上行文，可分为呈报类意见和呈转类意见。呈报类意见是向上级机关提出某方面工作的建议、意见，向上级献计献策，以供上级决策参考。呈转类意见是职能部门就开展或推动某方面工作提出初步设想和打算，呈送上级机关后，由上级机关批转更大范围的有关方面执行。

（三）规定性意见

规定性意见用于对所属机关、组织和人员提出规范性的要求和措施。这种意见常用于党的领导机关或组织、纪律部门为所制定的党组织及党员行为准则提出具体的执行方法和标准，也有党政联合发文关于行政方面的一些规定意见。

（四）评估性意见

评估性意见是业务职能部门或专业机构就某项专门工作、业务工作，经过调查、研究或者鉴定、评审后，把商定的鉴定、评估结果写成的意见，它虽可上行、下行，但主要是不相隶属组织间的平行文。它又可以分为鉴定性意见和批评性意见。

三、意见的结构与写法

意见一般由首部、正文、尾部三部分构成。

（一）首部

首部包括标题和主送机关。

标题有两种模式：一是完全式标题，即发文机关＋事由＋文种，如“国务院关于推进海南国际旅游岛建设发展的若干意见”；二是省略式标题，即事由＋文种，如“关于加强监督管理　规范旅游市场秩序的工作意见”。

一般的意见都要写明主送机关；涉及面比较广的意见可以不写主送机关。

（二）正文

正文的一般结构是：意见缘由＋意见内容＋结语。意见缘由即回答“为什么提意见”，主要介绍提出意见的背景情况、依据、目的、意义等内容。意见缘由写作要目的明确、理由充分。无论是上报建设性意见还是下发指导性意见，都应充分阐明其必要性及政策、法律依据。

意见缘由向意见内容的过渡常用“现提出如下意见”或“特制定本处理和实施意见”等过渡语句。意见的核心内容是对有关问题或某项工作提出见解、建议或解决办法。内容涵盖量大的，多采用条文式结构。写作时要注意把原则性内容与规范性内容结合起来，既提出总的、原则性的要求，又有明确、具体、便于实际操作的措施和办法。

结语可自然结束，也可使用规范化结语。下行文意见常使用的结语是："以上意见，各单位要结合本部门实际情况，制定相应的措施并报××××""以上意见，请认真贯彻落实"；上行文意见的结语经常使用"以上意见，请审阅""以上意见如无不妥，请批转各地各单位执行"等习惯用语。

（三）尾部

尾部可按照一般公文落款的形式，写成文日期并加盖发文机关印章。有些规范性较强的意见，可将发文机关和发文时间置于标题之下。

四、写作提示

（一）观点正确，办法可行

首先，要符合党的方针政策与国家的法律法规以及有关地区、部门的规定，具有政策性与合法性；其次，必须以实事求是的态度，认真地进行调查研究，从实际出发，提出正确的主张与切实可行的方法措施。

公文写作中
保障措施的撰写

（二）主题集中

撰写意见，应强调主题集中、中心明确，围绕一个主题，将一项工作、一个问题的性质、特点、规律以及处理解决的主张与办法讲深讲透；切忌主题分散，在一篇意见中表述很多问题，或写进与主题无关的材料。

（三）结构严谨，条理清楚，语言简明得体

上行文，应强调用语尊重；下行文，应主要使用指导性语言而一般不用命令性、告诫性词语；平行文，则应注意用语谦和。

拓展阅读

"意见"文种的写作实践与思考

1996年中共中央办公厅发布的《中国共产党机关公文处理条例》和2000年国务院发布的《国家行政机关公文处理办法》（以下简称《办法》）中新增了一个文种——"意见"，明确其适用范围为"对重要问题提出见解和处理办法"。这是在总结多年实践经验的基础上，根据工作需要增加的。公文中的"意见"不同于一般含义的意见，如下级给上级提意见、同志之间相互提意见等，它适用于对重要问题提出见解和处理办法。"意见"的适用范围很广，就其行为主体而言，可以适用于各级机关；就其内容而言，涉及工作的方方面面。办公室人员要准确理解和把握"意见"的内涵，规范选用该文种。

一、"意见"的分类

按照性质和用途的不同，可将其分为三类。

（1）指导性"意见"。这是党政领导机关用于布置工作的下行文。它同决定、通知等文种一样，对下级有一定的规范作用和行政约束力。但它有别于这类公文的特点是更突出指导性，内容上更注重原则性和灵活性相结合，为下级办文留有更多的创造性余地。有时部署工作不宜以决定、通知等文种行文时，即可用“意见”行文。这类“意见”常常是阐明工作的原则、要求，提出见解和处理办法，作出工作安排。如教育部发布的《关于新时期加强高等学校教师队伍建设的意见》，就是一个宏观化、纲要化的指导意见。

（2）建议性“意见”。这是向上级提出工作建议、设想的上行文。它又可分为呈报类“意见”和呈转类“意见”。

呈报类“意见”是向上级机关提出某方面工作的建议、意见，向上级献计献策，以供上级决策参考。如中共四川省委办公厅《对公文主题词表（讨论稿）的意见》，就是为中办秘书局修改公文主题词表时“提出参考”。

呈转类“意见”是职能部门就开展和推动某方面工作提出初步设想和打算，呈送领导机关审定后，由领导机关批转更大范围的有关方面执行。如《中共中央批转〈中央组织部关于建立民主评议党员制度的意见〉的通知》。这类“意见”已经取代了长期以来使用的呈转类建议报告。正因为如此，《办法》删去了原报告中可以“提出意见或者建议”的内容。因此，在今后公文起草过程中，不宜再使用“建议报告”。

（3）评估性“意见”。这是业务职能部门或专业机构就某项专门工作、业务工作经过调查、研究或者鉴定、评审后，把商定的鉴定、评估结果写成意见，送交给有关方面，内容可上行、下行，但主要是不相隶属组织间的平行文。如全国爱卫会作出的《关于成都市创建国家卫生城市工作的考核鉴定意见》。

二、“意见”的写作方法

（1）标题。“意见”的标题有完整式和省略式两种。完整式的标题由发文机关＋事由＋意见组成，如“中共山西省委关于改进领导作风的意见”；省略式的标题由事由＋意见组成，如“关于深化企业改革搞好国有大中型企业的意见”。

（2）主送机关。主送机关由“意见”所涉及内容的范围确定，如果是全局性的，则所有直接下级机关都应列为主送机关；如果是针对局部范围的，则有关的直接下级机关为主送机关。需要转发的意见没有主送机关这一项，但转发该意见的通知，要把主送机关写清楚。直接发布的意见必须有主送机关。

（3）正文。正文一般由缘由和意见两部分组成。缘由部分往往是通过概述面临的实际情况和问题来说明制定意见的原则、理由和依据等，但不要面面俱到，文字可长可短，最后以“现提出以下意见”“特制定本实施意见”等过渡性语句转入。意见部分是主体，是说明解决问题的见解、办法和具体要求的。对这部分的表述应具体明确，一般根据总体思想分项表述，每项围绕一个中心，用观点句领起，然后具体说明。

（4）结尾。篇幅较长的“意见”通常以提出号召、希望、督查要求为结尾；局部性“意见”大多没有专门的结尾，而是自然结束的正文。

（5）落款。直发性“意见”，一般在文后署名和标注成文日期；转发性“意见”，通常不在文后落款，而将发文机关和成文日期放在标题下方。

三、“意见”与相近文种的区别

“意见”与“决定”的区别。“意见”与“决定”的共同之处是，都可向下级部署工作，提出工作政策、原则、方法和措施，但也有区别："决定"适用于对重要事项或重大行动作出安排，写作重点是要明确做什么和怎么做，一般不说明为什么要这样做。而"意见"则要求"对重要问题提出见解和处理方法"，讲"见解"必须以理服人，所以在阐述时，往往都是做什么、怎么做与为什么这样做相结合，也就是说"意见"的内在结构必须是"提出—分析—解决"三个问题的有机体，缺少其中任何一个问题都不符合"意见"写作的内在规律。"意见"里的"重要问题"并非重要事项和"重大行动"。

"意见"与"报告"的区别。"意见"与"报告"的分工不同，《办法》将"报告"原有职能中的"提出意见或建议"调整给了"意见"，使行政机关公文中的"报告"职能只保留了"向上级机关汇报工作，反映情况"和"答复上级机关的询问"。党的机关公文中，报告仍然具有"提出建议"的职能，但如果是对重要问题提出见解和处理办法，必须运用"意见"文种。

"意见"与"请示"的区别。凡属要钱、要物、要机构、要编制等问题的，要用"请示"而不能使用"意见"。"意见"与"请示"的本质区别在于它向上级要的不是"人、财、物"等"硬件"，而是"政策""办法"等软件。

"意见"与"通知"的区别。两者的目的都是解决问题，但"意见"所涉及的内容必须是重要问题，它重视阐明有关指导思想、相关政策，提出具体措施和执行要求，发挥的是指导功能；而"通知"则是传达需要下级办理、周知或者执行的事项，发挥的是知照功能。

"意见"与"函"的区别。"意见"与"函"的相同点是，都可用于平行，都具有商洽功能。不同点是，对涉及某一重点问题所提的见解和处理办法，如属供对方参考而不需要回复时，应用"意见"；反之，则要用"函"。

四、"意见"的写作注意事项

（1）语言要得体。"意见"的语言要有分寸，少用指令性词语，多用指导性、期请性语言，以体现民主作风。不同类型的"意见"，采用不同的结语。如呈报性"意见"可以用"以上意见供领导决策参考""以上意见供参考"作结；呈转类"意见"均用"以上意见如无不妥，请批转各地执行"之类语句作结；而指导性"意见"则常用"以上意见，请结合实际情况贯彻执行"等语句作结。

（2）目的要明确。特别是拟建议上级机关批转的"意见"，更应注意这一点，做到"形上而意下"，瞄准普遍指导性。

（3）内容要充实。分析问题要深入，所提意见要具体，要恰如其分、令人信服。处理问题的办法、措施和建议要提得切实、明确，具有可操作性。

（4）问题要抓准。一是重要，抓住事关全局的重要问题；二是集中，一般一文一事，紧紧围绕一个或一方面的重要问题分析、解剖、提建议；三是切中时弊，少打外围战。

资料来源：郝建权."意见"文种的写作实践与思考.办公室业务，2009（6）.

文体实训

1. ××县文化和旅游局向省文化和旅游厅递交了一份加快开发该县旅游业发展的

请示，请以省文化和旅游厅的名义给该县回复一份意见，要作为该县发展旅游业的一个指导性文件，从旅游开发战略、旅游市场营造、景区环境保护、旅游区配套设施建设、农家乐等绿色田园旅游的开发引导等方面作出规定和指导。

2.“十一”黄金周临近，旅游市场繁荣，请以××县文化和旅游局的身份撰写一份意见，要求规范黄金周旅游市场秩序，保证旅游安全，促进旅游经济。

3. 下面是一篇病文，试指出其存在的毛病。

××县关于处理山体滑坡事故的意见

××市人民政府：

由于我县近期连续遭受暴雨袭击，6 月 20 日上午，位于巴巫山西侧的山体出现大面积滑坡；除毁林近百亩外，还使位于山下的永乐村 5 组的 11 户农房被毁、7 头牲畜死亡；幸好山体滑坡发生在白天，故无人员伤亡。为处理好这一事故，特提出如下意见：

一、巴巫山体仍有滑坡的可能，加之永乐村地处山区，远未脱贫，建议干脆将该村的全部 250 户村民迁往市外安置，请国家按三峡移民迁建政策，给予 250 户村民一次性补贴。

二、请上级速派有关专家来现场排除滑坡险情，若排险成功，我县可酌情给有关专家作点小小的表示。

三、请上级顺便给我县拨 20 万元排险救灾款。

××县人民政府办公室

20××年 6 月 27 日

第八节　函

范文示例

省文化和旅游厅

关于省政协十三届一次会议第 0008 号提案会办意见的函

省委宣传部：

农工党省委会在省政协十三届一次会议上提出《加快推动乡村振兴与红色基因传承深度融合，打造红色乡村示范省》的建议收悉，由我厅协助你单位办理。现提出如下会办意见：

近年来，我省大力发掘蕴藏在乡村中的丰富红色文化资源，推动“红色旅游＋”“乡村旅游＋”工作，积极探索红色文化与乡村振兴融合发展，在助力乡村人居环境改善、乡村生态治理、脱贫攻坚和乡村振兴等方面取得了显著成效，井冈山神山村等 5 地成功入选“世界旅游联盟旅游减贫案例”，5 个乡村党史故事入选文旅部“乡村中的党史故事”名录，还涌现出“篁岭模式”“丫山经验”等一批在全国有影响的可借鉴、可推广的乡村旅游发展典型案例。

一、全省红色旅游助力乡村振兴成果丰硕

井冈山市直接或间接从事红色旅游产业的人数达 5 万余人，占全市人口的 25%，旅游收入占 GDP 的 60%以上，旅游从业人员人均年收入达 2.4 万元，成为我省脱贫攻坚、乡村振兴示范工程，引领老区人民脱贫致富，走向共同富裕。赣州市将红色文化融入乡村旅游，把扶贫开发与富在农家、学在农家、乐在农家、美在农家的美丽乡村建设结合，采取“景区（公司）＋旅游合作社（协会）＋贫困户”“旅游公司＋贫困户”“旅游协会＋贫困户”“景区（公司）＋基地＋合作社＋贫困户”“基地＋贫困户”等捆绑模式，帮助贫困户、脱贫户获得“自主经营、劳动务工、土地流转、资产入股、资金入股、特产销售”等多方面的收入，贫困户、脱贫户成为红色旅游发展的参与者、受益者。横峰葛源、宁都小布、青原东固等一批乡村红色景区景点，可游览、可观光、可学习、可体验、可消费，成为红色文化与乡村振兴融合发展典型案例，有效打通“红色”与“金色”双向转化通道，以红色文化铸魂乡村振兴，以红色文旅赋能乡村振兴，推动红色文化与乡村振兴有机衔接。

二、长征国家文化公园建设推动红色旅游提质升级效果明显

江西作为长征国家文化公园 5 个重点建设区之一，按照国家统一部署，高度重视、高位推进长征国家文化公园江西段建设，取得了较好成效。一是加强规划引领。《长征国家文化公园江西段建设保护规划》已完成编制、报批工作，并印发实施。另外，我省在全国率先制定印发《江西省长征步道建设工作指南》。二是完善推进机制。省领导常态化召开调度会、座谈会、推进会，省长征办完善建立台账、月报、简报、通报等工作制度，领导小组成员单位既各负其责又同力配合，有关设区市、县加强组织领导，全力推进建设工作。三是项目稳步实施。省级及以上专项资金已累计投入 7.9 亿元，推进省级重点调度项目有序开展。36 个省级重点调度项目中，开工率达 91.7%，基本完工率达 52.8%（18.5 个已完工或基本完工），项目建设进展总体较快。

下一步，我厅将按照省委、省政府文化强省、旅游强省战略部署要求，在引导乡村旅游消费升级方面发力，在推动红色旅游融合发展方面创新，更好助力乡村振兴、赋能乡村振兴。同时，我厅将认真研究、积极吸纳该提案的有关意见建议，力争转化为具体工作举措，推动我省红色旅游、乡村旅游高质量发展。

以上意见，供你单位正式答复时参考。

江西省文化和旅游厅

2023 年 4 月 18 日

资料来源：江西省文化和旅游厅官网，有删改。

文体知识

一、函的含义

函是不相隶属机关之间相互商洽工作、询问和答复问题，或者向有关主管部门请求

批准事项时所使用的公文。函作为平行公文，具有方便相互沟通、行文和格式灵活、主体内容单一的特点。

二、函的类型

（一）按性质分

（1）公函，用于机关单位正式的公务活动往来。

（2）便函，用于日常事务性工作的处理。便函不属于正式公文，没有公文格式要求，甚至可以不要标题、不用发文字号，只需要在尾部署上机关单位名称、成文时间并加盖公章即可。

（二）按发文目的分

（1）发函，即主动提出了公事事项所发出的函。

（2）复函，即为回复对方所发出的函。

（三）按内容和用途分

可以分为商洽事宜函、通知事宜函、催办事宜函、邀请函、请示答复事宜函、转办函、报送材料函等。

三、函的结构与写法

函一般由首部、正文和尾部三部分组成。

（一）首部

主要包括标题、主送机关两项内容。

1. 标题

函的标题一般有两种形式：一种是由发文机关名称、事由和文种构成；另一种是由事由和文种构成。

2. 主送机关

即受文并办理来函事项的机关单位，于文首顶格写明全称或者规范化简称，其后用冒号。

（二）正文

其结构一般由开头、主体、结尾、结语等部分组成。

1. 开头

主要说明发函的缘由。一般要求概括交代发函的目的、根据、原因等内容，然后用“现将有关问题说明如下”或“现将有关事项函复如下”等过渡语转入下文。复函的缘由部分，一般首先引述来文的标题、发文字号，然后再交代根据，以说明发文的缘由。

2. 主体

这是函的核心内容部分，主要说明致函事项。函的事项部分内容单一，一函一事，行文要直陈其事。无论是商洽工作、询问和答复问题，还是向有关主管部门请求批准事项等，都要用简洁得体的语言把需要告诉对方的问题、意见叙写清楚。如果属于复函，还要注意答复事项的针对性和明确性。

3. 结尾

一般用礼貌性语言向对方提出希望，或请对方协助解决某一问题，或请对方及时复函，或请对方提出意见，或请主管部门批准等。

4. 结语

通常应根据函询、函告、函商或函复的事项，选用不同的结束语。如“特此函询（商）”“请即复函”“特此函告”“特此函复”等。有的函也可以不用结束语，如属便函，可以像普通信件一样，使用“此致”“敬礼”。

（三）尾部

一般包括署名和成文时间两项内容。署上机关单位名称，写明成文时间，并加盖公章。如果在标题中已写明行文机关的，此处可省略署名，只写成文时间。

四、写作提示

（一）行文简洁明确，用语把握分寸

无论是平行机关还是不相隶属的机关，都要注意语气平和有礼，不要倚势压人或强人所难，也不必逢迎恭维、曲意客套。至于复函，则要注意行文的针对性、答复的明确性。

（二）发函及时

函也讲求时效性，特别是复函更应该迅速、及时。应像对待其他公文一样，及时处理函件，以保证公务等活动的正常进行。

询价函和报价函的“呼”与“应”

拓展阅读

职场常用函介绍

一、联络函

联络函，又称保持接触函，它是平时用以培养客户关系、与客户保持联络的一种专用信函。使用联络函不仅意在证明自己的存在，而且也是为了与客户保持接触，并借此培养对方对自己的好感，加深对方对自己的印象。一般而言，应当定期向客户寄发联络函。写作联络函，通常有以下五个要点应当注意：

一是寻找适当的去函借口。这样一来，就不会让对方觉得不可思议。祝贺节日、生日，寄送简报，都是不错的借口。

二是简要介绍自己的状况。向对方通报自己及所在单位的发展变化，可以使对方对自己及所在单位加深了解。

三是要表达对对方的关注。在介绍自己的状况之前，可以先向对方表达自己诚挚的关心。例如，可告知对方自己对对方成就的了解，或为此祝贺对方等。

四是相机表示合作的意图。在联络函中，不妨大致表达一下自己欲与对方进行进一步交往、合作的意图。

五是灵活掌握友善的分寸。联络函并非直奔主题的业务函，因此其篇幅宜短，语气宜友善，重点宜放在联络之上。

二、通知函

通知函，又称告知函。它主要用来向外界通报某项事务处理的具体情况，或是某项业务的具体进展。从某种意义上讲，通知函往往可以在一定程度上发挥联络函的作用。写作通知函时，应注意下列五个要点：

一是重在介绍客观情况。通知函的主要作用，是向有关方面通报事态的发展、变化，而并非就此展开讨论或进行争论。

二是注意介绍的连续性。在介绍当前状况时，通知函要注意与此前函件的呼应，以便使自己的情况介绍有头有尾、连贯一致。

三是通报己方今后计划。在介绍客观事态的同时，亦应告知收信者己方的对策以及已经采取的行动。

四是促进彼此合作。通知函的目的之一，就是要推动收信方与寄信方的合作。

五是表达含蓄委婉。不论是介绍己方举措，还是敦促对方参与，在表达上都要委婉含蓄。要力戒语气生硬、强人所难，或者唠唠叨叨。

三、确认函

确认函是指专为确认某事而向交往对象所寄送的信函。在公务交往中，确认函是最为常用的信函之一。因为确认函意在对某种事实、某种意向进行确定，所以它在写作上具有更高的规范性要求。写作确认函，应对下列五点多加注意：

一是明确应予确认的有关事项。此项内容是确认函的关键内容所在，故应反复核对，确保不发生任何差错。

二是逐一列出相应的附加条件。凡对所确认的事项附加各项具体条件的，在确认函里应向收信者予以明确。

三是陈述己方对此的基本立场。在确认函中，确认方应再次承诺自己遵守约定，绝不随意对此反复，或是临场变卦。

四是要求收信方对此予以确认。在一般情况下，确认方均会在确认函中要求对方对此进行确认。具体的方式，可以是另行致函，也可以是在此信上签署意见。

五是在信函末尾正式署名。正规的确认函，均需有关人员或相关单位的负责人在其末尾签署自己的姓名。有时，往往需要联合署名，或由单位法人代表署名。必要时，还须加盖本单位公章。

四、推荐函

推荐函是指专为向其他单位推荐某位人士而使用的信函。在求职应聘时，一封有力度的推荐函，往往有助于被推荐者脱颖而出。写作推荐函，主要需要兼顾下述四个方面：

一是介绍自身情况。在推荐函的开始部分，写作者应简述一下自己的情况，并对自己与被推荐者之间的关系略加说明。

二是评价被推荐者。这部分是推荐函的主要内容，应当全面而客观地介绍被推荐者的基本情况，尤其是其能力、阅历、特长与业绩。与此同时，还应对被推荐者作出自己的评价。

三是感谢收信之人。在推荐函中，不应忽略对收信者的问候与感谢。这一部分绝对不可缺少。

四是附有背景材料。为了便于用人单位及其负责人对被推荐者有进一步的了解，在推荐函之后一般还应附有被推荐者的简历、证书等个人背景材料。

文体实训

1. 请以华夏旅行社的名义给海天旅行社发一份邀请函，请海天旅行社到华夏旅行社来考察，协商共同开发旅游线路事宜。

2. 蓝天旅行社计划新开辟一条旅游线路，但是由于旅游目的地交通不便，想请当地的大地旅行社协助解决交通问题，共同开发，共同受益。请你草拟一份此项协商工作的函。

第九节 纪 要

范文示例

局长办公会议纪要

（2023 年度第一次）

2023 年 4 月 25 日，受市文化和旅游局党组书记、局长周× ×委托，党组副书记、副局长赵× ×在局三楼小会议室主持召开局长办公会。纪要如下：

会议对《聊城市国土空间总体规划（2021—2035 年）》（以下称《规划》）进行了讨论，在前期已征求各科室（单位）意见的基础上，对涉及文化和旅游部门的相关内容再次逐项进行了分析。各分管领导、相关科室（单位）对《规划》涉及的文化和旅游相关内容无意见。

会议强调，各分管领导、各责任科室（单位）要提高政治站位，深入谋划《规划》中的重要内容和任务，积极对接资规部门，确保重要工作有序有效推进，按时保质完成。

参加人员：登× × 赵× × 刘× × 刘× ×

列席人员：张× × 张× × 宿× × 张× × 张× ×

二〇二三年四月二十五日

资料来源：聊城市人民政府官网，有删改。

文体知识

一、纪要的含义

纪要是用于记载、传达会议情况和议定事项的公文。纪要不同于会议记录。纪要对企事业单位、机关团体都适用。

纪要的内容和结论具有纪实性、概括性、条理性等特点。

二、纪要的类型

纪要主要有两种分类方法：

一是按会议出席人员来划分，有全体会议纪要、办公会议纪要、例会会议纪要、工作会议纪要、联席会议纪要等。

二是按纪要的内容划分，有决议型会议纪要、部署型会议纪要、务虚型会议纪要、学术型会议纪要等。纪要可以上报，也可以下发，但它的发放范围比较窄，一般只发与纪要的内容有关的单位。

纪要的发布形式有三种：一是用专用版头印发；二是用通用版头印发；三是用其他形式印发。纪要的种类较多，写法大同小异，都要做到开门见山，实事求是，对问题的处理恰当，表述准确，观点鲜明，语言生动，文字简练，格式规范。

三、纪要的结构与写法

纪要一般由首部、正文、尾部三部分组成。

（一）首部

首部一般包括标题、文号和制文时间。

1. 标题

标题有两种格式：一是会议名称＋纪要，也就是在“纪要”两个字前写上会议名称。会议名称可以写简称，也可以用开会地点作为会议名称。二是把会议的主要内容在标题里揭示出来，类似文件标题式的。

2. 文号

文号写在标题的正下方，由年份、序号组成，用阿拉伯数字全称标出，并用“〔〕”插入，如〔2024〕67号。办公会议纪要对文号一般不做必须的要求，但是在办公例会中一般要有文号，如“第×期”“第×次”，写在标题的正下方。

3. 制文时间

纪要的时间可以写在标题的下方，也可以写在正文的右下方、主办单位的下面，要用汉字写明年、月、日，如“二〇二四年八月十六日”。

（二）正文

正文包括开头、主体、结尾三部分。

1. 开头

简要介绍会议概况，其中包括：会议召开的形势和背景；会议的指导思想和目的要求；会议的名称、时间、地点、与会人员、主持者；会议的主要议题或解决什么问题；对会议的评价。

2. 主体

即对会议的主要内容、主要精神、主要原则以及基本结论和今后任务等进行具体的综合和阐述。其结构安排有四种方法：

（1）按会议研究的内容（问题）的顺序撰写，逐个说明会议研究的问题及处理意见和作出的决定等。这种方法符合综合性会议的纪要，问题一个一个分开写明、写清为止。

（2）把会议研究的内容（问题）归纳分类，然后分项撰写。这种方法符合重要的座谈会、学术会议、研讨会和会议内容比较复杂的工作会议的纪要。

（3）按事物发展的规律来写。这种方法符合专题或专门性会议的纪要。一般包括对过去工作的评价、对当前形势的分析、对未来工作的总要求和总任务以及应采取的措施等。

（4）按专题分项进行撰写。这种方法适用于研究具体工作的纪要，即会议研究的议题所涉及的事项要一一交代清楚，包括对研究事项的定性和处理意见等。每一个部分或每一个自然段的开头，可以用序数，也可以用冠以纪要的专用开头语，比如，“会议认为”“会议强调”“会议决定”“会议指出”“大家提出”等。

3. 结尾

一般包括提出希望、号召和贯彻会议精神的要求。全局性、综合性的纪要可写结尾部分；一般的纪要，主体部分写完，正文自然结束，没有结尾部分。

（三）尾部

一般包括署名和成文时间两项内容。署名机关单位名称，写明成文时间年、月、日；如果在标题中已写明行文机关和时间的，此处可省略。

四、写作提示

（一）中心突出

各类会议的纪要，都要做到中心突出，抓住会议所解决的主要问题，形成纪要的中心和要点；切不可面面俱到，但不能对会议解决的问题、议定的事项有遗漏。

（二）方法得当

起草纪要的同志要亲自参加会议，并认真做好会议记录，详细地占有材料。要注意记录正确的意见和结论性、表态性、议决性、总结性发言，将正确的意见、议决性意见写入纪要之中。对于有分歧的意见，除学术性会议纪要、务虚性会议纪要外，不能写入纪要之中。

（三）结构严谨

正文部分的布局要合理，层次清楚，并做到条理化、理论化。一个部分的内容写完之后，再写另一个部分的内容，做到文题一致，逻辑严密。

（四）实事求是

纪要要忠实于会议的内容，不能随心所欲地增减或更换内容，不能把与会人员个人的观点写进纪要，更不能把记录人员或起草人员的意见写进纪要。不正确的意见、未确定的意见，不能写进纪要。

拓展阅读

纪要的三种写法及纪要与会议记录的区别

一、纪要的三种写法

根据会议性质、规模、议题等不同，大致可以有以下几种写法：

（一）集中概述法

这种写法是把会议的基本情况，讨论研究的主要问题，与会人员的认识、议定的有关事项（包括解决问题的措施、办法和要求等），用概括叙述的方法，进行整体的阐述和说明。这种写法多用于召开小型会议，而且讨论的问题比较集中单一，意见比较统一，容易贯彻操作，写的篇幅相对短小。如果会议的议题较多，可分条列述。

（二）分项叙述法

召开大中型会议或议题较多的会议，一般要采取分项叙述的办法，即把会议的主要内容分成几个大的问题，然后另写上标号或小标题，分项来写。这种写法侧重于横向分析阐述，内容相对全面，问题也说得比较细，常常包括对目的、意义、现状的分析，以及目标、任务、政策措施等的阐述。这种纪要一般用于需要基层全面领会、深入贯彻的会议。

（三）发言提要法

这种写法是把会上具有典型性、代表性的发言加以整理，提炼出内容要点和精神实质，然后按照发言顺序或不同内容，分别加以阐述说明。这种写法能比较如实地反映与会人员的意见。某些根据上级机关布置，需要了解与会人员不同意见的纪要，可采用这种写法。

二、纪要与会议记录的区别

纪要有别于会议记录。二者的主要区别是：

（一）性质不同

会议记录是讨论发言的实录，属事务文书。纪要只记要点，是法定行政公文。

（二）功能不同

会议记录一般不公开，无须传达或传阅，只作资料存档。纪要通常要在一定范围内传达或传阅，要求贯彻执行。

（三）载体样式不同

纪要作为一种法定公文，其载体为文件，享有《党政机关公文处理工作条例》所赋予的法定效力。会议记录的载体是会议记录簿。

（四）称谓用语不同

纪要通常采用第三人称的写法，以介绍和叙述情况为主。会议记录中，发言者怎么说的就怎么记，会议怎么定的就怎么写，贵在“原汤原汁”不走样。

（五）适用对象不同

作为公文的纪要，具有传达告知功能，因而有明确的读者对象和适用范围。作为历史资料的会议记录，不允许公开发布，只是有条件地供需要查阅者查阅利用。

（六）分类方法不同

纪要种类很多。按其内容，可分为决议性纪要、意见性纪要、情况性纪要、消息性纪要等；按会议的性质，可分为常委会议纪要、办公会议纪要、例会纪要、工作会议纪要、讨论会纪要等。而会议记录通常只是按照会议名称来分类，往往以会议召开的时间顺序编号入档。对纪要的分类，有助于撰写者把握文体特点，突出内容重点，找准写作角度；对会议记录的分类则主要是档案管理的需要。

文体实训

1. 组织班委成员，召开班委会，研究组织同学们考取导游资格证的相关事宜，会后就会议内容草拟纪要。

2. 阅读下面的材料，指出其中不正确的地方。

关于加强省旅游协会工作专题会议纪要

近日，省文化和旅游厅党组书记、厅长×××主持召开局党组会议，专题听取了省旅游协会秘书处2024年工作情况及2025年工作打算，四个分会会长及秘书长对各分会工作情况、建议的汇报。会议对下一步协会及各分会工作进行了部署，对加强省旅游协会工作提出了要求。现纪要如下：

会议分析了当前旅游业的形势……

会议就协会及各分会下一步重点工作和加强协会建设提出了要求：

1. 认真贯彻落实全省旅游工作会议精神，以“八个大力推进”为重点，围绕实现全省旅游业发展的主要工作目标，找准定位，明确自身任务。

2. 充分发挥协会沟通、自律、维权、服务等职责，规范旅游行业市场经营行为，加强行业自律和诚信体系建设。

…………

总之，协会要充分认识在市场经济中的作用，以饱满的工作热情，开创协会工作新局面，把协会工作推上一个新台阶，为建设旅游经济强省作出新的贡献。

参加会议人员：李××等。

列席人员：王××等。

记录人：刘××。

省旅游协会

××××年×月×日

第四章

旅游事务文书

第一节　计　划

范文示例

九华山风景区2023年工作计划

2023年是全面贯彻落实党的二十大精神的开局之年，也是推进九华山高质量发展的关键之年，做好各项工作意义特殊而重大。我们要坚持以习近平新时代中国特色社会主义思想为指导，全面贯彻党的二十大精神，深入贯彻习近平总书记考察安徽重要讲话指示精神，全面贯彻落实省、市“两会”部署要求，坚持稳中求进工作总基调，完整、准确、全面贯彻新发展理念，积极融入新发展格局，更好统筹疫情防控和经济社会发展，更好统筹发展和安全，聚焦“佛教商业化治理先行区、文旅融合样板区、现代服务业示范区”的建设目标，笃定信心谋发展、奋发有为提效能，全力推动九华山经济社会高质量发展，在中国式现代化新征程中书写九华山新篇章。

今年发展的主要预期目标是：地区生产总值增长8%；一般公共预算收入增长12%；固定资产投资增长10%以上；社会消费品零售总额增长11.5%；接待游客915万人次，同比增长15%；旅游收入112亿元，同比增长14%。主要做好以下几方面工作：

一是坚持项目引领，锻造跨越发展新引擎

全力推进重点项目。2023年度管委会本级计划投资2.24亿元，实施重点项目17个，其中完成续建项目6个，开工建设项目11个。加快推进狮子峰景区开发项目、安卓梅达酒店、交通转换中心功能提升等社会投资项目建设。谋划储备优质项目，按照“统一储备、分类管理、梯次推进”的原则，聚焦旅游、交通、水利、市政基础设施、社会事业、老旧小区改造、智慧景区建设等重点领域，全年谋划项目10个。建立健全专项债项目储备机制，抓好全域旅游基础设施建设、雨污水管网综合整治等项目前期工作，进一步扩大政府专项债项目个数和投资规模。提高招大引强成效，精准绘制链式招商路线图，积极对接龙头企业、优质企业，大力开展组团招商、驻外招商、活动招商、以商引商，计划引进省外亿元以上项目2个，到位资金10亿元。全面摸排清查闲置低效存量资产，锚定莲花小镇、新罗大酒店、涵月楼、九建公司带锯厂等存量资产开展“二次招商”。强化要素支撑保障，建立项目推进责任制，实行项目清单动态管理，定期举办项目观摩会，力促项目早竣工早达效。强化重点项目土地要素保障，完成杨宏路、桥庵方家、大愿文化园二期等区域征地拆迁任务。加大上级资金争取力度，合理运用开发性金融工具、中长期贷款等政策工具，积极引导社会资本和金融资本参与项目建设。

二是坚持改革创新，释放景区发展新活力

持续优化营商环境。以提升市场主体满意度为导向，做好做实优化营商环境各项工作。全力支持民营企业发展，持续放宽和规范市场准入，推深做实“政策找企业”等机制，确保各项惠企政策集成直达、“免申即享”。深化“放管服”改革，全面应用安徽省一体化智能自助系统，实现更多事项“一网通办”“全程网办”“最多跑一次”。常态化开展“双随机、一公开”监管，完善公平竞争审查机制，实施中小企业知识产权战略推进工程，依法平等保护市场主体合法权益。全年新培育“五上”企业4家。实施重点领域改革，完成九华乡撤乡设镇工作。巩固国企改革三年行动成果，做优做强九安建投公司，推进九华山旅游实业公司重组改制，整合供排水公司、智慧旅游公司、导游服务中心资源，不断壮大资产规模，提升发展活力。全面推进实施零基预算改革，进一步提高财政资金配置效率和使用效益。完善乡镇财政管理体制，建立健全乡镇财力增长激励机制与财政绩效评价机制，促进乡镇积极发展经济、培植财源，2023年乡镇一般公共预算收入同比增长10%。加快智慧景区建设，持续推进风景区指挥调度中心智慧化建设，加快推进公共场所视频监控资源整合共享，新建和整合智能化信息采集系统，丰富基础旅游信息数据库，进一步提升景区精细化、智能化管理水平。完善“一部手机游九华”“九华畅游”配套功能，深度融合数字地图、VR全景、语音导览等多种服务模式，打造“吃住行游购娱”一站式服务。有序推进“一户一车”政策落实和智慧交通项目建设，提升景区整体交通运行效率和管控能力。

三是坚持旅游带动，构建文旅发展新格局

促进业态品质提升。实施文旅产业发展行动计划，依托狮子峰景区、下闵园景区、老田吴村“千年古村落”主题村、“九华古十景”等资源，融合文创、美食、演艺、非遗等元素，深度开发旅游新场景、新业态、新产品。开展安徽省夜间文旅消费“四个十佳”品牌创建活动，开发柯村老街、莲花小镇、芙蓉小镇等夜游项目，打造“夜游九华”IP形象。实施乡村旅游“双微”提升工程，创建特色旅游名村、精品主题村、特色美食村。大力推进民宿产业集群化、品牌化发展，引入高端开发运营主体参与民宿建设，鼓励村集体利用闲置房屋打造民宿集群，建成佑见·芙蓉里民宿项目。加强联动融合发展，抢抓皖南国际文化旅游示范区建设机遇，加强与周边各景区景点的协同联动，推进文化、旅游、休闲、度假、生态、康养等多元融合发展，加快打造生态型、国际化休闲度假旅游目的地。深化市县山水旅游联动发展机制，丰富全域旅游产品线路，加快推进2.5千米九华秘境风景道建设，进一步提升“山水池州·灵秀九华”品牌影响力。强化市场宣传推广，以安徽轮值举办长三角地区主要领导座谈会为契机，加强与长三角、珠三角等地区深度合作，持续开展“产业招商+旅游营销”活动，巩固扩展重点客源市场。实施“走进百家社区”“静心九华——康养之旅”等精准推广活动，充分挖掘北京、云南、成都等中远程客源市场潜力。强化融媒体宣传联动机制，深化与人民网、今日头条等主流媒体战略合作，用活用好字节跳动、马蜂窝等新媒体平台，拍摄制作新版九华山形象宣传片，进一步提升品牌影响力。

四是坚持宜居宜游，刷新景区面貌新颜值

突出抓好生态保护。严守“三区三线”，确保4 329亩永久基本农田不减少。加强自然保护地管理，高质量完成风景名胜区整合优化。加快国土空间规划修编上报工作，力争《九华山风景区名胜区总体规划(2021—2035年)》获批，《九华街区详细规划》《九华新镇控制性详细规划》上报审批，适时开展九华山世界地质公园再评估迎检工作。持续推进林长制改革，常态化开展松材线虫病防治和古树名木保护，谋划实施重点区域森林防火基础设施项目，完成森林防火视频监控信息化建设，不断提升生态林业保护水平。进一步强化河长制工作，实施龙溪河、九华河等水环境治理项目，力争九华河二圣段、赵家河山口段治理工程列入国家中小河流系统治理项目库。充分发挥乡镇综合执法大队巡查作用，强化居民个人住宅建设管理和违法建设治理，推深做实省监察委监察建议整改“后半篇文章”。深入推进污染防治，强化水污染综合防治，实施雨污管网更新改造工程，排查整治管网100千米。加强污水处理厂运行监督检查，完成污水管网末端井污水外溢应急整改工程，确保出水水质达到Ⅰ级A排放标准。抓好大气污染防治，强化餐饮油烟、秸秆焚烧以及施工和道路扬尘管控，确保空气质量优良率达到90%以上。完成省生态环境保护专项督察反馈问题整改，持续优化环境品质。实施九华街区（太白书堂节点）综合环境整治工程，全方位整治水系、道路及公共广场环境，全力打造进山“第一印象”。围绕打造“最干净景区”目标，对标“席地而坐”标准，实施标识标牌及游步道维修等6个市政重点项目，深度做好九华河河东河西等各个片区环卫保洁工作，全面提升景区环境卫生精细化管理水平。开展垃圾中转站环境整治，在九华乡全域推行生活垃圾分类工作，加快推动景区生活垃圾分类实现全覆盖。持续推进“公厕革命”，新建南庄圣安停车场、白云门票稽查点移动公厕，提升公厕硬件设施和管理服务水平。

五是坚持人民至上，满足人民群众新期待

完善民生保障体系。接续推进10项“暖民心行动”，实施40个公共服务重点项目，持续为民办好事、办实事。开展就业促进行动，举办风景区首届创业大赛，推动高校毕业生、农民工、退役军人等重点群体更高质量就业创业。统筹城乡社会救助体系，完善最低生活保障制度，提高低保户、五保户、优抚对象兜底保障水平。深化医保支付方式改革，适时启动医保DRG付费。实施全民参保登记计划，扩大社会保险覆盖面。统筹推进住房公积金缴存扩面。加强养老机构公建民营监管，启动智慧养老机构建设。加快实施代村村、二圣村等5个居民点建设工程。提高公共服务水平。全方位落实“双减”要求，大力实施德智体美劳五大行动，全面提高育人质量。扎实推进基层医药卫生体制综合改革，持续实施基本公共卫生服务项目。全面开展残疾人社区康复服务，确保有需求的残疾儿童和持证残疾人接受基本康复服务的比例达到100%。加大农民工欠薪问题整治力度，规范落实建设领域农民工工资支付各项制度，全力打造重点项目“零欠薪”示范工地。持续深化殡葬改革，推进乡镇集中安葬点建设全覆盖。加强档案信息化建设，进一步提升档案现代化管理水平和服务质量。深入开展“双拥”活动，全面落实“双拥”优抚安置政策，切实维护退役军人合法权益。深化精神文明建设，实施文化惠民工程，推进九华山文化中心建设，广泛开展“送戏进万村”等公益性文化活动。深化拓展新时代文明实践中心（所、站）建设，着力打造一批示范品牌项目。深入开展道德模范、身边好人等先进典型选树活动，充分发挥榜样示范引领作用。实施公民道德建设工程，加强未成年人思想道德建设，提高人民道德水准和文明素养。加强文物保护利用和非遗文化保护传承，修缮柯乔门坊、百岁宫至回香阁古道，完成“荤年素年”省级非遗项目申报工作。推进乡村振兴发展，全面落实强农惠农政策，推深做实“两强一增”行动，新建或改造茶园600亩，开发茶特色产品2类，茶产业综合产值达2亿元以上。持续推进耕地“非粮化”“非农化”及撂荒地整治，稳定粮食种植面积2 600亩、产量900吨以上。聚焦宜居宜业和美乡村，扎实开展农村人居环境整治，建成省级美丽乡村中心村3个，卫生改厕42户，提升村庄绿化面积6 960平方米。优化乡村公路路网体系，谋划村村通、组组通工程项目，建设农村公路5.05千米。深化农村“三变”改革，大力实施“兴村”工程，融合发展休闲农业和乡村旅游，新增1个集体经营性收入50万元以上的经济强村。农村居民人均可支配收入同比增长10%。

六是坚持安全发展，绘就和谐社会新画卷

守牢公共安全底线。加强水源地保护，实施天池水库、云山水库扩容工程，适时启动天池水库二坝工程建设，确保群众饮水安全。坚决落实安全生产责任制，常态化开展道路交通、消防、燃气、建筑施工、特种设备、食品药品、自建房等重点领域安全生产隐患大起底、大排查、大整改专项行动，统筹做好地质灾害防治、防汛抗旱减灾工作。强化应急物资储备和应急演练，推动应急队伍专业化规范化建设，提高防灾减灾救灾能力水平。提升社会治理效能，深化网格化基层治理模式，完善社会矛盾纠纷多元预防调处化解综合机制，强化人民调解、行政调解、司法调解“三调联动”，加快推进社会治理现代化进程。深入落实信访“四级联动”工作机制，集中攻坚信访积案化解和历史遗留问题解决，畅通和规范群众诉求表达、利益协调、权益保障通道，推动信访工作“双向规范”。常态化推进扫黑除恶斗争，深入开展“守护平安”系列行动，严厉打击涉黑涉恶、“盗抢骗”、“黄赌毒”、“食药环”等违法犯罪行为，建设更高水平的平安九华山。

七是坚持加强自身建设，推动履职效能实现新提升

坚持实干担当。牢牢抓住领导干部这个“关键少数”，坚持领导带头、率先垂范，充分发挥引领示范带动作用，以身作则把各项工作做深做细做实。加强领导干部专业化能力建设，全面对标黄山等优秀景区景点，开眼界、找差距、取真经，在学习和实践中不断提高战略眼光、管理能力和专业水平。持续推动干部队伍解放思想、守正创新，坚决反对安于现状、不思进取，切实增强“慢进是退、不进更是退”的紧迫感，以“跳起来摘桃子”的劲头干事创业。坚持问题导向、目标导向、效果导向，完善闭环管理抓落实工作机制，建立重点工作专班负责制和重点工作清单管理制度，实现工作项目化、项目清单化、清单责任化、责任落实化，确保干一件、成一件。坚持服务为民，持续深化“一改两为”，充分发扬自我革命精神，坚决破除特权思想和特权行为，以更大力度改进工作作风。坚持尽力而为、量力而行，深入基层、深入群众、深入企业，用心用情解决群众“急难愁盼”问题，倾心倾力为市场主体提供优质满意服务。牢固树立过“紧日子”思想，严肃财经纪律，更好节用裕民，把宝贵资金投向发展紧要处、用在民生急需上。着力做好 12345 政务服务热线办理工作，让群众诉求事事有着落、件件有回音。坚持依法行政，扎实推进法治政府建设，加大行政执法监督力度，完善府院检联动工作机制，强化法治队伍力量建设，推动重大行政决策、规范性文件合法性审查全覆盖。坚持依法科学民主决策，严格按照法定权限和程序行使权力、履行职责。全面落实“八五”普法规划，扎实做好普法中期验收工作。积极支持人大、政协开展监督，认真办理人大代表议案建议和政协委员提案，切实强化审计监督和统计监督，自觉接受舆论监督和社会监督，深入推进政务公开工作，让权力在阳光下运行。

2023 年 2 月 15 日

资料来源：九华山风景区官网，有删改。

文体知识

一、计划的含义

计划是党政机关、企事业单位、社会团体和个人，在工作、生产、学习以及日常生活中，为了实现某项目标和完成某项任务而事先做的安排和打算。计划是一个泛称的概念。“规划”“纲要”“方案”“安排”“设想”“打算”“要点”等都是计划类文书。

计划具有较强的预见性、明确的目的性和措施的可行性等特点。

二、计划的类型

按照不同的标准，计划可以分为若干类型：

（1）按内容分，有工作计划、学习计划、生产计划、科研计划、教学计划、营销计划等。

（2）按时间分，有长期计划、中期计划、短期计划（包括季、月、旬计划等）。

（3）按写法分，有条文式计划、图表式计划和条文图表结合式计划。

（4）按性质分，有综合性计划和专题性计划。

三、计划的结构与写法

计划一般由标题、正文和落款三部分组成。

（一）标题

计划的标题一般有三种写法。

1. 完整式标题

由计划单位名称、时限、内容和文种四要素构成。如“××旅行社××年工作计划”。

2. 省略式标题

计划的标题有时会根据实际需要省略某些要素，有的省略单位名称，如“××年销售工作计划”；有的省略时限，如“××旅行社接待工作计划”；有的省略单位名称和时限，如“工作安排”。

3. 公文式标题

由发文机关名称、事由和文种构成，如“××旅行社关于××工作的计划”。

（二）正文

计划的正文由前言、主体和结语构成。

1. 前言

前言主要概述制订计划的指导思想、目的、总的任务、意义等。一般用“为此，特制订如下计划”作为过渡语。

2. 主体

这部分是计划的核心，也是计划的具体内容，要交代清楚“做什么”“怎么做”“何时完成”。主体部分不仅要有目标任务，还要有措施步骤。措施一般包括人力、物力、办法、组织领导等。目标任务和措施步骤可以分开写，也可以放在一起写。

主体部分应分条列项来写，要力求具体明确、层次清楚、有条不紊。

3. 结语

结语可以说明计划的执行要求，也可以提出希望或号召。也有的计划不写结语。

（三）落款

落款包括署名和日期两项内容。如果在标题中已写明制订计划的单位，此处只写制发日期即可。如有附件材料，可标注在尾部左下方。

四、写作提示

（一）可行性

浅谈创业计划书拟制中的“七要素”

计划的内容必须符合党和国家的方针政策，以及本单位的实际情况。计划的目标任务不能定得太高或太低，要实事求是、切实可行。计划的措施、步骤要具有科学性和可操作性。

（二）条理性

计划的目标、任务、措施、步骤都要写得明确具体、层次清楚，切忌含混不清。

（三）语言简明平实

计划的语言要精练、明晰、准确。

拓展阅读

旅行社外联部各种工作计划的制订

一、外联部工作计划的构成

外联部的工作计划由服务采购计划、市场销售计划、接待服务计划、作业控制计划、质量监督计划等内容构成。

（一）服务采购计划

服务采购一般是指旅行社为组合旅游产品，以一定的价格向其他旅游企业，或与旅游业相关的其他服务行业和部门购买相关服务项目的市场经营行为。

（二）市场销售计划

市场销售计划的作用是规定计划期间的经营目标，把握所需耗费的资金，确定具体销售策略，为旅行社的接待安排提供可靠的依据。

（三）接待服务计划

旅行社的接待服务计划包括地方接待服务计划和组团接待服务计划。外联部作为出游服务中心，主要制订的是组团服务计划。外联部的接待服务计划着重从接待人员的安排、餐厅用餐、饭店住宿、景点游览、行程交通、安全对策等方面进行设计，通过出团通知书的形式表现出来。

（四）作业控制计划

作业控制计划是对旅行社各部门、各工种工作人员在贯彻执行业务计划的过程中，进行执行性、操作性控制的计划。作业控制计划在发达国家的旅游企业早已普遍应用，被认为是企业管理不可缺少的一项计划内容。由于我国计划管理起步较晚、水平较低，许多旅行社对作业计划制订还不够重视。外联部的作业控制计划主要是针对门市销售人员、外联业务员、客户档案管理员的操作控制计划。

（五）质量监督计划

旅行社的质量就是旅行社提供的产品质量，主要表现为旅游服务在使用价值方面适合并满足旅游者的物质和精神方面需要的程度。

旅行社的质量包含三个方面：一是旅行社产品设计质量，即旅行社要设计出能满足不同层次旅游者需求的线路和节目，吃、住、行、游、购、娱等项目供应标准要质价相符；二是旅行社人员的实际接待服务质量，即旅行社的门市和导游要通过热情周到、谦和礼貌、舒适方便和迅速及时的服务，使旅游者得到物质和精神方面的满足；三是旅行社的环境质量，即旅行社的业务、采购、接待和财务部门，以及景点、饭店、餐厅和车队等协作单位的工作质量。外联部的质量监督计划必须涉及旅行社质量的全部内容，体现旅行社全面质量管理思想，对游前、游中、游后三个阶段以及部门全体员工工作态度、工作语言、工作技术、工作项目等内容进行质量监督，结合国家有关法律、法规和

ISO 质量体系在旅行社质量管理中的应用，围绕突出质量教育、加强信息反馈、完善合同制度、主动规避风险几个方面建立科学、系统、可持续的质量监督计划。

二、编制外联部工作计划的方法

编制外联部工作计划必须运用科学的方法，在考虑到 PDCA 循环的同时，还可以采用综合平衡法、定额法、比例法和动态法等方法。

PDCA 循环是由美国管理学家戴明最早应用于企业的计划管理，所以又被称为戴明环，其中 P 是 plan（计划）、D 是 do（执行）、C 是 check（检查）、A 是 action（总结处理）。其基本原理是做任何一项工作，首先要有个设想，根据设想提出一个计划，然后根据计划去执行、检查和总结。

（一）综合平衡法

外联部在制订工作计划的过程中，要充分考虑旅行社各部门、其他相关部门的各项计划指标，在数量上确定一个合理的比例，使外联部的工作计划涉及的指标能够建立在稳定可靠的基础上。需要指出的是，在运用综合平衡法制订计划时，必须考虑到整个市场处于一个动态变化的复杂环境中，而且需要平衡的各种比例关系也很多。在这种时候，首先要分清主次、把握先后，同时还要看到在旅行社日常经营活动中，不平衡的现象是经常出现的、是绝对的，而平衡是暂时的、是相对的。因此，对工作计划的平衡只能是力求各项指标最大限度地接近临界点，但绝不能满打满算、不留余地，否则一旦出现特殊情况，很容易造成部门工作的被动。

（二）定额法

定额法就是在确定市场经营指标的时候，以某一数额为基数指标，然后以此为基础，按照一定的递增比例进行推算，最终确定一项新的计划指标的方法。例如：外联部在确定组团数量的时候，可以根据部门原有的定额水平，通过市场分析和科学预测推算出来，并成为实现新的经营目标的衡量标准。

（三）比例法

比例法就是以旅行社业务经营史上某一个比较稳定时期的各项指标间的关系为基础，结合计划编制过程中所产生的各项变动因素，来推算工作计划执行期内各有关计划指标的一种方法。例如：按照历年在第一季度组织散客团出游的人次占全年总人次的比例，并根据计划初期已经完成的散客组团人次，可以比较准确地推算出到该年计划期末时，可能达到的散客组团总人数的规模。

（四）动态法

动态法就是以某项计划指标在历年发展变化的基本趋势或平均增长的速度为基础，确定工作计划期内该项计划指标增长速度或预测其变化趋势的一种方法。例如：根据旅行社历年组团出游目的地的接待人次变化情况，结合实际经营的获利水平和游客意见反馈，确定主要的组团旅游目的地，并设定通过组团到该目的地出游在经营计划期末应该达到的利润指标值。

资料来源：中国旅游交易网，有删改。

文体实训

1. 下面是某旅行社员工写的工作计划，请指出其在结构、内容和具体措施方面的不足之处并修改。

工作计划

1. 掌握市场动态及合作旅行社、客户的情况，并及时向上级递交书面报告；

2. 认真做好访客日志记录、了解近期旅行社线路推荐情况、旅行社收客情况、旅行社广告上线情况、旅行社的特殊要求，从中了解客户对公司的各项意见和要求，及时将有关情况向上一级领导汇报、反映；

3. 负责了解所辖区域的市场信息，积极寻找和发现潜在的客户并及时整理、汇报，以便公司掌握、调整该区域的市场；

4. 负责重要团队、大型团队的衔接、接待工作；

5. 及时对客户进行回访，了解公司接待质量，并将问题反馈至公司；

6. 积极参加部门及公司组织的培训，不断提升业务技能；

7. 建立合作旅行社的档案；

8. 负责所辖片区广告投放的跟踪工作；

9. 负责公司政策调整、举办重大活动的信息传达工作；

10. 负责催收所辖区域合作客户的欠款；

11. 每周日下班前将上周工作小结及下周工作计划提交旅行社市场主管审批。

2. ××旅行社为使工作人员全面领会、准确把握《旅行社条例》的立法精神，进一步规范办公程序，从而提高旅行社的服务水平，计划组织全体工作人员用两周时间学习《旅行社条例》，将开展邀请有关领导讲解、集体学习、知识竞赛、撰写心得体会等系列学习活动。

请为该旅行社起草一份组织学习计划，要求结构完整、层次清楚，合理安排好各种学习活动。

3. 撰写一篇本学期的学习计划，不仅要有学习的目标，还要写清为实现目标所制定的措施和实施的步骤。

第二节 总 结

范文示例

××旅行社安全工作总结

20××年，我社根据年初制订的安全生产工作计划，贯彻执行“安全第一，预防为主”的方针，全面落实安全生产工作责任，严格执行各项安全生产标准，定期召开安全生产例会，故全年未发生一起安全责任事故。

一、领导高度重视，建立安全管理制度和网络

旅行社领导始终把安全生产工作放在十分突出的位置，年初制订了20××年安全生产工作计划，并始终按照制订的安全工作计划开展工作。在旅行社主要负责人的领导下建立健全安全管理档案，制定实施安全培训制度，开展各级管理人员和工作人员安全教育培训，提倡以人为本的安全工作理念，提高员工安全生产观念，从根本上杜绝不安全行为。同时，根据我社安全工作目标和安全工作计划，对各项安全规章制度的执行落实情况和安全目标、计划的完成情况进行具体的监督检查，并对各级安全责任人的安全工作开展情况进行考核。

二、各项安全工作落实到位

（1）保险。我社按照要求足额投保旅游责任险，并且加强对游客购买人身意外伤害险的提示，为每个外出团购买了旅游意外险，同时也注意购买员工工伤险。

（2）交通。我社只租用固定的车辆公司的车辆，所租用车辆符合旅游客车营运行业标准，并取得营运资格证书。每次租用车辆都签订规范的租车合同。导游人员监督驾驶人员是否依法取得资格证书、是否酒后驾驶或带故障驾驶等。

（3）住宿和餐饮。在为游客预订住宿时，选择安全设施设备齐全、有安全保障的宾馆、酒店。在为游客预订餐厅时，应注意餐厅的环境、卫生条件，严防食物中毒，确保游客身体健康。

（4）导游。导游组团有序，对于危险地带制止游客游览，并随时提醒游客注意自己的财产安全。同时，导游人员熟悉各种逃生技能，可以熟练进行各种急救措施。

（5）办公场所符合安全生产法律法规要求，特别注意消防安全。

（6）定期进行隐患排查，确保安全。

三、重视安全教育培训

今年共召开了四次安全例会，对全体员工进行安全生产教育、培训，学习国家相关法律法规。每个新员工上岗前，都进行了安全工作教育；同时也组织了老员工参加培训，进行安全知识再教育。

四、有备无患，建立事故应急救援体系

建立事故应急救援体系，做好安全救援预案，明确安全救援负责人，如发生紧急安全事故，要按照安全救援预案组织实施救援，及时妥善处理，尽量减轻事故造成的后果。严格履行事故报告制度，一旦发生安全事故，相关人员要及时报告单位负责人，向保险公司报告出险情况。同时由单位负责人报告市旅游局质量规范与管理科，重特大事故由市旅游局向市安全生产委员会报告。

五、安全台账的标准化、规范化

负责安全台账的工作人员及时将每次安全会议、活动、导游带团、团队用车、教育培训等情况全部按规定记录在案，以备将来查看。在制作安全台账时，注意信息真实有效，将一年以来我社安全工作开展进程详细记录下来，为今后开展安全工作提供借鉴和帮助，同时为今后出现安全事故的原因分析提供数据资料。

安全工作既是挑战，又意义深远。今年我们已经按计划完成了安全工作，本年度没有发生一起安全事故，但仍有不足之处。在以后的工作中，我们会更加努力用心，不断改进不足之处，及时发现并解决新问题，使我社的安全工作再上一个新的台阶。

20××年×月×日

资料来源：安全管理网，有删改。

文体知识

一、总结的含义

总结是党政机关、企事业单位、社会团体或个人对前一段的工作进行回顾、检查、分析，从中找出经验教训和规律性的认识，用以推动今后工作的一种文书。常见的“小结”“回顾”“体会”等都属于总结。

总结具有回顾性、理论性和典型性等特点。

二、总结的类型

按照不同的标准，总结可以分为若干类型：

（1）按内容分，有工作总结、学习总结、生产总结、科研总结、教学总结等。

（2）按时间分，有年度总结、季度总结、月总结、阶段总结、周小结和日小结等。

（3）按范围分，有地区工作总结、部门总结、单位总结、个人总结等。

（4）按性质分，有综合性总结和专题性总结。

三、总结的结构与写法

总结一般由标题、正文和落款三部分组成。

（一）标题

1. 完整式标题

由总结单位名称、时限、内容和文种四要素构成。如“××旅行社 2024 年工作总结”。

2. 省略式标题

总结的标题有时会根据实际需要省略某些要素，有的省略单位名称，如“2024 年财务工作总结”；有的省略时限，如“××旅行社接待工作总结”；有的省略单位名称和时限，如“工作总结”。

3. 公文式标题

由发文机关名称、事由和文种构成。如“××旅行社关于××工作的总结”。

4. 文章式标题

即把文章的主要内容或基本观点作为标题，标题中不出现“总结”二字。如“科学管理是企业发展的关键”。

5. 双标题

即正题揭示主题或概括经验，副题标明单位名称、时限、内容和文种。如“诚信是旅行社的立身之本——××旅行社 2024 年工作总结”。

（二）正文

总结的正文由前言、主体和结语构成。

1. 前言

前言主要概述工作的基本情况、开展工作的背景和取得的主要成绩。写作时要力求简洁、开宗明义、有吸引力。

2. 主体

主体部分是总结的重点。

（1）主体部分的内容。

主体部分的内容一般包括三种：

1）基本做法、成绩和经验。这部分是总结的重点，写明主要做了哪些工作、取得了哪些成绩、主客观原因是什么、有哪些经验体会。写成绩与经验时，要运用具体事例、统计数据，并找出规律性的东西，切忌简单罗列、堆砌材料。

2）问题与教训。写出工作中存在的问题与不足，并从主客观两方面进行分析，上升到理论的高度，由此得出教训。这部分要根据实际情况决定是否作为重点来写。如果是着重反映问题的总结，这部分要作为重点来写；如果是典型经验总结，或者工作中没有大的失误，这部分可以略写或不写。

3）今后的工作打算及努力方向。这部分要写得简单明了。

（2）主体部分的结构。

主体部分一般有三种结构方式：

1）分部式结构。即按照“情况—成绩—经验体会—问题教训—今后打算”的顺序来写。每一部分可以拟出一个小标题。

2）阶段式结构。即把工作的整个过程，按时间顺序，划分为几个阶段来写，每个阶段写一部分。这种写法适合有明显阶段性的工作。

3）观点式结构。即根据内容归纳出几个观点，然后逐条进行叙述。这种结构能有效提高总结的理论性，适合专题经验总结。

3. 结语

这部分或概述全文，或提出努力方向，或表明决心、信心等，也可省略不写。

（三）落款

落款包括署名和日期两项内容。如果在标题中已写明制定总结的单位，此处只写制发日期即可。

四、写作提示

（一）坚持实事求是原则

实事求是、一切从实际出发，这是总结写作的基本原则，但在总结写作实践中，违反这一原则的情况却屡见不鲜。有人认为“三分工作七分吹”，在总结中夸大成绩，隐瞒缺点，报喜不报忧。这种弄虚作假、浮夸邀功的坏作风，对单位、对国家、对事业、对个人都没有任何益处，必须坚决抵制。

（二）注意共性，把握个性

总结不是文学作品，无须刻意追求个性特色，但千篇一律、缺乏个性的总结也是不受人欢迎的。总结要写出个性，就要有独到的发现、独到的体会、新鲜的角度、新颖的材料。

（三）详略得当，突出重点

有人写总结总想把一切成绩都写进去，不肯舍弃所有的正面材料，结果写得臃肿拖沓、没有重点，不能给人留下深刻印象。总结的选材不能求全贪多、主次不分，要根据实际情况和总结的目的，把那些既能显示本单位或本人特点，又有一定普遍性的材料作为重点选用，写得详细、具体，而一般性的材料则可舍弃。

拓展阅读

旅行社工作人员怎样才能写好年终工作总结

一、如何写好工作总结

一是做好工作总结定位，根据自己所在的部门、所在的职位、所从事的工作来写总结。

二是搞清楚你写的工作总结的主要受众是谁、次要受众是谁，以及此次工作总结的目的。也就是说，你的工作总结是写给谁看的，如每年度的旅行社内部的年终工作总结，主要受众是企业老总、部门主管，次要受众是其他部门人员。你就必须坚持实事求是的原则，将自己工作好的地方、不好的地方分析出来。通过总结得与失，发现规律，促进工作更好的开展。本着这样的宗旨来写工作总结，说成绩就不会夸夸其谈，道失误就不会轻描淡写，谈打算就不会海阔天空。尤其是对失误，只有实实在在地摆在桌面上，找到要害处，写到工作总结里，交了“学费”的教训才会被吸取，同样的失误才不会一犯再犯。

三是数据化。对一年来各项工作的完成情况进行全面总结，如各项计划完成了多少、销售指标（销量、销售额、回款、利润）的完成情况、与去年同期相比各项任务是否有增长、工作流程是否得到优化、渠道建设和客户关系是否得到加强、员工的素质是否得到提高、消费者对品牌的满意度和忠诚度是否得到提升、竞争对手衰退了没有。如果是团队领导，还要总结团队建设、培训学习等方面的内容。

四是拟写精练醒目的标题。标题是“眼”，如何让大家看到标题后觉得很有新意，然后饶有兴趣地读下去或听下去是写好工作总结的一个关键点。

五是写好开头、结尾。

（1）开头法。“悬念开头法”，抓人心，扣人心弦，一步一步吸引大家注意；“时间开头法”，如“光阴似箭，时间如梭”“金秋十月，丹桂飘香”；“诗词开头法”，如“年年岁岁花相似，岁岁年年人不同”。

（2）结尾法。“一句结尾法”，如“总之……”“一言以蔽之……”等；“自改诗句结尾法”，如“今天是小荷才露尖尖角，明天定是荷花香气飞满塘”。

二、工作总结的内容

工作总结的具体内容可以从专业知识、工作能力和具体工作，工作态度和勤奋敬业程度，工作质量成绩、效益和贡献等方面来写。要写出自己的特点，如你个人有哪些长处、工作中有哪些感悟、对旅行社的发展有哪些想法。

对于所取得的成绩要分析原因，包括：(1) 宏观因素分析。行业宏观环境的有利性、竞争对手失误所带来的机会、旅行社所给予的资源支持、团队领导在具体方面的指导、同事的帮助。(2) 主观因素分析。自己对年度目标任务的认识和分解、自己对市场的前瞻性认识、自己的困难挑战意识、自己素质的提升、解决问题能力的提升、自己对市场变化的应变能力。

同时，要根据实际情况，找出导致工作目标没有达成的失误和问题。一般来说，工作中会存在以下的失误和问题：(1) 主观认识不足，不够高度重视。(2) 自身没有远大理想与目标，对自己不能严格要求，对下属和自己过于放任。(3) 计划制订得不合理，脱离客观实际。(4) 对计划的分解不到位，执行和过程监控不到位。(5) 对竞争对手的跟踪分析不深入，市场反应速度滞后。(6) 产品结构、价格策略、促销组合、渠道建设、品牌传播计划不合理，执行不到位。(7) 团队管理能力差、个体成员素质差，不能胜任工作的要求。(8) 来自竞争对手的强大压力，使自身的优势不能凸显。

三、下一年度工作计划与安排

(1) 明确工作的主要思路。战略决定命运，思路决定出路，良好的业绩必须有清晰正确的思路支撑，否则就会偏离方向和轨道，离目标越来越远。

(2) 新一年度工作的具体目标，如销量目标、回款目标、利润目标、渠道建设目标、区域市场发展目标、团队建设目标、学习培训目标。

(3) 完成计划的具体方法，如团队整体素质与协作能力的提升、资源需求和保障措施、目标任务的分解、渠道的开发与管理、产品结构的调整与优化、市场秩序的规范管理、客户关系管理与加强、品牌策略创新与高效传播。

资料来源：计调网，有删改。

文体实训

1. 指出下面这篇工作总结的不足之处，并重新撰写一篇导游工作总结。

导游工作总结

从事导游工作一年来，总的来说，还是比较开心的，大概有以下几点体会：

1. 熟悉线路。带团前准备一定要充分，线路熟记于心，多请教老导游，但也不能轻信别人的提议，要做到有把握、有依据，才能万无一失。

2. 服务工作要热心、细心。特别是旺季，一定要提醒游客注意事项，方可做到防患于未然。

3. 注意协调工作，在安排好游客的同时，也要妥善处理好游客、司机、地陪旅行社和景区的关系。

4. 导游要以不变应万变，出现问题不能自己先乱了阵脚。如果发生意外情况，也要学会随机应变、妥善处理。

5. 书到用时方恨少，导游所知道的知识必须广泛，因此要不断地学习，给自己充电。每次带团回来也要及时地总结教训、积累经验。

6. 维护旅行社的信誉，同时也要维护好游客的权益。当你为游客的利益着想时，即使游客意见不统一或遇到意外问题，他们也会尊重和理解你和旅行社的安排。

2. 写一篇本学期的学习总结，要求层次清楚、内容全面，有成绩、有经验、有问题，也有今后的打算。

3. 结合自己在某旅行社实习的经历，写一篇旅行社实习工作总结。

第三节　讲话稿

范文示例

××旅游公司总经理在2024年集团年会上的讲话

尊敬的各位来宾，集团公司领导，各位同事朋友们：

欢声辞旧岁，笑语迎新年。在今天这个喜气洋洋的日子里，我首先代表旅游公司领导班子和全体员工向集团领导和各位来宾、朋友致以诚挚的节日问候！向长期关心和支持公司发展的所有领导表示衷心的感谢！向在座各位并通过你们向你们的家人和朋友致以我新年最美好的祝福：祝大家身体健康！幸福吉祥！万事如意！

今天，我们聆听了集团纲领性发展计划；刚才，我们又认真学习了来年工作的具体部署，无一例外这都对公司的未来提出了新的要求新的希望，我深感发展令人鼓舞，目标振奋人心，经营重任在肩，干劲信心十足。

回顾2024年公司工作，开业筹建、景区管理、营销拓展、手续办理、工程收尾，是我们工作的五个重点。通过2024年全体员工上下齐心，集思广益，圆满完成了领导班子及员工队伍的组建工作，抓好了员工基本劳动技能培训和职业道德教育，顺利实现了日常工作及劳动纪律的建章立制，确保了景区管理无事故，企业经营无差错，基本完成了全年工作目标，并获得了中国宗教旅游委员会年度评审的“世界道文化观光游览圣地”荣誉称号。总结2024年工作，景区建成营业是亮点，更是景区发展史中的一个里程碑。这一亮点，离不开公司全体员工努力勤勉，踏实肯干，更离不开大家为景区18年来的辛苦付出，以及各位领导、社会友好协作单位的关心、支持和帮助。在此，我代表公司领导班子向各位领导、同事、员工们致以崇高的敬意和诚挚的谢意——谢谢你们！

一元复始，万象更新。随着2024年远去，2025年到来，在集团公司领导描绘的新希望中，已经勾勒并承载起我们新的梦想。因此，2025年是创造梦想、扬帆启航的关键之年，我们将牢记集团18年的发展史，牢记景区18年化蛹成蝶的喜悦和辛酸。我们克服风雨坎坷，迎难而上，团结协作，以切实做好景区品牌建设为抓手，以做好景区营销推广为着力点，牢固树立服务意识、大局意识、实干意识，为制定的企业目标而不懈努力。

为此，2025 年公司将重点做好以下四件事情：

第一，做好工程结算，做好手续办理。2025 年要做好景区项目的建设工程结算工作，完善建设竣工手续，完成景区产权办理，完成其他手续的办理。

第二，做好景区营销拓展工作。首先，在继续推进 2024 年营销方式基础上，积极拓展渠道销售，合作旅行社达到 30 家，努力做好团体组团服务工作，实现 50 000 人次的团队游客市场。采取区域联合经营措施，重点做好和某旅游景区的联合推广经营合作，利用物管协会、自驾俱乐部和其他组织单位等，多渠道多批次组织推进春、夏、秋的季节性自驾游，稳步做好散客市场推广工作，努力实现 50 000 人次的散客营销任务。其次，做好渠道销售商的推广工作，实现 20 万人次游客量，稳步推进国际游客推广渠道。

第三，做好景区品牌建设推广。除了做好刚才集团领导对我们的具体要求之外，我们还要重点做好“一碟、一册、一书”的编撰和印制工作。“一碟”就是做好景区的宣传光碟；“一册”就是做好景区神像和景点文化的宣传纪念画册；“一书”就是准备组织或邀请一些知名文人或“草根”文人到景区，撰写诗、词、歌、赋、散文、小说，然后集结整理出书，用于增强景区文化宣传力度，形成景区文化的沉淀厚度。

第四，建章立制，规范管理。重点狠抓景区文化管理建设，理顺营运模式，拓展景区泛经营项目，形成各项目良性互动经营。从各方渠道反映看，景区规范管理工作，核心在文化挖掘和管理，重点在旅游服务，两者缺一不可。因此，只有建立起规范的营运景区，通过景区核心文化的沉淀，配合群众文化习惯的培养，才能逐步形成景区宣传口碑，才会有强大的营销市场，才会有景区发展的鼎盛未来。

古人云：器大者声必闳，志高者意必远。景区这个“器”很大；集团描绘的发展蓝图，“志”很高。我们面对准备“上市”的要求，面对这“声闳、意远”的奋斗目标，必然对员工素质提出新的标准，这些标准也是员工未来进步的方向。全体员工需努力提高自身素养，紧抓快赶，力求上进，以干事、创业的决心，消除工作内耗，以有所为、有所不为的工作要求，严于律己，奋发有为，在企业发展核心上下功夫，在提升工作技能水平上动脑筋，确保公司工作经营绩效上台阶、协作服务有素养、宣传推广有口碑，实现真正规范化的企业经营管理。

光辉荣耀既往事，策马扬鞭自奋蹄。2025 年，公司机遇和挑战并存。每一名员工只有抓住机遇，夯基固本，认真履行各自职责，牢记节假日和每天起早贪黑的付出与奉献，才能迎接挑战，成为名副其实的优秀员工。这，既需要时间的累积，也是员工的“精气神”，更是未来生生不息的企业文化。集团用 18 年实现了 3 步跨越，景区计划用 3 年走完经营“起步、发展、飞跃”这三步，因为有强大的企业后盾，有诸位领导务实而强有力的支持和鼓励，有愿意付出和奉献的优秀企业员工群体。

岁末人聚，盛世丰年。我坚信，在集团领导的支持下，在大家的努力下，全体员工一定会爱岗敬业、努力工作；我坚信，景区一定会人流如织、名声远扬；我坚信，公司一定会实现经济效益和社会效益双丰收，向着既定的高远目标书写出崭新一页。所以，让我们把勤勉、上进、付出、奉献，镌刻成企业的发展丰碑，迎接新年的梦想成真吧！

最后，请允许我以个人的名义并代表我的家人，祝各位来宾、领导、同事、朋友新年快乐，身体健康，家庭美满！

谢谢大家！

文体知识

一、讲话稿的含义

讲话稿有广义和狭义之分。广义的讲话稿是人们在特定场合发表讲话的文稿；狭义的讲话稿即通常所说的领导讲话稿，是各级领导在各种会议上发表带有宣传、指示、总结性质讲话的文稿。

讲话稿具有内容的针对性、篇幅的规定性、语言的得体性、起草的集体性等特点。

二、讲话稿的类型

讲话稿按不同的标准划分，可以有不同的类型。

（一）从形式上分类

1. 即兴式讲话稿

即兴式讲话稿是指讲话人员事先没有准备，但受到别人讲话或会场气氛的影响，引发了自己对某个问题的感受，觉得有必要阐述自己的看法，抒发自己的感情，于是现场进行准备，大体列出要讲的几个问题。

2. 要点式讲话稿

要点式讲话稿是指讲话人事先有所准备，明确列出主要观点、层次、关键性问题，但更为具体的内容，则靠临场发挥、现想现说。

3. 宣读式讲话稿

宣读式讲话稿是指讲话人事先已经做了充分的准备，甚至讲话稿经过写作班子反复修改、多次讨论，已成定文。讲话人在会上读一读原文就行了。

（二）从用途上分类

1. 开幕词

开幕词是指在大型的会议上，领导代表组织向大会作带有提示性、指导性发言的讲话稿。其内容包括：宣布会议名称、出席会议的单位和人员；说明会议的中心议题、会议的背景和意义；提出会议的开法和要求；表示讲话人对会议的期望和祝愿。

2. 闭幕词

闭幕词是指在较为大型的会议结束时，领导所作的最后讲话。所以，会议闭幕词也常写为“会议总结讲话”或“会议结束时的讲话”。闭幕词的内容包括：回顾会议的主要内容；表明对会议的评价；概略分析会议决定的主要问题；对贯彻会议精神提出意见。

3. 祝词、欢迎词

祝词、欢迎词是在比较隆重的会议上或欢迎来宾的集会上所作的讲话。它的内容通常包括：代表个人或组织对会议表示祝贺，对来宾表示欢迎；对会议或来宾来访的意义进行充分评价；发表自己的感想和预祝会议、来访成功。如果是在庆功会上的祝词，还应当写上向英雄模范学习的内容。

4. 会议发言稿

会议发言稿是指领导或出席会议的人员为在会议上所作的发言而拟写的讲稿。

三、讲话稿的结构与写法

（一）开头

讲话稿的开头如同文章的开头一样，是十分重要的。聪明的听众往往从开头几句中就能听出讲话者的身份、修养、才能、性格，以及讲话内容的性质、分量。因此，开头要写得很得体，要体现出讲话者和听众之间的亲密关系，要符合讲话场合的需要，要用简要的言辞交代出全部讲话的要领，使听众先有所了解并营造一种氛围，达到控制和掌握听众情绪、吸引其注意力的目的。

（二）主体

这是讲话稿的主要部分。这一部分可以分项来说，使层次分明、清楚，便于听众领会掌握。一般来说，一次讲话最好集中地阐述一个中心论点，次要问题一带而过，切忌巨细不分、面面俱到。

（三）结尾

讲话稿的结尾，要能够概括全文，起到“收口”的作用。也就是说，为了使听众对全部讲话内容有清晰、完整、深刻的印象，在讲话的结尾一般要把主要的内容加以概括，作个简要的小结。结尾的形式可以灵活多样，既可以写口号、提希望，也可以发号召、提建议等。

四、写作提示

（1）对于会议发言稿的写作而言，应了解会议组织情况，吃透会议精神。只有对会议有了全面的了解，讲话时才能紧扣议题，起到积极的引导作用。称谓符合会议性质和出席会议人的身份，大方周全。

（2）篇幅切忌冗长，要简洁明快。长篇累牍的报告难以紧扣主题，且会让听众昏昏欲睡。

（3）语言要生动活泼，热情洋溢。

拓展阅读

讲话中的称呼语

称呼是社交礼仪的基本内容，在讲话稿中必不可少。恰当得体的称呼既是讲话者良好礼仪形象的展示，也是对与会者的尊重，起到加强沟通、增进友谊、实现最佳讲话效果的作用。

1. 讲话稿中称呼语的种类

称呼一般包括尊称、平称和昵称等。讲话是一种公务活动，因此多使用尊称和平称，有时也针对某一个或某一类对象予以单独称谓。尊称能最大限度地表现出尊敬和礼貌，比如“尊敬的×××市长”“尊敬的×××总经理”。由于讲话者的身份一般都比较高，为了消除隔阂、拉近关系、显示平等，也常使用平称，比如“同志们”“朋友们”等。

2. 讲话稿中称呼语的位置

讲话稿中称呼语的运用比较灵活，但位置相对固定，一般使用在以下四个地方：

一是开场，以表示礼仪和礼貌。这是最常见的一种称呼形式，在讲话稿的开头用作开场白。所有讲话在开篇即用称呼语，其文本格式是顶格书写，后用冒号，以起到统领全篇、提示下文的作用。

二是文中，以引起重视或表示过渡。文中称呼语常使用在需要提醒注意、表示强调或语义转换、区分层次等地方。在文面上，这种称呼语可以单独成段，也可放在段落的开头。文中称呼语之后可以用逗号，也可以用感叹号。比如习近平在2014年12月13日南京大屠杀死难者国家公祭仪式上的讲话，其开篇称呼语为“同胞们，同志们，朋友们”，正文中又反复出现三处，既是强调，也是分层，表示将展开新一层意思的阐述。

三是尾部，提示讲话结束。在即将结束讲话时用称呼语，这种称呼语有时与文中称呼语的作用相似，表示呼告和强调，也有提醒的作用，引出结语段。比如李克强2014年12月15日在上海合作组织成员国政府首脑理事会第十三次会议上的讲话，其结尾段为：“各位同事，上海合作组织已经成为亚欧大陆桥上一支重要的和平发展合作的力量。各成员国应秉承共同责任和使命，同心协力，脚踏实地，为维护地区安全稳定、促进共同繁荣发展作出更大贡献。中国支持俄罗斯在2015年担任上合组织主席国的各项工作。中国作为上合组织成员国政府首脑理事会第十四次会议的东道国，愿邀请各国领导人明年到中国出席会议。”

四是行文涉及，无特殊意义。因提到某个人而对其进行称呼，这种称呼一般在语言叙述中出现，没有特殊意义。

3. 讲话稿中称呼语的使用

讲话针对的对象不同，与会者不同，称呼也不尽相同。最常用的是泛称，仅用一两个称呼语就囊括了所有听众。2014年12月20日习近平在庆祝澳门回归祖国15周年大会暨澳门特别行政区第四届政府就职典礼上发表重要讲话，使用的称呼语是“同胞们，朋友们”，涵盖了所有与会人员。2014年9月9日习近平与北京师范大学师生代表座谈，他在讲话中使用的称呼语是“各位老师，同学们”，涵盖了参加座谈会的师生们。

在一些特殊的会议上要使用特殊的泛称称呼语。比如党的会议多使用“同志们”，代表会议多使用“各位代表”“各位委员”等。2014年10月8日习近平在党的群众路线教育实践活动总结大会上作重要讲话，使用的称呼语是“同志们”。2014年3月5日李克强在第十二届全国人民代表大会第二次会议上作政府工作报告，使用的称呼语是

“各位代表”。

在一些专业性较强的会议上，有时还要增加对特定人群的称呼语。比如，2014 年 9 月 24 日习近平在纪念孔子诞辰 2565 周年国际学术研讨会暨国际儒学联合会第五届会员大会开幕会上作重要讲话，他在开场白中使用的称呼语是“各位嘉宾，各位专家学者，女士们，先生们，朋友们”，专门向与会的嘉宾、专家学者致意，表示对他们的尊重。

一个有意思的现象是，在一些重要的国际场合，面对各国领导人，习近平使用的称呼语是“各位同事”。比如，2014 年 11 月亚太经合组织第二十二次领导人非正式会议在雁栖湖国际会议中心举行，习近平在开幕式、闭幕式上的致辞均采用这一称呼语。在日常工作中，除了使用“各位同事”，有时也会使用“各位同人”，以表达问候和致意。

在一些有重要人物出席的场合，除了泛称，还需要加上对某一个体的称呼。2014 年 11 月 9 日亚太经合组织工商领导人峰会开幕式在国家会议中心举行，习近平发表题为“谋求持久发展 共筑亚太梦想”的演讲，他在开场白中使用的称呼语是“尊敬的智利总统巴切莱特女士”“尊敬的世界贸易组织总干事阿泽维多先生”“女士们，先生们，朋友们”，对出席开幕式的两位高级别人物单独致敬。在文本格式上，“尊敬的智利总统巴切莱特女士”“尊敬的世界贸易组织总干事阿泽维多先生”“女士们，先生们，朋友们”三者分别居左顶格，其后都使用冒号。

称呼个体时，如果是多个人，一般按职务高低安排称呼的顺序，主要领导在前，次要领导在后，其后一般加上职务，比如“×××书记”“×××处长”“×××主任”“×××经理”“×××女士”“×××先生”等，这是一种高地位优先原则的称呼方法。这一原则同样适用于泛称，比如称呼“老师们、同学们”等。

如果职务相同，可以按照女士优先的原则先称呼女性，“女士们，先生们，朋友们”的称呼语就是按照这一原则排列的。当女士优先原则与高地位优先原则发生冲突时，应采用高地位优先原则。

在很多场合，称呼个体，出于尊敬会把副职领导职务中的“副”字去掉，如，称呼王副市长为“王市长”。但在军队中有严格的纪律要求，对副职的称呼一定要带上“副”字，不允许把副职当正职称呼。

有时为了显示亲近、亲切，在与会者都熟悉的情况下，会省略领导的姓，只称呼其名，如称呼张晓庆书记为“晓庆书记”等。有时在讲话过程中的叙述语境下也会使用简称，即以姓氏加职务称谓的第一个字来称呼，如“张处”（张处长）、“刘局”（刘局长）。

称呼语的使用看似小事，但在礼仪场合显得非常重要。称呼错误，可能引发很多负面效应。《廉政瞭望》2014 年刊发的《官场称呼的真讲究与“穷讲究”》，分析了官场中的一些称呼，这对讲话中称呼语的使用具有一定的借鉴意义。

资料来源：李展. 讲话中的称呼语. 秘书，2015（5）.

文体实训

1. 为了展现大学生导游的风采，提高学生的导游水平，××旅游职业学院特举行模拟导游大赛。大赛分为三个部分，分别为导游基础题问答、景点讲解和才艺表演，共有 30 位选手参加。学院党总支副书记在大赛启动仪式上讲话，请代为起草讲话稿。

2. 某校旅游管理专业学生将在××酒店举行暑期社会实践交流会，请你以酒店总经理的名义写一篇讲话稿。

3. 请撰写一份旅行社年终庆功会的讲话稿。具体情节可虚拟。

4. 小林是一家旅行社的总经理秘书，在旅行社年终工作会议上，总经理要做主题讲话，总经理提出了一个讲话稿提纲，由小林补充完整，并写作。总经理的提纲是：

一是强化程序管理，HSE 形势保持稳定。

二是加强培训学习，人才队伍建设。

三是注重以人为本，员工群众利益。

以下是小林的补充稿，你认为哪个更合适？为什么？你有更合适的提纲吗？

（1）一是强化程序管理，HSE 形势保持稳定。

二是加强培训学习，人才队伍建设逐步加强。

三是注重以人为本，员工群众利益得到保障。

（2）一是强化程序管理，HSE 形势保持稳定。

二是加强培训学习，人才队伍建设不断加强。

三是注重以人为本，员工切身利益有效保障。

（3）一是强化程序管理，HSE 形势保持稳定。

二是加强培训学习，人才队伍建设不断加强。

三是注重以人为本，员工切身利益得到保障。

第四节　简　报

范文示例

工作简报

（第 10 期）

丽江幸运旅行社有限公司　　　　　　　　　　　　20××年 5 月 23 日

丽江幸运旅行社旅游标准化工作实施

——丽江幸运旅行社组织全体员工学习《丽江幸运旅行社旅游标准化“五心服务”》

20××年 5 月 23 日，我社学习《幸运旅行社旅游标准化“五心服务”》会议在综合管理部会议室召开，会议由总经理蒋××女士主持，全体员工出席了会议。

会上，蒋总强调指出，在大的方针政策的指导下，要加强我们对幸运旅行社服务理念的学习，要做到我社提出的很有创新意识的“五心服务”：热心的态度；贴心的服务；精心的策划；欢心的讲解；开心的旅程。

各位员工均认为我社提出的“五心服务”具有创新性，也很符合标准化服务工作要求，今后要认真做到“五心服务”，贯彻落实公司制度，配合公司旅游标准化工作的实施。

发送：丽江幸运旅行社有限公司各部门

抄送：丽江幸运旅行社旅游标准化办公室

拟稿：任××　　　　核稿：蒋××（共印 30 份）

资料来源：中国丽江旅游网，有删改。

文体知识

一、简报的含义

简报是党政机关、企事业单位、社会团体编发的反映情况、沟通信息、交流经验、指导工作的一种简短的事务文书。简报也叫“简讯”“情况交流”“动态”“内部参考”等。一期简报可以只有一篇报道，也可以有若干篇报道。

简报具有简明性、新闻性和时效性等特点。

二、简报的类型

按照不同的标准，简报可以分为若干类型：

（1）按内容分，有动态简报、工作简报和会议简报。

（2）按时间分，有常规简报和阶段性简报。

（3）按版期分，有定期简报和不定期简报。

（4）按性质分，有综合反映情况的简报和专题简报。

三、简报的结构与写法

简报分报头、报体和报尾三部分。

（一）报头

报头部分又称版头，占首页的 1/3 位置，用红线与报体隔开。报头包括以下内容。

1. 报名

居首页上方的正中位置，用套红大号字体，要醒目大方。简报除用“××简报”“××动态”“情况反映”等常用四字报名外，还可加上单位名称、专项内容等内容。如“××旅行社工作简报”。

2. 期数

排在简报名称的正下方，按期数编排，有的简报还注明总期数。

3. 编发单位

写在横隔线的左上方，一般是“××办公室”“××秘书处”。

4. 印发日期

写在横隔线的右上方。

5. 编号

印在报头右上角位置，也可省略。

如果需要保密，在报头左上角标明秘密等级或“内部刊物”字样，与编号齐平。

（二）报体

报体部分由按语、标题、正文三部分组成。

1. 按语

按语是编发单位写的提示语或引导语，一般较简短。按语是编者主旨的体现，是编者对简报内容的提示、说明和评论。常用“按”“编者按”“编者的话”等词语。按语视需要而使用，并非每篇必有。一般在转引体、总结体及重要的报道体、汇编体简报文章前才配用按语。

2. 标题

标题位于按语之下，集中排布，可使用单行标题，也可使用双行标题。

3. 正文

正文通常包括导语、主体、结尾三部分。

（1）导语。导语是简报开头的第一段，用精练的语言揭示简报的核心内容，引导读者阅读。

（2）主体。主体是简报的中心内容，是导语的具体展开，即将导语提出的核心内容，用具体典型的材料充分展开。写作时要注意材料和主旨的统一，一般采用先叙后议的方法。

（3）结尾。结尾可概括正文的主要内容，也可指明事件发展的趋势，还可发出号召、提出希望。

（三）报尾

报尾包括发送单位和编印份数，位于简报末页的下端。

1. 发送单位

注明简报“报送发”的单位。报，指上报上级单位；送，指送达同级单位；发，指下发下级单位。

2. 印发份数

位于发送单位右下方，标明“共印×份”。

四、写作提示

（一）材料真实准确

简报中的材料应完全真实，不能虚构。评价也要恰如其分，不要任意夸大或缩小。

（二）注意时效性和新颖性

简报具有一定的新闻性，应快速编发、讲究时效。内容也要力求新颖，反映新情况、新经验、新趋势。

（三）语言力求简明扼要

简报的重要特点就是“简”，无须深入阐述。一般来说，一篇简报只反映一个主题，应语言简洁、开门见山，字数一般以 1 000 字左右为宜。

拓展阅读

小简报大作用

××旅游公司为了深入贯彻落实全省安全工作会议精神，内部发行了一张小简报。简报主编由公司总经理担任，责任编辑由外联部、计调部部分员工担任。

简报每月发行一期，将近期发生的工作事件登载在简报上，涵盖了公司的全部工作。简报起到了凝聚人心、鼓舞士气、提醒安全、反映动态的作用。目前，简报已经发行了十期，成为安全生产的助推器。一张小简报正在发挥着大作用。

文体实训

1. 阅读下面这篇简报，指出其格式或内容的不足，并修改。

简　报

2024 年 6 月 5 日

××市文化和旅游局对××国际酒店进行了省运会准备工作跟踪检查。经检查，该酒店对省运会的准备工作整体上基本到位。为确保省运会期间酒店接待工作到位不出错，市文化和旅游局××副局长对该酒店的食品卫生、消防安全、车辆调度、宣传工作等方面进行相关部署，并督促酒店的各项准备工作要落实到位。

送：省文化和旅游厅办公室

2. 请结合班级最近举行的活动，给班级工作编写一份简报。

第五节　调查报告

范文示例

平顶山市旅游业发展情况调查报告

旅游业是前景广阔的“朝阳产业”“无烟工厂”，是为消费者提供行、游、住、食、购、娱综合性消费的劳动密集型服务行业，行业关联度大，带动性强，具有经济效益好、资源消耗低、环境污染少等诸多优点。作为一门新兴产业，旅游业对社会经济发展有着越来越重要的作用。平顶山市作为资源型城市，旅游业发展起步较晚，自1993年开发石人山景区到现在，平顶山市旅游业已经发生了翻天覆地的变化，取得了长足发展，但也存在一系列问题。妥善解决这些问题成为全市旅游业持续健康发展的关键。

一、平顶山市旅游业辉煌的发展成就

在市委、市政府的正确领导下，旅游业已经成为全市经济发展的重要支撑力量。具体表现在以下几个方面：

（一）产业地位业已确立（略）

（二）接待总量持续增长，创收能力不断提高（略）

（三）旅游促销手段创新，客源市场不断拓展（略）

（四）旅游接待能力逐步增强（略）

（五）旅游业带动作用明显，已成为该市经济中最具活力的新兴产业（略）

（六）旅游业的快速发展提高了平顶山的知名度，促进了城市建设，提高了城市品位（略）

二、平顶山市旅游业当前存在的主要问题

本市旅游业在快速发展中也暴露出不少问题，这些问题的科学解决是本市旅游业继续健康发展的关键。

（一）旅游管理体制不顺，工作效能不高（略）

（二）旅游业产业关联度不高（略）

（三）旅游商品开发缓慢（略）

（四）旅游产品结构单一，创新类产品和精品名牌少（略）

三、对策建议

针对以上几个基本问题，本文认为应从以下几个方面着手解决，以推动全市旅游业实现跨越式发展。

（一）深化认识，理顺旅游管理体制

全市上下一定要充分认识到发展旅游业的重要性，切实把旅游业作为支柱产业来抓，下大气力解决制约全市旅游业快速发展的管理体制痼疾。一是借鉴先进地市的做法，成立平顶山市旅游委员会。由旅游委员会发挥对全市旅游业的全面领导和协调作用，把规划、土地、投资和融资、公安、旅游和商贸系统有机统一起来，把山与水、城市与乡村、自然与文化、旅游和经济有机统一起来，实现旅游环境和基础设施、旅游交通、商贸购物、餐饮、住宿、旅游文化娱乐等各类资源的整合、优化配置与规划指导等。二是推进景区（点）经营管理体制改革。景区（点）经营机制创新的核心是企业化，通过引进先进管理方式对景区（点）的管理体制、结构和方式进行改革，提高服务水平和管理能力，使景区（点）的经营管理与国际接轨。探索旅游资产管理与运营的有效机制，以利于政府职能部门更好地行使职能，以利于旅游业的健康发展。三是设立市县两级旅游发展资金。旅游发展资金应列入同级政府财政预算，并且每年按一定的幅度增加。旅游发展资金主要用于旅游规划编制、旅游整体形象宣传、旅游市场促销、旅游基础设施配套建设、旅游商品开发、旅游发展研究等。

（二）优化布局，打造旅游精品套餐

首先要优化布局，改变过去重自然景观轻社会景观、重山水轻经济的开发布局模式，走山水结合、城乡统一及自然、经济、社会和文化综合发展之路，把城区打造成全市旅游服务功能中心，提升城市形象和人气，充分带动第三产业的发展，将旅游业发展与城市的发展更好地融为一体。应以规划为先导，制定旅游发展的指导性、纲领性文件，加强规划实施管理力度，充分发挥旅游规划对旅游发展的指导作用。实现旅游产品开发的高起点、高质量、高水平和上规模、上档次、上品位，对旅游精品要“精心规划、精心策划、精心设计、精心建设、精心管理、精心服务”。其次要着眼全局，统筹协调。把旅游业的发展同城镇体系发展、新农村建设以及经济社会发展有机地结合起来，加快旅游基础设施建设，完善旅游功能，加快主要旅游线高等级公路和旅游专用公路建设，尽快形成联结各主要景区的高等级环状旅游公路网络，加强供电、供水、卫生、绿化、城建等基础设施建设，改善住宿、餐饮、游览、购物、娱乐等配套建设，改善接待条件，解决旅游者在行、住、游、娱、购等方面的不便。最后要对全市的旅游形象进行精心设计和强力营销，应通过报纸、杂志、电视、网络等渠道进行形象宣传，大力开拓旅游客源市场，加快全市旅游业的信息化建设，增强旅游业的可持续发展能力。

（三）实施旅游与经济的深度结合，形成旅游发展与经济发展的良性循环

所谓旅游与经济的深度结合，是指在充分认识旅游业在整个国民经济中的地位和作用的基础上，正确处理发展旅游与发展经济的关系，使两者双向贯通、互为促进。旅游业是一个大的产业集群，是一个地方实力的综合反映，应发挥旅游业的综合性和关联作用，培育大的旅游产业体系，共同将旅游业做大做强。根据平顶山市的实际情况，实现旅游与经济的深度结合，要做好两方面的工作：首先，调整旅游工作的着眼点和立足点，使旅游业从单纯追求自身的发展中跳出来，要彻底打破脱离经济、单纯发展旅游业的定式；其次，充分发挥旅游业的媒介作用，推动经济特别是工业的发展。任何时候，旅游业都是经济发展的重要组成部分，旅游业的发展有较强的社会关联效应，旅游业应借助自身优势和吸引力，促进城市开放，吸引更多的资金、技术、人才、信息，不断为经济发展注入新的生机和活力。我们可以学习先进地区“旅游搭台，经贸唱戏”的发展思路。今后，全市还需要在这方面进行更深度的开发，加大对这方面的投资力度，使旅游能更好地推动地方经济发展。

署名（略）

20××年×月×日

资料来源：河南统计网，有删改。

文体知识

一、调查报告的含义

调查报告就是通过对社会现象或现实生活中发生的某些问题进行有目的的调查，并将所得的调查材料进行研究分析，从而写成的反映客观实际、揭示事物本质和规律的书

面报告。

调查报告具有较强的针对性、纪实性和理论性等特点。

二、调查报告的类型

按照内容来分，调查报告主要有以下四种类型。

（一）经验调查报告

主要是针对先进单位或个人的先进事迹和典型经验进行调查的报告，重点是总结成绩和经验，探寻规律。

（二）情况调查报告

主要是比较全面、系统地反映某方面情况的报告，供有关部门参考。

（三）问题调查报告

主要是为了弄清某一重要事实、案件或问题的真相而进行调查的报告，分析其危害和原因，提出解决处理意见，以引起相关部门的重视。

（四）历史事实调查报告

针对某一段历史事实或某一个历史事件进行调查的报告，从而揭露历史真相。

三、调查类型和调查方法

进行调查时要选择恰当的调查类型和调查方法。常用的调查类型有普遍调查、典型调查、个案调查和抽样调查。常用的调查方法有问卷调查法、访问调查法、实地调查法、文献调查法、实验调查法等。在具体调查中，要根据调查目的和实际情况而定。

四、调查报告的结构与写法

调查报告主要由标题、正文和落款三部分组成。

（一）标题

调查报告的标题一般有三种写法。

1. 文章式标题

这类标题不出现文种，表述比较自由，有陈述式、提问式、点明主旨式。如“海北旅游为什么这么火”。

2. 公文式标题

由调查者、调查事项和文种构成。如“××旅行社关于大学生旅游现状的调查报告”。

3. 新闻式标题

一般由正副双行标题构成，正标题揭示主旨，副标题标明调查对象、范围和文种。如“对服务的满意程度是保持回头客的关键所在——旅游服务市场调查报告”。

（二）正文

调查报告的正文由前言、主体和结语构成。

1. 前言

调查报告的前言大致有三种写法：

（1）写明调查的缘由、目的、时间、地点、范围、对象、经过与方法等。

（2）开宗明义，直接交代调查对象的基本情况和调查的结果。

（3）概括介绍调查对象的历史背景、现实状况、主要成绩或提出问题。

2. 主体

这部分是调查报告的核心部分，它或者对前言部分提出的问题进行回答，或者对提示内容进行展开，一般有以下三种结构：

（1）横式结构。即按事物的性质，把要介绍的经验、反映的情况和揭露的问题归纳为几个方面来写。

（2）纵式结构。即按事情发展的先后顺序来安排材料，分成前后衔接的几个部分来写。

（3）纵横式结构。即根据实际需要，把两种结构交叉，灵活应用。

无论采用哪种结构，都要做到层次清楚、结构完整。

3. 结语

可以总结全文，写出结论；可以精辟议论，深化主旨；可以提出解决问题的方法和建议；可以展望未来，发出号召。

（三）落款

落款包括署名和日期两项内容。在正文右下方署上调查者的名称和日期，也可将署名写在标题之下。

五、写作提示

（一）深入调查，掌握更多的材料

调查时，要采用多种调查方法，从多个方面进行调查。掌握的材料越多，就越能把握事实的真相，发现事物的本质规律。

（二）认真筛选材料

要对调查获得的材料进行严格筛选，去粗取精、去伪存真，找出最典型、最有代表性的材料，这样才能进行科学的分析，抓住本质，找出规律。

（三）注意观点与材料的统一

要做到选取的材料能支撑观点，或根据材料能提炼出观点，做到观点与材料一致。

（四）语言准确清晰、简明平实

调查报告一般采用叙议结合的表达方式，要做到语言精练、明晰、准确。

公务活动中单位“情况介绍”的技巧

拓展阅读

哈尔滨旅行社关于大学生旅游市场的调查报告

一、调查背景

随着我国经济的发展，人们生活水平日益提高，旅游业作为“朝阳产业”的形象日益突出，在国家经济中的地位不断提高。旅游逐渐成为一种休闲方式、一种时尚、一种精神需求、一种可塑性文化。

对于社会的特殊群体——大学生来说，更是如此。高校大学生思维活跃、精力充沛，喜欢了解新的环境，希望结交志趣相投的朋友。由于身心的迅速发展和生活领域及交往范围的不断扩大，特别是伴随着社会的进步和自身年龄的增长，大学生对自我、对社会均有了自己独立的认识，他们渴求获取更多的新知识。“读万卷书，行万里路”的思想观念促使高校学生们选择旅游作为扩大交际、增长见识的有效途径。大学生作为中国旅游市场的特殊消费群体，虽然现在消费能力相对偏低，但人数庞大，消费领域集中。更重要的是现在的大学生在不久的将来，就是整个中国社会的中坚力量和消费主体，谁抓住了他们，谁就抓住了未来的市场。因其蕴含潜力巨大的商机，日益受到社会各界的关注。

本文着重就哈尔滨大学生旅游市场开发的相关问题进行探讨，为哈尔滨旅行社开发大学生旅游市场提供可供参考的策略。

二、调查说明

(1) 调查总体：调查总体界定为哈尔滨市在校的大学生。

(2) 调查目的：对哈尔滨大学生旅游市场开发的相关问题进行探讨，从而了解哈尔滨大学生旅游市场开发的可行性和哈尔滨大学生旅游市场的基本特征，为哈尔滨旅行社开发大学生旅游市场提供可供参考的策略。

(3) 调查方法：调查方法采用二手资料调查法，搜寻网上资料，查阅相关书籍资料。

三、调查结果

（一）哈尔滨大学生旅游行为分析

(1) 旅游次数：调查结果显示高达44%的大学生每年旅游的次数为1～2次，只有9%的大学生是在4次以上的，而一年旅游2～4次和1次以下的比例分别为22%、25%。

(2) 旅游时间：在对于旅游时间段的安排上，选择寒暑假这个时间段的人数最多，占总人数的46.8%；在法定假日出游的比例为24.4%；选择周末出游的人较少，占总人数的16.4%；剩下的12.4%是在其他时间段出去旅游的。

(3) 旅游形式：现代旅游形式的多样已成为一种趋势，我们从调查得到的数据分析中不难发现与朋友结伴这一旅游形式所占比例最高，为54%；自助游的趋势在加强，所占比例为25.2%；11.6%的学生愿意以班级、社团组织的形式出去旅游；剩下9.2%的学生会选择旅行社包价旅行。

(4) 旅游开销：大部分大学生旅游平均每次花费在100～500元的，占44%；每次花费低于100元的大学生占22%；18%的大学生每次花费在500～1 000元；每次花费在1 000元以上的大学生占16%。

(5) 旅游信息获得途径：调查表明，好友介绍的旅游景点可信度相当高（约占37.8%），上网搜索约占31%，通过高校社团的推广而获得信息约占12.2%，通过报刊广告和旅行社咨询而获得旅游信息分别为9.6%和9.4%。可看出好友游玩过的景点的好坏对周围的同学产生很大的影响。

（6）出游范围：绝大多数大学生出游范围在所在省的其他市旅游景区，这一比例高达46.4%；23.6%的大学生出游范围为学校邻近地区；15.6%的大学生出游范围为外省旅游景区；还有14.4%的大学生选择其他旅游景区。由此看出，所在省的其他市旅游景区的出游范围更受广大大学生的欢迎。

（二）哈尔滨大学生旅游动机分析

（1）关注要素：学生在准备外出旅游前，关注的问题通常是出游的住宿、餐饮，娱乐、购物，交通和导游等，其中住宿、餐饮是大学生最关注的旅游服务要素，33.8%的大学生旅游时最关注这一服务要素；娱乐、购物也是大学生较关注的服务要素，所占比例为25.6%；22.6%的大学生旅游时关注交通这一要素；关注导游要素的为7.4%；剩下的10.6%有其他的关注要素。

（2）考虑因素：调查显示55.6%左右的大学生认为影响出游最重要的是旅游目的地的吸引力，27.6%左右的大学生认为旅游价格是影响他们出游的重要因素，17.2%左右的大学生认为旅游服务影响他们。同时金钱是影响多数大学生出游的重要因素。

（3）旅游目的：对于目前哈尔滨大学生旅游的人群来讲，40%的大学生旅游目的是观赏各地风景；32%的大学生旅游目的是解除压力、散心；20%的大学生旅游目的是了解各地文化；以探险、寻求刺激为旅游目的的约有8%的大学生。

四、调查结论与建议

（一）结论

通过对不同旅游时间的不同旅游形式和旅游范围的交叉分析，我们得出以下结论：

（1）更多学生选择在法定假日及周末与朋友结伴到省内其他市或学校邻近地区进行游玩。法定假日及周末休息时间较有限，大学生都只为假日做简短的休息安排，减缓学业所带来的压力。因此可以在省内较近的旅游景点开发多种适合朋友聚会等休闲娱乐方式，满足大学生的口味，促进旅游市场的进一步发展。

（2）选择进行省外旅游的大学生也不在少数，但大部分是通过寒暑假与朋友结伴出行。寒暑假大学生没有了学业的压力，到省外旅游也可以扩展知识面，实现理论与实践相结合。充足的时间是大家选择省外游玩的首要因素。

通过对哈尔滨大学生旅游动机的分析，我们得出以下结论：

（1）大部分大学生打算去旅游，考虑到的是旅游目的地的吸引力。

（2）经济因素是影响着多数大学生出游的重要因素。在未来几年，随着中国中产阶级的进一步扩大，大学生出游的经济因素限制必然减少，这将使未来十年大学生旅游市场“炙手可热”，大学生旅游市场有很大的拓展空间。

通过对不同旅游开销的不同出游形式和范围的分析，我们得出以下结论：

（1）旅游开销不同的情况下，多数人选择与朋友结伴旅行和自助游。

（2）旅游开销不同的情况下，开销在500元以上的人多数选择外省旅游景区和所在省其他市旅游景区。开销在500元以下的人多数选择所在省其他市旅游景区和学校邻近地区。

综上所述，与朋友结伴和自助游的形式最受欢迎。旅游范围的选择中，受旅游开销影响较大，开销大则旅游范围更广，开销小则旅游范围小。

（二）建议及对策

1. 提升附加值，形成大学生旅游的新模式

目前在大学生旅游人群中，结伴自助游、班集体旅游等形式占了绝大部分比例。要在目前的观光游、休闲游之外，提出“大学生体验旅游”的概念，如校际交友与旅游的结合、假期社会实践与旅游的结合、对热点就业城市的考察与旅游的结合等，以此为切入点，亮出独有的模式，吸引大学生群体的试用与体验。

(1) 服务于课堂的认知旅游。如文物古迹考察、建筑风格鉴赏、动植物品种辨别、计算机应用网络管理实务以及各种工艺流程操作等，这些内容在一线进行教学要比课堂讲授好得多，学校既节约了设备购置与管理费用，也保证了教学设备的先进性、学习场景的真实性、教学活动的趣味性。

(2) 服务于企业的商务旅游。服务于企业的产品推销、市场调研式的商务旅游，也正在成为校园的时尚。大学生的商务旅游可以细化高校与企业的合作，使校企实现资源共享。

(3) 就业考察游。针对学生比较关心的就业问题，旅行社可以设计以就业培训、就业考察、开阔眼界为主题的寒暑假就业游，到知名企业考察工作环境。通过这种旅游，让大学生全面感受城市的环境文化氛围，了解城市的消费水平、生活水准、发展趋势以及心仪单位或行业的工作环境、收入状况等。

(4) 体育旅游。大学生活泼好动，特别是男生，多数酷爱体育运动，大力倡导有关的体育运动，除了竞技体育外，还应开展具有健身和娱乐性的滑雪、滑草、水上体育、海底潜水等旅游活动。

2. 设计针对大学生的旅游产品

(1) 建立青年旅馆。青年旅馆是适宜青年旅游者的专业化旅馆。主要面向出外旅游的学生或其他社会青年，为其提供卫生、安全、经济的住宿场所。在中国，青年旅馆的发展速度很快，但与广大背包自助旅游的青年、大学生的愿望与潜在需求相比较，其总体规模和服务水平尚有不小差距。

(2) 社会各个部门的支持和配合。大学生旅游消费中存在的经济问题，是一个系统工程，需要社会各个方面的努力。这不仅有待于整个社会经济水平的提高，同时与旅游相关的交通部门也可适当地提供一些让利活动。

3. 针对大学生的特点，树立新的营销理念

(1) 在大学内创建旅游品牌，播种旅游文化，培养长期市场。大学生旅游消费者与社会旅游消费者相比有一个独特的区别，就是对某商家及其产品的认可具有很强的传播性和承接性，可以在不同专业、不同年级、新老学生中长期存在，也就是说只要某商家将几个品牌旅游产品做好，就会形成每年的稳定利润源。

(2) 借助网络及其他媒介的影响，扩大营销的广度和深度。除了传统的宣传媒介之外，旅游企业可以利用大学生偏好网络、追求新奇的特点，构建高校旅游网络，进行网络动态营销。

大学生将会是以后社会的主流人群，他们的生活消费将会是主流消费趋势，而旅游是生活中的一个重要组成部分。因此，大学生们良好的旅游观念和旅游意识对将来旅游

业的发展和壮大会起着重要的推动作用。把握大学生这一个具有很大上升空间的潜在旅游市场，对旅行社和旅游产品开发者来说都是一个重大的商业契机。

××旅行社

20××年×月×日

资料来源：学习啦网，有删改。

文体实训

1. 大学生作为社会的一个特殊群体，具有一定的经济能力，有相对宽松的时间，具有更多的冒险精神，这些促成了大学生旅游热。请从大学生旅游的意向、景点和时间选择、消费方式、消费水平等方面，写一篇关于大学生旅游现状的调查报告。

2. 请自行设计调查问卷，并进行深入的调查和科学的分析，撰写一份关于旅游专业毕业生就业前景的调查报告。要注意观点与材料统一，结构层次清楚完整，语句准确精练。

第六节　规章制度

范文示例

××旅行社导游人员管理制度

一、导游人员应严格按照国家要求及公司要求进行各项工作。

二、导游人员应保持良好的仪容仪表，穿着朴素大方，带团严禁穿高跟鞋、奇装异服、浓妆艳抹。

三、导游人员应提前半个小时抵达团队集合的地点，做好各项准备工作：携带话筒、社旗、出团预算书、确认书、意见表、团款。团队出发时致欢迎词、景区概况、注意事项，路途中要尽量调动游客情绪，要表演三到五个节目，结束时要致欢送词。

四、导游人员应始终坚持微笑服务，认真负责，细心周到，体贴入微，尽量满足游客的合理要求，能与每一位游客交流、沟通。若遇问题，立即报旅行社解决。

五、导游人员应配合并监督司机、地陪的工作，尊重领队的意见。团队夜间行车时，导游人员要提醒司机行车安全，不疲劳开车。

六、导游人员处理各种事情要以大局为重，时刻维护旅行社利益与游客合法权益。

七、导游人员应公私分明，严禁与地陪联合鼓动游客购物，擅自增加景点与购物点，严禁私拿回扣。

八、导游人员带团时账目要清楚，随时记清每一笔开支，保存好发票，严禁虚开虚报、损公肥私，团队返回后两天内账目交清。

九、导游人员严禁与游客共餐（特殊团队除外）。住宿时要检查好房间，发现问题及时解决。

十、导游人员要时刻与游客在一起，严禁脱离游客单独活动。

十一、导游人员要与驾驶员、地陪保持距离，严禁与司机、地陪单独行动或交头接耳。

十二、导游人员要保守旅行社各项机密，不得泄露。

十三、导游人员应加强学习，在上团前要熟知前往地的景点特色、民俗风情、沿途交通状况，途经省份、城市、景点概况，要准备好调节团队气氛的节目。

十四、遇到紧急事件应立即通知旅行社，并采取各种应急措施。

十五、导游人员在带团期间，要严格按照团队确认书上的行程执行，如因导游人员擅自更改行程或自身原因造成损失，由导游人员个人承担。

十六、导游人员带团返回，周末团及长线团休息一天。

文体知识

一、规章制度的含义

规章制度是国家机关、社会团体和企事业单位为在一定范围内建立正常的工作、学习、劳动和生活秩序，规范人们的行为，依照国家的法律、法规、方针、政策和实际情况而制定的具有法规性、指导性、权威性和特定约束力的应用文书。

规章制度具有效力范围的有限性、适用对象的特定性以及针对性和可操作性等特点。

二、规章制度的类型

（一）条例

条例是由国家权力机关或行政机关依据法律、法规、政策制定并发布的，针对各个领域内的某些具体事项而作出的，比较全面系统、具有长期执行效力的法规性文书。条例一般用于规定政治、经济、军事或文化等某一方面的工作、活动的准则，如《导游人员管理条例》《郑州市旅游业管理条例》《乌鲁木齐市旅游景区管理条例》等。

（二）章程

章程是对某一组织或社会团体的性质、宗旨、任务、结构、成员、权利、义务、纪律及活动规则等作出的规定。如《海南省旅游规划委员会章程》《扬州旅游景区（点）协会章程》等。

（三）规定

规定是对特定范围内的工作和事物作出具体规范的文书，它是人们从事某项工作或活动的行为准则。如《海南经济特区旅行社管理规定》《旅游投诉暂行规定》等。

（四）办法

办法是各级机关主管部门根据国家的法律、法规和政策，针对某一方面的工作或某一事项而提出具体的措施、办法和要求的文书。如《中国公民出国旅游管理办法》《旅行社统计调查办法》《旅行社责任保险管理办法》等。

（五）细则

细则是对某项法令、条例、规定或其中的部分条文进行解释或说明的文书。它是一种派生的文件，是对有关法令、条例的辅助性规定和补充说明，使之具体化，更便于执行。如《旅游领队工作细则》《旅行社条例实施细则》《石家庄市旅游景区安全工作细则》等。

（六）规则

规则是在某一局部范围内对有关人员或某项事务、活动作出的具体规定，要求大家共同遵守执行。如《湖南省旅行社价格行为规则》等。

（七）公约

公约是一定范围内的社会成员为保证有良好的生活、工作、学习和娱乐环境，在自愿协商的基础上制定的行为准则和道德规范，要求大家自觉遵守。如《中国公民国内旅游文明行为公约》《旅行社诚信公约》等。

（八）须知

须知是告诉人们在公共场合进行某项工作或活动时必须遵守、注意的事项的一种文书。如《游园须知》《港澳旅游须知》等。

（九）制度

制度是国家机关、企事业单位为加强对某项工作的管理而制定的，要求有关人员共同遵守的行为准则。如《旅行社财务制度》《旅行社安全管理制度》等。

（十）守则

守则是国家机关、社会团体、企事业单位制定的，要求内部成员共同遵守的道德行为准则。如《旅行社员工守则》《郫都区农科村景区管理局员工守则》等。

此外，规章制度还有通则、标准、准则、规程等。

三、规章制度的结构与写法

由于规章制度的种类不同，写作格式和方法也有所不同。但基本的格式是相同的，一般由标题、正文和落款三部分构成。

（一）标题

规章制度的标题一般有三种写法：

（1）制发单位＋事由＋文种，如“最高人民法院关于审理旅游纠纷案件适用法律若干问题的规定”。

（2）制发单位＋文种，如“××市旅游业管理条例”。

（3）事由＋文种，如“自然保护区生态旅游规划技术规程”。

（二）正文

规章制度的正文一般采用条款表述法。在思路上，采用演绎法：先一般，后个别；先总纲，后细目；先原则，后例外；先正面，后反面。条款层次最多有七级，即编、章、节、条、款、项、目；最少的只有“条”或“项”一级；通常多用“条”“款”两级或“章”“节”“条”三级。

从全文来看，规章制度的基本结构主要有两大类：章条式和条文式。

1. 章条式

章条式的正文一般由总则、分则和附则三大部分组成。每一部分可根据内容多少分若干章，每章分若干条，有时根据需要条下又分若干款。

（1）总则。总则常常放在第一章，主要概括说明制定此规章制度的目的、根据、基本原则、适用范围、主管部门等情况，类似于文章的导语，对全文起统领作用。

（2）分则。“分则”二字一般不写出来。分则是全文的主体部分，根据不同的内容交代不同的事项。例如，章程的分则，通常写明成员的资格、条件、义务、权利、组织机构、原则、纪律等；而条例、规定、办法、准则的分则部分通常交代必须遵循的具体行为规则，如做法、责任、要求、处罚办法等。

（3）附则。附则通常是全文的最后一章。一般包括该规章制度的适用范围、生效日期、与有关文件的关系及其他未尽事宜的处置办法、有解释权的单位名称等内容。附则只设一章，根据需要下分若干条，也有附在最后不单独成章的。

2. 条文式

内容相对简单的，以及非权力机构制定的规章制度常用条文式列项来阐述。条文式有两种形式：一种是前言加条文式；另一种是条文到底式。

（1）前言加条文式。这种形式分前言和主体两部分。前言不设条，而用简明扼要的文字概述制定该规章的目的、依据、性质、意义，常用“为了……特制定本规定”或“为了……根据……特制定本守则”等语句。主体部分通常分若干条款，以交代各种规定的事项，一般按先主后次、先原则后具体的顺序，逐条写来。

（2）条文到底式。这种形式是全文都用条款来阐述表达，不再另外分段说明。这样写并非不要前言、结尾，而是将前言、结尾也都用条款标出。在写作中，根据需要，条下也可分若干项表达，在写作中有的不标明“第×条”，而用“一、二、三……”或“1.、2.、3. …”进行表达。

（三）落款

在正文结尾后的右下方写上制定本规章制度的单位名称，名称下方写发文时间。如果标题下面已经标注，此处不必再写。

四、写作提示

（一）严格依照国家的法律法规制定

各种规章制度的制定，都必须符合国家宪法和有关法律、法规、政策的规定，不得与之相抵触。也只有这样，制定出的规章制度才具有法规性。

（二）从实际出发，切实可行

规章制度是针对工作、业务的实际作出的具体规定，切实可行是它生效的基本条件之一。因此，制定时首先要深入基层，了解实际情况，做到切实可行、合情合理。

（三）内容严谨，条理清楚

规章制度具有严肃的法规性质，所以内容要严谨、周密，注意条款间的内在联系和逻辑顺序。撰写后，要反复讨论修改。另外，还必须条理清晰、层次分明，便于记忆、阅读，便于查找、印证，便于贯彻执行。

（四）经常检查，不断完善

规章制度有一定的稳定性，但并非一成不变，随着实际情况的变化，要经常对其进行检查、修改和补充，以不断完善。

（五）语言庄重严肃

语言上要准确、严谨、庄重，不能有歧义，不能含混不清、自相矛盾。

公文写作中的逻辑思维

拓展阅读

违法规章制度无效

刘某是××旅游公司职工，某年2月，他与公司签订了5年期劳动合同。3月，刘某与朋友外出办事，向公司请假7天，18天后回公司上班。公司人力资源部认为，刘某超过假期11天，属无故旷工，根据公司规章制度，无故旷工满10天应予除名，对旷工职工处以标准工资15%的罚款，报公司总经理同意后，正式作出除名及罚款决定。

刘某不服，向劳动争议仲裁委员会申诉。劳动争议仲裁委员会审理后作出裁决：1. 撤销该公司作出的除名决定；2. 维持对该职工进行罚款的决定；3. 刘某被除名后到仲裁裁决生效期间，公司应补发刘某的工资并承担由此造成的损害赔偿责任。此外，还建议当地人力资源和社会保障局，对该公司制定的规章进行监督检查。人力资源和社会保障局监察部门随即对该公司进行检查，给予警告并责令立即纠正关于职工旷工满10日即予除名的规定。

律师分析：根据我国《劳动合同法》第4条的规定，用人单位应当依法建立和完善劳动规章制度，保障劳动者享有劳动权利、履行劳动义务。所以，用人单位有权依据自身情况制定规章制度，规范日常工作秩序和职工奖惩。《劳动合同法》第80条规定：用人单位直接涉及劳动者切身利益的规章制度违反法律、法规规定的，由劳动行政部门责令改正，给予警告；给劳动者造成损害的，应当承担赔偿责任。可见，制定规章制度是用人单位的权利，但用人单位制定规章制度不得违反法律规定，否则不仅无效，还要承担相应的责任。

文体实训

1. 阅读下面的材料，回答问题：王芳的观点正确吗？公司制定的这项制度是否具备法律效力？

某旅行社于某年12月发布了新的制度，其中一项关于员工请假的制度规定：员工持有不真实的医院疾病诊断书请病假的，一经查出，相应的惩罚措施是：请病假3天以内的扣发当月半个月工资、当月各种津贴；请病假 3 天以上、5 天以内的停发一个月工资和当月各种津贴，并且当月的各种保险费用全由个人负担；请病假 5 天以上或一个月以内累计 10 天及以上的除名。

王芳是该旅行社的一名员工，她认为，本单位的这种做法是错误的。因为单位制定的该项规章制度没有通过职工代表大会或者全体职工讨论，制定好后也没有进行公示。但该旅行社负责人则表示出台的这项规定是董事会的决议，目的是规范对员工的管理。

2. 假如你是旅行社计调部经理，请给部门写一份计调管理制度。要求内容符合国家有关法律法规及本社相关制度，具体规定切实可行，内容严谨、周密，注意条款间的内在联系和逻辑顺序。

3. 无效规章制度及规章制度中无效内容的成因主要有：内容违法；内容显失公平；内容自相矛盾；制定程序不合法。查找你身边的规章制度，看看有没有存在以上四种情况的。

第七节　海　报

范文示例

一、美术海报

以武当山美术海报为例。

武当山美术海报

二、文字海报

“国际旅游岛讲坛”8 日开讲　市民可免费听讲座

国际旅游岛讲坛是由省委宣传部、省社科联共同主办，海南日报社、海南广播电视总台、省图书馆协办的普及型、社会性、公益性的重大文化平台。

国际旅游岛讲坛定位为“理论创新，改革探索，世界眼光，海南特色”，宗旨是“让世界了解海南，让海南走向世界”。

讲坛主讲人以国内著名专家学者为主，还将聘请国外知名专家学者、政府官员和企业高管出席讲坛宣讲。每场讲座都将邀请我省知名专家担当嘉宾主持人，采取主持人、演讲者、评论员以及听众提问相结合的方式进行互动。

讲座免费面向社会公众开放，听众可通过现场取票和网上订票的方式获取入场券，各单位可以集体组织听讲。

订票网址：海南社会科学网。

取票地点：

1. 海口市海府路49号（老省委大院）第二办公楼三楼省社科联“讲坛办”。

2. 海口市国兴大道省图书馆一楼总咨询台。

文体知识

一、海报的含义

海报是主办单位向公众报道或介绍将举行文化、娱乐、体育等活动的一种事务文书。海报可以张贴在公共场所或刊登于报端，以便引起人们的注意，促使人们对其内容产生兴趣。

海报是广告的一种。有的海报加上美术设计，希望吸引更多的人参与活动，因而具有广告宣传性。演出类海报占海报中的大部分，而演出类活动又往往带有商业性目的，因而海报还具有商业性。学术报告类海报一般不具有商业性。

二、海报的类型

（1）按内容分，有演出海报、讲演海报、比赛海报、展览海报等。

（2）按形式分，有文字海报和美术海报两种。

三、海报的结构与写法

海报一般由标题、正文和落款三部分组成。

（一）标题

海报标题的写法较多，大体可以有以下一些形式：

（1）单独由文种名构成，即在第一行中间写上“海报”字样。

（2）由活动内容作为标题，如“学术讲座”“影讯”“球讯”等。

（3）用描述性文字做标题，如“×××再显风采”“舞在武当”。

（二）正文

海报的正文要求写清楚以下内容：活动的目的和意义；活动的主要项目、时间、地点等；参加的具体方法及一些必要的注意事项等。

正文的结构形式主要有以下几种。

1. 一段式

内容简单的通常只用三言两语，一段成文。例如：

×月×日下午×时，我社和××旅行社在市体育场进行羽毛球友谊赛，欢迎观赛。

2. 项目排列式

内容稍多的可分项目，分项排列成文。例如：

特邀××旅游职业学院××教授主讲“导游必备素质”

讲座形式：视频为主，辅以讲解

时间：×年×月×日至×日，每晚×时至×时

地点：公司会议室

3. 附加标语式

有的海报在正文首或正文末加上排列整齐的标语，起画龙点睛、渲染吸引作用。标语要遵循真实的原则，不能哗众取宠、故弄玄虚。

（三）落款

要求署上主办单位的名称及海报的发文日期。

四、写作提示

（1）内容应真实具体，可以用一些鼓动性的词语，但切忌弄虚作假、夸大其词。

（2）文字力求简明扼要，行文要直截了当。

（3）可根据内容需要，设计与主题有关的象征性图案或画面，使之新颖、大方、美观。

公务文书中的稿本说明

拓展阅读

上画啦！番禺全域旅游宣传画惊艳亮相，涉及47个站点！

近日，不少街坊都发现在体育西路、客村、市桥、广州南站等地铁站内出现了一批色彩缤纷、生动活泼的宣传海报。

仔细一看，这不是我们大番禺嘛！

其实，这是番禺区宣传部为宣传创建国家全域旅游示范区所精心打造的旅游宣传海报，该海报通过对国家战略的研读领会，以及对各个景点资料的收集整理，将全域旅游思路融入其中，再经由广告公司动手制作，充满岭南韵味。

按照方案布置，地铁的通道、站台、站厅、夹层等处共张贴海报128幅，海报中涉及通往番禺沿线及重要地铁枢纽共47个不同站点。

走近看这幅宣传海报，可以看到番禺景点都错落有致地分布在各个板块，特别是大夫山森林公园、长隆欢乐世界等著名景点都在画中的显眼位置展现，让人一目了然。

除景点之外还有广东科学中心、广州南站、广汽基地多个重点地标，涵盖商务科技、休闲娱乐、人文风景等多种元素，表示旅游产业的纵向延伸发展，这是“旅游+”产业融合的体现。

据了解，这幅“全域旅游”宣传海报引来了不少游客驻足观看，在广州东站地铁

站，从外地来广州旅游的陈先生这样说："看到这幅图，就很想去番禺游玩，并且很清晰地知道有哪些游玩的景点，真是太棒了！"

据了解，这幅宣传海报将在地铁内张贴 3 个月，经过的街坊、游客可以直观地感受到番禺作为国家全域旅游示范区的独特魅力。

2016 年 11 月，番禺区作为全市唯一的行政区入选了第二批国家全域旅游示范区创建单位。2017 年，国务院将"全域旅游"写进《政府工作报告》，标志着"全域旅游"正式上升为国家战略。

全域旅游是指将一定区域作为完整旅游目的地，以旅游业为优势产业，进行统一规划布局、公共服务优化、综合统筹管理、整体营销推广，促进旅游业从单一景点景区建设管理向综合目的地服务转变，从门票经济向产业经济转变，从粗放低效方式向精细高效方式转变，从封闭的旅游自循环向开放的"旅游＋"转变，从企业单打独享向社会共建共享转变，从围墙内民团式治安管理向全面依法治理转变，从部门行为向党政统筹推进转变，努力实现旅游业现代化、集约化、品质化、国际化，最大限度满足大众旅游时代人民群众消费需求的发展新模式。

下一步，番禺区委宣传部将继续利用大型户外广告牌、公交车候车亭、主要公交路线的公交车扩大全域旅游社会面宣传，使街坊、游客经过此处之际，在最短时间之内对景区产生感性认知。

资料来源：番禺文明网，有删改。

文体实训

1. 请设计一幅青岛游的美术海报，主题标语、旅游线路自拟。要求画面能体现青岛宜人的气候和优美的风光，文字生动活泼、有吸引力。

2. ××旅行社将邀请著名礼仪专家××教授给广大员工做礼仪知识培训。时间定于 20××年 1 月 26 日下午两点，在旅行社二楼大会议室举行。请代××旅行社写一份培训讲座海报。

3. ××旅行社将举行元旦文艺演出，请拟写一份宣传海报。文字海报或美术海报均可。

第八节　启　事

范文示例

××国际旅行社有限公司招聘启事

××国际旅行社有限公司于 1997 年正式挂牌成立，从业二十多年来，连续多年被国家旅游局评为“全国百强国内旅行社”及“全国百强国际旅行社”，是目前郑州市规模最大、业务最齐全、出游人数最多的旅行社，也是郑州市最早一家通过 ISO 9001：2000 国际质量体系认证的旅行社。

现诚聘以下职位：

一、营业部店长（若干）

职位要求：

1. 热爱本职工作，责任心强。

2. 思维敏捷，有较全面的专业旅游知识及销售经验，能灵活处理各项业务；可根据客户需要及时设计旅行方案，提供旅游相关信息服务；能为部门和公司发展提供合理化建议。

3. 具有开拓创新能力，有良好的沟通协调能力及一定的客源基础。

4. 男女不限，有驾驶执照者优先。

二、出境游、国内游计调（若干）

职位要求：

1. 热爱本职工作，责任心强，能熟练运用办公软件，能承受一定的工作压力。

2. 熟悉线路，能独立完成地域旅游线路的设计、行程的编写、报价的计算等工作。

3. 对旅游有足够的敏感度，能及时更新并处理各种信息。

4. 具备一定的法律意识，熟悉旅游相关法律法规。

5. 出境游计调人员要求英语四级或以上。

三、票务操作员（若干）

职位要求：

1. 热爱本职工作，责任心强。

2. 有驾驶执照及相关工作经验者优先。

3. 有开拓创新能力及良好的服务意识和团队协作精神，能承受一定的工作压力。

有意者请填写应聘人员登记表，并发送至邮箱××××@163.com。

或致电：×××××××　联系人：陈小姐

地址：郑州市金水路××号

网站：×××××××××

文体知识

一、启事的含义

启事是机关、企事业单位、社会团体或个人，需要向公众说明某事或希望公众协助办理某事时使用的一种事务文书。启事一般以张贴、登报、广播或电视的形式发布。有些声明启事，就直接写成“声明”，如“更名声明”“作废声明”等。

启事面向大众告知事宜，只具有知照性、告启性，而不带约束力和强制执行效力。启事要求写得简洁明了。

二、启事的类型

按照不同的标准，启事可以分为若干类型：

（1）按内容分，有征文启事、招聘启事、招生启事、征订启事、开业启事、迁址启事、征婚启事、结婚启事、离婚启事、寻人启事等。

（2）按形式分，有报刊启事、电视启事、广播启事、张贴启事等。

三、启事的结构与写法

启事通常由标题、正文、结尾三部分组成。

（一）标题

启事的标题一般有以下几种写法：

（1）用文种作标题，直接居中写“启事”二字。

（2）只写启事事项，如“黄鹤楼景区形象标识及服装设计方案征稿启事”“××国际旅行社寻找业务合作伙伴”“××旅行社高薪诚聘”等。

（3）启事事项＋文种，如“招聘启事”“迁址办公启事”。

（4）启事单位＋文种，如“××旅行社启事”。

（5）启事单位＋启事事项＋文种，如“××旅行社聘请××为法律顾问的启事”。

（二）正文

启事的正文篇幅一般都很简短，说清启事的原因、目的、事项、要求就行了。但这部分文字要认真斟酌，力求全面、具体、准确，不能含糊或有歧义。

启事内容简单的，通常一段成文；启事内容较丰富的，通常分几个段落成文。

（三）结尾

启事的结尾一般包括联系地址、电话、联系人姓名或者签署启事者姓名、时间等。

四、写作提示

文书写作中谦辞和敬辞的使用礼仪

（1）内容要简单明了，切忌含混不清。

（2）用语得体，讲求礼貌。

（3）注意区分启事与启示。“启事”是为了公开声明某事而登在报刊上或贴在墙上的文字。这里的“启”是“说明”的意思，“事”就是指被说明的事情。而“启示”的“启”，则是“开导”的意思，“示”是把事物摆出来或指出来让人知道。“启示”是指启发指示，开导思考，使人有所领悟。二者含义截然不同，不能通用。

拓展阅读

"高薪"、培训贷、画大饼、玩文字游戏……
求职季，这些套路要小心

虚假承诺"画大饼"，在合同中玩"文字游戏"，成立"皮包公司"挂羊头卖狗肉……记者调查发现，正值求职季，一些不法分子设置种种套路，引诱求职者上当受骗。

屡屡以"高薪"为诱饵实施诈骗

记者登录黑猫投诉平台检索发现，与"招聘"相关的投诉结果近1.5万条，其中不少涉及招聘公司虚假宣传、就业培训机构坑害求职者。智联招聘的一项调查显示，33.6%的受访者称亲身经历过招聘诈骗，29.7%的受访者表示亲戚朋友遭遇过招聘诈骗。

"招聘专线司机，月薪1万元起。"来自广西南丹县的杨元（化名）在某招聘网站看到一家物流公司招聘货车专线司机，月收入让人颇为心动。公司工作人员告诉他，想跑该专线需要用司机自己的货车，若没有货车，则需要在公司贷款购买。

在公司工作人员不断"游说"，承诺货源充足、保证高薪之下，杨元向金融公司贷款7.96万元，以12万元购买了一辆二手货车。

之后，杨元没有接到任何生意，这才得知，根本没有所谓的专线，公司也未向他提供其他货源。杨元才意识到被骗——不但没找到工作，还背上一笔贷款。目前，杨元已向当地公安部门报案，警方已经开始介入调查。

此外，培训贷也是招聘骗局中的惯用手段。来自四川省成都市的周平（化名）向记者反映，他在某招聘网站上看到一条短视频运营工作的招聘信息，对学历和工作经验等无要求，工资保底4 000元。小周应聘时被告知，工作前需要进行三个月的培训，费用为19 800元。公司称，培训结束后负责安排工作，培训费可办分期贷款，届时用部分工资还贷。

试听两天课程后，小周签下了贷款合同。但培训课程结束后，公司工作人员只是在班级群里发送招聘信息，具体岗位仍需自己去应聘。最终，小周不仅工作没着落，而且欠了债。

近期，上海市松江区人民法院公开宣判一起招聘诈骗案件，犯罪团伙利用被害人对证书性质的认知偏差，以高薪职位为诱饵，以必须持证上岗为由，骗取"学习证明"费用。从2022年4月至案发，该犯罪团伙骗取涉及新疆、西藏、内蒙古、河南、甘肃、重庆、云南、广东等地多名受害人共计18万余元。

揭秘招聘诈骗套路

记者调查发现，诈骗者用各种手段引诱求职者"上钩"。

四川省公安厅反电信网络诈骗中心运营的"熊猫反诈"微信公众号公布一起案件，四川雅安市的王女士春节后找工作时被骗子抛出的各种赚钱"美好前景"套牢，在对方

步步诱导下，被骗走21万元。

有的玩“文字游戏”，设苛刻条件。招聘公司虽然许下种种承诺，但在合同中设置苛刻条件，致使求职者在后期发现公司未兑现承诺时，也难以从合同中找到维权依据。

有的成立“皮包公司”，挂羊头卖狗肉。据记者了解，在上海市松江区人民法院近期宣判的招聘诈骗案中，被告人刘某、雷某在某商业广场内成立空壳公司，假借用工单位名义，在招聘网站发布虚假招聘信息。其余被告人冒充公司业务员联系应聘者，通过虚构出的岗位诱导被害人参加培训，并进行虚假面试，最后以停止招工或面试未通过为由淘汰求职者，从而骗取大量培训报名费等。

多方发力打击招聘诈骗

针对招聘诈骗频发，有关部门不断加大打击力度。近期，人力资源和社会保障部、中央网信办、公安部三部门发布求职招聘十个典型陷阱防范提示，帮助求职者有效识别骗局，提高风险防范意识和自我保护能力。

受访人士认为，应进一步加大监管力度，健全求职市场准入和退出机制，维护求职者合法权益，保障求职市场健康发展。

业内人士建议，加强行政许可与劳动保障监察执法之间的沟通衔接，健全相关部门信息交换机制，指导和督促网络招聘平台完善投诉处理机制，对违反法律法规有关规定情节严重的，要依法严肃处理，形成监管合力。

21世纪教育研究院院长熊丙奇等专家建议，要加强对求职者的求职培训及反诈宣传。高校要普及求职、贷款、理财等方面的知识，帮助大学生提高反诈骗意识，做好职业生涯规划。

资料来源：环球网，有删改。

文体实训

1. 请代××旅行社撰写一份招聘一名外联部经理和一名计调部经理的启事，有关岗位要求、联系方式等自拟。

2. 下面是一则征稿启事，从格式到内容都有问题，请修改。

征稿启事

为丰富《××旅游》杂志内容，特向广大读者征求下列稿件：旅游景点共赏、自驾游攻略、旅游小知识、骑行天下等。

来稿要求：主题明确，文字生动，结构分明，篇幅不超过千字为宜。

请写清真实姓名、联系方式和地址。

《××旅游》杂志社编辑部

3. ××旅行社即将开业，如果你是该旅行社的办公室人员，请以旅行社名义写一则开业启事。

第九节　条　据

范文示例

收　条

今收到××公司交来的职工旅游费用壹万元整。

此据

××旅行社（盖章）
经手人：×××
××××年×月×日

借　条

现借到我社财务部人民币贰千元整，定于下月10日前还清。

此据

借款人：××
××××年×月×日

欠　条

原借××人民币伍万元整，现已还叁万元整，尚欠贰万元整，半年内还清。

此据

×××
××××年×月×日

文体知识

一、条据的含义

条据是人们在日常工作、学习和生活中，由于工作往来或学习生活需要，与他人发生事务或财务关系时所使用的一种文书。

条据具有一文一事、简洁明快等特点。

二、条据的类型

按照内容和性质，条据分为以下两类。

（一）说明性条据

说明性条据指为向他人解释、说明某一事情，或向他人发出请求而写的条据。常见的有便条、请假条、留言条等。

（二）凭证性条据

工作生活中，因与他人发生财务往来，需要一方写给另一方字据作为凭证，这种条据就是凭证性条据。凭证性条据具有一定的行政约束力或法律效力。常见的有借条、欠条、收条、领条等。

三、条据的结构与写法

条据的类型较多，这里介绍几种最常用条据的写法。

（一）便条

便条就是一种简便的书信。所谓简便，即可不用邮寄，托人代交或让对方来取。便条内容十分广泛，如托人办事、相约游玩、告知情况等。

便条的书写格式与书信基本相同，包括称呼、正文和落款三部分。

（1）称呼。第一行顶格写称呼。

（2）正文。第二行空两格写，把要传递的信息，简单明了地交代清楚。结尾可写上“谢谢”“敬礼”等。

（3）落款。正文后另起一行，右下方写上署名和日期。

（二）留言条

留言条内容单一，表达直截了当，一般包括称呼、正文和落款三部分。

（1）称呼。第一行顶格写称呼。

（2）正文。第二行空两格写，把留言意图及要求交代清楚。

（3）落款。正文后另起一行，右下方写上署名和日期。

（三）借条

借条是借用单位或个人的钱财、物品时，写给对方的一种条据，作为将来偿还的凭证。借条包括标题、正文和落款三部分。

1. 标题

第一行正中写“借条”或“借据”，字号稍大。

2. 正文

正文是借条的主体部分，常用“今（兹、现）借到”做开头，然后写清向谁借什么、借多少、何时归还等项目。如果向单位借钱物，一般还应写明借用的缘由。书写时，要特别注意钱物的数量要用大写，钱的尾数后应加“整”字。结尾时另起一行，写上“此据”，以示郑重，其后不加标点。

3. 落款

正文后另起一行，右下方写上署名和日期。个人借款物，写上“借款（物）人××”；代表单位借款物，要写上单位名称，并加盖公章，其下写上“经手人××”。

(四) 收条

收条也叫收据，是收到单位或个人的钱物时，写给对方的凭证。收条也包括标题、正文和落款三部分。

1. 标题

第一行正中写“收条”或“收据”，字号稍大。

2. 正文

正文是收条的主体部分，常用“今（兹、现）收到”做开头，然后写清收到某人、某单位的钱物名称和数量。钱物的数量要用大写，钱的尾数后应加“整”字。结尾时另起一行，写上“此据”，以示郑重，其后不加标点。

3. 落款

正文后另起一行，右下方写上署名和日期。如果是个人开具的，直接署姓名，无须写上“收款（物）人××”；如果是单位开具的，要写上单位名称，并加盖公章，其下写上“经手人××”。

(五) 欠条

欠条是为证明一方欠另一方财物而立下的字据。欠条包括标题、正文和落款三部分。

1. 标题

第一行正中写“欠条”，字号稍大。

2. 正文

欠条的正文，因拖欠财物不同，写法也稍不同。如果是欠钱物，一般写成“今欠付……款（物）……”；如果是尚拖欠一部分，一般写成“原借到……已还……尚欠……”样式。结尾时另起一行，写上“此据”，以示郑重，其后不加标点。

3. 落款

正文后另起一行，右下方写上署名和日期。如果是个人欠款物，直接署姓名，无须写上“欠款（物）人××”；如果是单位欠款物，要写上单位名称，并加盖公章，其下写上“经手人××”。

(六) 领条

领条是组织或个人领取发放的钱物时，写给对方的凭证。领条也包括标题、正文和落款三部分。

1. 标题

第一行正中写“领条”，字号稍大。

2. 正文

正文是领条的主体部分，常用“今（兹、现）领到”做开头，然后写清领到某人、某单位的钱物名称和数量。钱物的数量要用大写，钱的尾数后应加“整”字。结尾时另起一行，写上“此据”，以示郑重，其后不加标点。

3. 落款

正文后另起一行，右下方写上署名和日期。

四、写作提示

写条据有九大忌讳：

一忌空白留得过大。条据的内容部分与签章署名之间的空白留得太大，容易被持据人增添补写其他内容，或将原内容裁去，在空白处重新添加内容。

二忌大写、小写分不清楚。写条据时，如果只有小写，没有大写；或者小数点位置不准确，数字前面有空格；或大写、小写不相符，都容易被持据人添加数字或修改，甚至由此而引发民事纠纷。

三忌用易褪色的墨水书写。用易褪色的墨水书写条据，倘若保存不当，字迹会变得模糊不清，为某些别有用心的人用化学制剂涂抹留下可乘之机。

四忌不写日期。不写明日期的条据，一旦发生了纠纷，事实真相常常难以查清，也容易对诉讼时效的确定造成困难。

五忌内容表述不清。有的条据将“买”写成“卖”，“收”写成“付”，“借给”写成“借”等，都极易颠倒是非。

六忌名字不写齐全。条据上有姓无名或有名无姓，都会给对方留下行骗的口实和赖账的把柄。

七忌不认真核对。请别人或由对方写的条据，应字字斟酌，认真审核，不能稀里糊涂地签字盖章。

八忌使用同音同义字。姓名不要用同音同义字、多义字代替，否则也容易发生责任不清的纠纷。以身份证上面的名字为准，就具有法定的效力。

九忌印鉴不规范。由他人代笔书写或者代笔签名，而本人只在上面按一个手印，发生纠纷时，也很难认定责任。

拓展阅读

“欠条”与“借条”

张某向李某出具欠条，载明张某拖欠李某3万元，因张某未予偿还，李某向法院提起诉讼，要求张某偿还借款3万元及其利息。法院从双方是因借款未予偿还引发民间借贷纠纷，还是双方因买卖关系拖欠货款等引发的债务纠纷入手，进行法庭调查，最后查明张某向李某借款，李某交付人民币现金3万元，张某向李某出具了欠条，因双方原来关系较好，双方未言明利息，张某后来因商业经营不善，未予偿还。查明是民间借贷关系后，经调解，双方达成被告张某分期偿还所借原告李某借款的协议。

区分“欠条”与“借条”，在审判实践中有着重要的作用。欠条和借条的性质是不一样的，都是债权凭证。但它们形成的原因不同，借条是指借别人的现金或财物时写给对方以证明债权债务存在的一种便条文书；欠条有可能是因为买卖欠款，拖欠运费、房屋租金、建筑工程款等双方以往经济往来的一种结算而产生；另外，书写欠条的出具人还可以以质量不合格、工程超期等理由提出拒不履行欠款义务的抗辩。借款如果没有约定还款日期，那么债权人可以在任何时间索要，时效从债务人拒绝还款时起算，最长时效不得超过20年，如果约定了还款期限，则时效从还款期满时起算；而欠条如果没有约定还款期限，则诉讼时效从欠款形成之日起算，约定还款期的从还款期满时起算。也就是说，约定了还款期的借条和欠条，时效是一样的，没有约定还款期的借条和欠条，则是有区别的。

近几年来，随着生活水平的日益提高和市场经济的发展，人们相互借款越来越普遍。在这类纠纷中债主提供法院的证据往往只有一份“借条”，在法律上称之为“孤证”，即没有其他证据相互佐证。因此，民间借款中写好借条，需要注意一些法律技巧。出借人在接受借款人书写债权凭证时，要求借款人写“借条”，不宜写“欠条”。双方约定的利率要写入借条中。利息只在口头约定，而没有写进借条中，发生纠纷时往往带来举证的困难。民间借款双方可在银行同期贷款利率的4倍范围内约定利息。自然人之间的借款合同对支付利息没有约定或者约定不明确的，视为不支付利息。自然人之间的借款合同约定支付利息的，借款的利率不得违反国家有关限制借款的规定。如果没有将利率写入借条中，出借人一旦起诉，借款人否认双方口头约定的利率，出借人的利息请求将得不到法院的支持。借款时写明还款期限的，出借人应当在诉讼时效期间主张权利。出借人往往不知道“诉讼时效”的概念，丧失了胜诉权。出借人在接受借款人出具的借条时，应要求借款人书写借款人的全名，并且应与居民身份证上的姓名一致。借条的内容应严谨，不能产生歧义。如“借张某某人民币伍万元，还借款壹万元”。这里的“还”字容易产生争议。借条或欠条等书面依据最好一式两份，应以手写为宜，双方各执一份，防止另一方做手脚。另外，双方的主体身份要认真确认。如为公司借款，应查明该公司是否已经注销、名称是否准确，书写欠条的人是否是公司法定代表人或者公司的授权人；自然人是否具有行为能力、偿还能力；等等。

查明是借贷关系，还是因经济往来产生的拖欠费用关系，对于适用法律，准确裁判，有着极其重要的实际意义。

资料来源：黑龙江省克东县法院网，有删改。

文体实训

1. ××旅行社向××服装公司购买文化衫200件，每件定价20元。旅行社当场付现金2 000元，尚欠2 000元，经服装公司同意，余款第二日付清。请代旅行社写一份欠条。

2. ××××年7月1日上午，假如你去母校××大学拜访××教师，并想向他借几本旅游专业书籍。但××老师恰好外出，不在办公室，你准备第二天下午三点再去拜访。请给××老师写张留言条。

第十节　传　真

范文示例

郑州市××旅行社传真笺

收件人：
单位：
抄送：
传真号：

发件人：
日期：
传真号：
电话：
页数：
主题：

□紧急　□请审阅　□请批注　□请答复　□请传阅

青岛市××旅行社：

你好，现将我社团队计划报予贵社，请接待！并确认回传！

郑州市××旅行社
××××年×月×日

文体知识

一、传真的含义

将文字、图表、相片等记录在纸面上的静止图像，通过扫描和光电变换，变成电信号，经各类信道传送到目的地，在接收端通过一系列逆变换过程，获得与发送原稿相似记录副本的通信方式，称为传真。

传真具有真实性、便捷性和可靠性的特点。

二、传真的类型

传真有不同的分类方式：按性质划分，有商务传真、普通传真、加密传真等；按内容分，有文本传真、图表传真、照片传真、符号传真等；按技术手段分，有无线电信传真、有线电信传真、互联网电信传真等。

三、传真的结构与写法

（一）传真文头

传真文头亦称信头，主要由以下几部分组成。

1. 公司名称

在正上方居中处排列公司名称，有时还印有企业标志。如果是国际传真，可用相应的外文。

2. 接收传真公司的有关条目

如收件人姓名、公司名称、所在城市（国家）、传真号。一般在标题左下方由上至下依次排列。

3. 发件方的有关条目

包括公司名称、所在部门、姓名、电话号码等。一般在标题右下方从上至下依次排列。

4. 日期

应写在传真纸右边，末字不应超过边线。

5. 传真件页件

传真件页件在发、接件双方有关条目之下。

（二）标题

传真往往有特定的背景、具体的有针对性的情况，所以，不一定非要用固定的标题。如传真内容重要，发件人需要接件人引起重视，可在文头之下，空约两行之处，居中拟制标题。标题的字号须大于正文，颜色应深于正文。标题下可加下划线，也可不加下划线。外贸传真，标题应写在称呼之下，这与国内的有所不同。

（三）称呼

在正文开头左上方，顶格书写。一般商务传真接件者为具体人员，所以，称呼应视对方的身份、性别而定，如×××经理、××女士、××先生。必要时，可加入“尊敬的”之类的修饰语。外贸传真称谓比较简单，常用的有“Dear sir”“Gentlemen”等。

（四）正文

商务传真的正文，一般不用手写体，应先将草稿打字校对后，才进行传送。正文打字时，左右两边都应留有适当空白，一般情况下，左边应稍宽。传真纸下端，也应留有空白。

传真件只写一面，如果第一页不够书写，第二页至少须有三行以上正文，不可以只有签名。第三页传真纸，按国内目前情况，一般没有文头。如有文头，纸张的大小与质量应与第一页相同，在第一行应写明收件人姓名、传真页数和日期。

（五）结尾客套语

传真中的结尾客套语系移植于商务信函，已成为传真文体的固定结构。国内外传真都可根据传真的目的、内容，选择运用有关的客套语汇。

（六）签名及加印

传真应具有签名及加印的结构内容，以此表示文件的效力。签名及盖章位置在正文的右下方。签名应用钢笔，并应为手写体，不能用图章代替。在签名下面应注明签名人的职务。加印应加公司印章或部门印章。国际传真一般只具有签名一项，在签名时，中文下应附有汉语拼音，必要时在公司名称处加“For”一词，以表明是代表公司、企业签名。

（七）附件

传真常有附件，如报价单、有关细则等。可在传真正文的左下角注明附件的名称，若附件不止一件，应依次写明。

（八）发文单位的联系方式

每张传真纸下方，都印有发文单位的电话和传真号。

四、写作提示

（1）撰写传真文稿时，要语言简练，格式规范。

（2）传真发出后，应主动电询收件人（单位）是否收到。

拓展阅读

跟团游摔成骨折告3家公司仍败诉　法院称证据不足

据《新闻晨报》报道，孙庆（化名）兴致勃勃地带着亲朋好友参加了一个到三清山的旅游团，没想到遇上雨天，游玩中孙庆意外摔倒，造成腿部粉碎性骨折。当他准备为自己维权时才发现，当初接收其报名费用的仅是一名挂名导游，随后对方将他们进行了多层转包。孙庆将涉及的3家旅游公司及导游告上了法庭，但由于证据不足，最终败诉。

签约合同上出现3家公司

某年5月，孙庆拿到一张三清山的旅游推荐宣传单，看到价格便宜，孙庆便与多名朋友约定一起出游。孙庆按宣传单上的联系方式找到曹某，并办理了前往三清山旅游的相关手续，9人出行，共支付了旅游费5 382元。

某年6月4日，孙庆等人冒雨乘车前往三清山游玩，到达目的地后，孙庆在下车时不慎摔倒受伤，医院的诊断结果是，右胫骨下段、腓骨上段粉碎性骨折。事后，经司法鉴定受伤相当于交通事故十级。

事故发生后，孙庆找到了曹某协调赔偿事宜，曹某称要赔偿只能找“上面”的公司。随后曹某向孙庆提供了当初两方签订的合同。该合同甲方为孙庆等9人，乙方为上海联众国际旅行社有限公司（简称联众公司）；但合同的落款处却是“上海扬子国际旅行社有限公司（简称扬子公司）业务专用章”，且印章是蓝色椭圆形。曹某还向孙庆提供了《浙风旅游经典常规专卖》传真件，该传真件中包含旅游项目、行程、服务标准等。但传真件未显示发出的传真号，也没有公司印章。

孙庆此时才知道他的一次出行，竟涉及3家旅游公司，最终，他将3家公司及曹某均告上法庭，索赔相关费用共计13万余元。

涉案各公司相互推诿

面对起诉，曹某称相关旅游费用已给浙风旅行社有限公司（简称浙风公司）员工郑某。而且当时她与联众公司签订劳动合同手续尚在办理中，后发生了孙庆的旅游受伤事件，与联众公司签约之事即告吹了。但曹某认为其所履行的是职务行为，相关赔偿责任还是应由相关旅行社承担。

扬子公司则表示，他们从未使用过椭圆形的蓝色业务印章。

联众公司同样不愿意为赔偿埋单。浙风公司辩称，公司对外发出的传真件均有公司印章或经办人签字，孙庆提供的传真件不是其公司的正式传真件。

法院认为，孙庆应首先举证哪家旅游公司是此次旅游活动的经营者或旅游辅助服务者，还需确认旅游经营者或旅游辅助服务者在服务中存在过错行为，而该过错行为与他的损伤存在因果关系。但孙庆提供的相关合同及传真件上并没有代表各家公司的有效印章，且孙庆没能提供更多有效证据证明这次出行与哪家旅游公司有关系。

而从联众公司提供的证据看，曹某仅为兼职导游，当时关系仍挂靠已解约的前旅游公司。而涉及导游曹某的名片及导游旗均属可自行定制产品，无法证明曹某一定与联众公司之间存在雇佣关系。最终法院对孙庆的所有诉求判决不予支持。

资料来源：东方网，有删改。

文体实训

1. 请指出下面这则传真存在的问题，并进行修改。

致：××公司　　　　　　　　收件人：×先生

由：王先生日期××××年1月23日

传真号：223××××档号：FO1216-01

页数：1页

主题：提供资料

内容：

很高兴这星期与你会面，并得悉阁下对我们的推广计划有兴趣。现谨附上3月份推广计划的详细资料。

推广计划（略）。

2. 合肥市××旅行社组织一个30人的旅行团赴港澳观光旅游，接待安排是：游客先飞抵深圳，之后由深圳市××旅行社进行地接。合肥市××旅行社需要提前发一份传真给深圳市××旅行社详细告知其旅游线路、时间安排、接待标准等情况。请代合肥市××旅行社撰写这份传真。具体旅游线路、时间安排、接待标准等可虚拟。

3. 请自拟内容，写一份传真的文头。

第五章

旅游契约文书

第一节　合　同

范文示例

旅游合同

合同编号：____________________

甲方：________________________（旅游者或单位）

住所或单位地址：____________________

电话：______________________________

乙方：______________________________（组团旅行社）

地址：______________________________

电话：______________________________

甲方参加由乙方组织的本次旅游，经平等协商，甲、乙双方自愿签订合同如下：

第一条　旅游内容

本旅游团团号为：____；旅游线路为__________；旅游团出发时间为：________年____月____日，结束时间为：________年____月____日，共计____天____夜。

前款所列旅游线路、行程安排详见旅游行程表。旅游行程表经甲、乙双方签字作为本合同的组成部分。

第二条　服务标准

本旅游团服务质量执行《旅行社国内旅游服务质量要求》标准（或由甲、乙双方约定）。

第三条　旅游费用

本旅游团旅游费用总额共计________元人民币。签订本合同之日，甲方应预付________元人民币，余款应于出发前________日付讫。

第四条　项目费用

甲方依照本合同第三条约定支付的旅游费用，包含以下项目：

1. 代办证件的手续费：乙方代甲方办理所需旅行证件的手续费。

2. 交通客票费：乙方代甲方向民航、铁路、长途客运公司、水运等公共交通部门购买交通客票的费用。

3. 餐饮住宿费：旅游行程表内所列应由乙方安排的餐饮、住宿费用。

4. 游览费：旅游行程表内所列应由乙方安排的游览费用，包括住宿地至游览地交通费、非旅游者另行付费的旅游项目第一道门票费。

5. 接送费：旅游期间从机场、港口、车站等至住宿旅馆的接送费用。

6. 旅游服务费：乙方提供各项旅游服务收取的费用（含导游服务费）。

7. 甲、乙双方约定的其他费用：________。

前款第 2 项的交通客票费，如遇政府调整票价，该费用的退、补依照《中华人民共和国民法典》第 513 条办理。第 3 项的餐饮住宿费，如甲方要求提高标准，经乙方同意安排的，甲方应补交所需差额。

第五条　非项目费用

甲方依照本合同第三条约定支付的旅游费用，不包含以下项目：

1. 各地机场建设费。

2. 旅途中发生的甲方个人费用：如交通工具上的个人餐饮费；个人伤病医疗费；行李超重费；旅途住宿期间的洗衣、电话、电报、饮料及酒类费；私人交通费；自由活动费用；寻回个人遗失物品的费用与报酬及在旅程中因个人行为造成的赔偿费用；等等。

3. 甲方自行投保的保险费：航空人身意外保险费及甲方自行投保的其他保险的费用。

4. 双方约定的由甲方自行选择的由其另行付费的游览项目费用。

5. 其他非第四条所列项目的费用。

第六条　出发时间和地点

甲方应于：________年____月____日____时____分于________（地点）准时集合出发。甲方未准时到约定地点集合出发，也未能中途加入旅游团的，视为甲方解除合同，乙方可以按照本合同第八条的约定要求赔偿。

第七条　人数约定

本旅游团须有________人以上签约方能成团。如人数未达到，乙方可以于约定出发日前________日（不少于5日）通知到甲方，解除合同。乙方解除合同后，按下列方式之一处理：

1. 退还甲方已缴纳的全部费用，乙方对甲方不负违约责任。

2. 订立另一旅游合同，费用如有增减，由乙方退回或由甲方补足。乙方未在约定的时间通知到甲方的，应按照本合同第九条约定赔偿甲方。甲方提供的电话或传真须是经常使用或能够及时联系到的，否则乙方在本条及其他条款中需要通知但通知不到甲方的，不承担由此产生的赔偿责任。

第八条　甲方退团（略）

第九条　乙方取消（略）

第十条　合同转让（略）

第十一条　甲方义务（略）

第十二条　乙方义务（略）

第十三条　违约责任（略）

第十四条　扩大损失（略）

第十五条　保密（略）

第十六条　不可抗力（略）

第十七条　通知（略）

第十八条　争议的处理（略）

第十九条　解释（略）

第二十条　补充与附件（略）

第二十一条　合同效力（略）

本合同自双方签字并加盖公章之日起生效。本合同正本一式______份，双方各执______份，具有同等法律效力；合同副本______份，送______留存一份。

甲方（签字）______________	乙方（盖章）：______________
身份证号码：______________	负责人（签字）：______________
电话或传真：______________	电话或传真：______________
通信地址：______________	通信地址：______________
______年______月______日	______年______月______日
签订地点：__________	签订地点：__________

文体知识

一、合同的含义

合同是平等主体的自然人、法人、非法人组织之间设立、变更、终止民事权利义务关系的协议。旅游合同是指旅游企业和旅游者为了实现一定的旅游目的、明确双方权利和义务关系而订立的协议。

合同具有权利的平等性、条款的完备性、格式的规范性、文字的严密性等特点。旅游合同的签订有利于保护当事人的合法权益，防止纠纷发生，维护双方利益，维护旅游经济秩序。

二、合同的类型

旅游业是一个综合性很强的行业，既涉及经济、文化、科技系统，又涉及物资、建筑、运输、商业、饭店、景区景点等诸多行业和部门，因此，旅游业几乎涉及各种各样的合同形式。根据旅游企业和其他部门的关系，其合同常常分为以下几种类型：

（1）建设工程合同，主要应用于饭店建设与景区开发。

（2）供应合同，主要应用于旅游企业与物资部门。

（3）运输合同，应用于旅行社与运输部门。

（4）租房合同，应用于旅行社与饭店。

（5）保险合同，应用于旅游企业与保险公司。

（6）委托管理合同，应用于旅游企业内部。

（7）旅游合作合同，应用于跨地区、跨国家旅游的旅游行业。

（8）接待服务合同、劳务合同，常用于旅游部门内部。

三、合同的结构与写法

（一）首部

首部主要包括以下各项。

1. 标题

标题写在合同首页上方正中位置。要明确写出合同的性质，如“购销合同”“工程安装合同”。有的合同还在标题下方书写合同的编号。

2. 合同当事人名称或者姓名

合同当事人名称或者姓名是指签订合同的双方或多方的名称或者姓名。要准确写出签约单位或个人的全称、全名，并在其后注明双方约定的固定指代，如“甲方”“乙方”。如有第三方，可将其称为“丙方”。在对外贸易合同中，有时可指代为“卖方”“买方”。无论在什么情况下，合同中都不能用不定指代“你方”“我方”来指当事人。

3. 引言

引言就是合同的开头部分，主要写签订合同的目的或签订合同的依据。常用的表述句式为：“为了……”或“根据……”。若选用“表格式合同”，则依据国家有关部门制定的合同的规范文本要求，填写有关内容。

（二）主体

主体是合同的主要部分，一般多采用条文式写法。按双方当事人的约定，详细写明主要条款和其他条款的内容。

1. 主要条款

合同的内容由当事人约定，一般应具备以下条款：

（1）标的。标的是合同当事人权利义务所共同指向的对象，是合同的基本条款。没有标的的合同是无效合同。标的可以是物、货币、劳务、智力成果等。签订合同的双方对标的要协商一致，写得具体、明确。

（2）数量和质量要求。这是指从数量和质量的角度对标的进行精确度量，它决定双方当事人承担的权利义务的大小、范围。数量是标的具体的计量，如借款金额、建设工程项目、工作量等，要明确标的的计量单位，如吨、米、件等。质量要求是对标的质的要求，如产品、商品、工程的优劣程度，应明确标的质量的技术标准（如国家标准、行业标准）、等级、检测依据等。

（3）价款或报酬。这是指合同标的的价格，是合同双方当事人根据国家法律、法规、政策和有关规定，对标的议定的价格，是合同一方以货币形式取得对方商品或接受对方劳务所应支付的货币数量。要明确标的的总价、单价、货币计算标准、付款方式、程序、结算方式。若与外国方面合作，要写明支付币种。

（4）合同履行的期限、地点和方式。履约期限就是合同的有效期限，是合同法律效力的时限和责任界限，过时则属违约。日期用公元纪年，年、月、日书写齐全。地点是指当事人履行合同义务、完成标的任务的地点。履行方式是当事人履约的具体办法，如借贷合同的出资方要以提供一定的货币来履约；劳务合同的某一方要提供某种具体的劳动服务，如照看小孩、打扫卫生等。

（5）违约责任。即合同的当事人不能履约或不能完全履约时，所要承担的经济责任和法律后果。具体包括违约金、赔偿金和其他承担责任的法律形式等。违约责任是履行合同的重要保证，也是出现矛盾分歧时解决合同纠纷的可靠依据。

2. 其他条款

这里所说的其他条款是指除上述必备条款外，经双方当事人协商确定的条款。具体包括：

（1）不可抗力条款。该项条款的作用是，如果发生了当事人不能预见、不能避免且不能克服的客观事故（如洪水、地震、台风等），而导致履行合同困难时，当事人便可根据这一条款，依据我国法律的规定，部分或全部免予承担责任。此条款的内容应包括不可抗力事故的范围、后果等。

（2）解决争议的方法。此条款约定在履行合同发生争议时解决问题的方式和程序，要注明是通过仲裁解决、协商解决还是诉讼解决。

（三）尾部

尾部是指合同的结尾和落款部分，主要包括以下内容。

1. 合同的有效期限和文本保存

有效期限是指合同执行生效、终止的时间，是合同必须具备的条款。文本保存是指注明合同文本的保管方式，即合同一式几份，当事人保管的份数。

2. 落款

这部分是合同特定的内容和格式，即在合同的有效期限和保管条款下方，依次写上当事人的名称、签章、通信地址、法人代表、银行账号、签约日期及地点等。

有些合同有特殊要求，或有附件，也要在尾部注出。通常是在合同正文“其他条款”之后注明：“合同附件、附表均为本合同的组成部分，且有同等的法律效力。”如工程承包合同要在“附件”中列出工程项目表、工程进度表、工程图纸等，这些附件、附表均标写在合同落款的最下方，即“年、月、日”之后的部位。

四、写作提示

(一) 内容明确具体

合同是由许多条款组成的，每一个条款都要具体、明确、周密，对双方享有的权利和应履行的义务也应明文列出。

(二) 措辞严密

合同的文字表达要准确、简洁、严密，以免履行合同时出现文字理解上的歧义。

(三) 文体规范，文面简洁

《民法典》合同编对合同的主要条款及不同种类合同应具备的主要内容都有明确规定，写作时要认真参考。合同成文后不能随意涂改，如需修改，需征得双方同意，并在修改处加盖双方印章。如果要添加条款，应该作为合同附件备案。

拓展阅读

旅游过程中发生交通事故怎么索赔

——张某某诉某旅行社、某保险公司旅游合同纠纷案

基本案情

张某某通过网络平台报名参加草原包车游。旅游经营者为某旅行社，但双方之间尚未签订合同，某旅行社就已提供旅游服务，张某某亦支付了相应的旅游服务费用。某旅行社投保了旅行社责任保险，保险人为某保险公司。

旅行社自认付某某系其委派的司机，系履行合同辅助人。付某某驾驶的车辆（车上乘坐张某某）与祝某某驾驶的车辆发生碰撞导致张某某受伤，交通部门认定付某某负此次事故的全部责任。张某某因治疗花费医疗费 60 237.94 元。张某某向法院提出诉讼请求要求某旅行社投保的保险公司给付该医疗费，不足部分由某旅行社承担。

某旅行社辩称此次事故经交警队认定付某某负此次事故的全部责任，某旅行社也向所投保的旅行社责任险报案，即使认定某旅行社有义务赔偿，也应依法由该保险公司进行赔偿。某保险公司辩称应当由实际侵权人付某某承担赔偿责任，并由祝某某（对方车辆）车辆的交强险保险公司在无责任赔偿限额内承担赔偿责任，某旅行社在本起事故中没有任何责任，所以某保险公司不应承担本案的赔偿责任。

诉讼过程中原告张某某坚持主张某旅行社的违约责任，其选择按照违约之诉主张权利。

裁判结果

判决被告某保险公司在本判决生效后十日内支付原告张某某医疗费 60 237.94 元。

裁判理由

原告张某某与被告某旅行社虽未签订相应的旅游服务合同，但某旅行社已实际提供旅游服务、张某某亦支付了相应的旅游服务费用，双方之间已形成旅游合同关系。本案中存在侵权之诉请求权与合同之诉请求权的竞合，在旅游者主张合同之诉的情况

下，因旅游者与履行辅助人之间并不直接建立合同关系，而是依照与旅行社签订的合同享受旅游服务，故付某某是代表某旅行社为张某某提供旅游服务，在旅游过程中发生损害，可以认定为旅行社提供的旅游服务不符合合同约定，旅行社未对旅游者尽到人身安全保护义务，故旅游者张某某根据合同的相对性原则要求某旅行社承担违约责任于法有据。

关于被告某保险公司辩称应由付某某及祝某某（对方车辆）投保车辆的保险公司承担赔偿责任无事实及法律依据，因本案原告张某某主张违约之诉而非侵权之诉，某保险公司其抗辩某旅行社在本起事故中没有任何责任不应承担本案的赔偿责任，未向法院提供证据予以反证，故对被告某保险公司的答辩意见不予采纳。因被告某旅行社向被告某保险公司投保了旅行社责任保险，原告的该次事故属于某保险公司的承保范围，根据某保险公司提交的旅行社责任保险单保险条款中第 34 条保险责任范围中的约定“保险人应承担的赔偿责任包括但不限于以下具体情形：1. 在被保险人组织、接待旅游活动中发生交通事故的”，又根据法律规定，责任保险的被保险人给第三者造成损害，被保险人对第三者应负的赔偿责任确定的，根据被保险人的请求，保险人应当直接向该第三者赔偿保险金，故在保险期限导致的人身损失应当在保险限额内由被告某保险公司直接赔付给原告张某某。

典型意义

旅游者与旅行社签订旅游合同后，双方形成旅游服务合同关系，旅行社所提供的服务应当符合保障旅游者人身、财产安全的要求。旅游者在旅游过程中乘坐旅行社提供的车辆发生交通事故导致人身损害、财产损失的，属于法律明确规定的固有权益受到侵害，可以请求侵权损害赔偿。同时，损害又是旅行社一方不适当履行合同所致，旅行社违反合同约定，应当承担违约责任。这种情况属于侵权责任和违约责任的竞合，旅游者有权选择提起侵权之诉，也可以提起违约之诉。

相关法条

《中华人民共和国民法典》第 186 条：“因当事人一方的违约行为，损害对方人身权益、财产权益的，受损害方有权选择请求其承担违约责任或者侵权责任”。

《中华人民共和国保险法》第 65 条第 2 款：“责任保险的被保险人给第三者造成损害，被保险人对第三者应负的赔偿责任确定的，根据被保险人的请求，保险人应当直接向该第三者赔偿保险金。被保险人怠于请求的，第三者有权就其应获赔偿部分直接向保险人请求赔偿保险金”。

《中华人民共和国民事诉讼法》第 67 条第 1 款：“当事人对自己提出的主张，有责任提供证据”。

资料来源：澎湃新闻客户端，有删改。

文体实训

1. 请到本地旅行社查找几份旅游合同，分析其内容和格式。
2. 请通过网络搜索几份旅游合同，分析其内容和格式。

3. 李某一行6人，想参加东方旅行社组织的桂林5日游，团费为每人1 400元。请你以旅行社工作人员的身份，起草一份旅游合同，并向客人讲解合同中应该注意的事项。

第二节　意向书

范文示例

××县重阳文化旅游项目投资意向书

甲方：××县人民政府

乙方：××旅游开发有限公司

为全面推进××县文化和旅游业发展，经甲方招商引资，就乙方投资××县重阳文化旅游项目开发事宜，达成以下合作意向：

1. 用地。甲方根据乙方实际投资额度及项目需要，提供项目用地。土地费用中土地出让金地方留成部分，待项目建成后，甲方全额奖励乙方用于完善提升配套设施；乙方负责征用土地的补偿和拆迁安置费用，甲方负责组织实施。甲方同意乙方在县城开发150亩左右的城中村改造项目（具体协议另行拟定）。

2. 税收。乙方开发重阳文化旅游项目中缴纳税款的地方留成部分，采取先征后返的方式，待项目建成后，甲方全额奖励乙方用于完善提升配套设施。

3. 费用。项目建设涉及的有关费用，一律按政策规定的最低标准执行。

4. 基础设施建设。在项目动工前，甲方负责协调有关部门在景区附近适当位置开通高速公路出口。景区大门外配套的其他相关基础设施，由甲方协调负责。

5. 所有项目开发手续由甲方明确一名领导牵头，为乙方提供一站式办公服务。

6. 乙方以该项目申报各类项目款归乙方所有，甲方全力协助支持，资金到位后及时拨付。

7. 甲方设立××重阳文化旅游区派出所或警务区，切实做好治安维护，为投资方创造良好的经营环境，为游客创造一流的旅游环境。

8. 甲方在工商、税务、民政、计生、户口、入学、医疗、邮政等方面为乙方提供一站式办公及优惠服务。

9. 乙方要在本协议签订后1个月内完成策划，策划方案需服从甲方业已制定的总体规划和控制性详规；乙方须在策划方案经甲方认可后3个月内聘请有资质的规划设计单位制订项目建设性详细规划，经甲方旅游开发小组和规划评审委员会评审通过后组织实施。

10. 乙方计划投资×亿元，分期5年完成，并且承诺在正式合同签订后1个月内将1亿元资金注入甲方设立的财政专项账户，资金全额用于本项目开发建设，乙方负责支配，甲方负责监督。甲方须在正式合同签订后2个月内开工建设，2年内完成景区主体项目建设，3年内完成配套设施建设，5年内全部完工并达到国家AAAAA景区标准。

11. 未尽事宜由双方协商解决。本协议一式两份，甲乙双方各一份，自签订之日起执行。

甲方：××县人民政府　　　　乙方：××旅游开发有限公司

甲方代表：李××　　　　乙方代表：王××

××××年 5 月 20 日

文体知识

一、意向书的含义

意向书是当事人双方或多方之间，在对某项事宜正式签订条约、达成协议之前，表达初步设想的意向性文书。意向书为进一步正式签订协议奠定了基础，是“协议书”或“合同”的先导，多用于旅游相关的合作领域。

意向书具有协商性、灵活性、简略性等特点。

二、意向书的类型

（1）具有“双方契约”和“有偿合同”性质的意向书。这种意向书使签订双方或多方既享有一定的权利，也承担一定的义务。

（2）具有“单方契约”和“无偿合同”性质的意向书。这种意向书只有一方单独承担某种义务。

三、意向书的结构与写法

（一）标题

常见的标题形式有以下几种：

（1）事由＋文种，如“关于合作经营华天大酒店的意向书”。

（2）合作项目＋文种，如“合资开发××景区意向书”。

（3）合作单位＋合作项目＋文种，如“上海市××景区、新加坡××旅游开发公司合作经营旅游项目意向书”。

（二）正文

1. 导语

导语写明合作各方当事人单位的全称、各方接触的简要情况、磋商后达成的意向性意见。

2. 主体

主体分条款写明达成的意向性意见，可参照合同或协议的条款排列。

3. 结尾

结尾应写上“未尽事宜，在签订正式合同或协议书时再予以补充”，以便留有余地。

（三）落款

署合作各方法定名称，由各方洽谈代表签字，并注明签订日期。

四、写作提示

（1）要如实表达各方协商的事项。

（2）表述语言要符合意向书的特点。由于意向书表述的内容比较原则、笼统，需为以后的谈判和正式签订合同留有余地，因而必须使用留有余地、富有弹性的语言，不要把关键问题的条款尤其是数字写得太具体、太精确。

（3）各条款的内容要合理合法。

拓展阅读

合同、协议、意向书的区别

从本质上说，合同和协议没有什么区别。《中华人民共和国民法典》第464条规定：合同是民事主体之间设立、变更、终止民事法律关系的协议。从这一概念中可以看出，合同就是协议。但根据逻辑学的原理，协议是合同的种概念，即所有的合同都是协议，但并非所有的协议都是合同，所以说合同是具有特定内容的协议。

协议是指有关国家、政党、企业、事业单位、社会团体或者个人，在平等协商的基础上订立的一种具有政治、经济或其他关系的契约。协议在意义、作用、格式、形式等方面基本上与合同是相同的。经济合同和以经济为内容的协议，都可以称为契约，两者都是确立当事人双方法律关系的法律文书。

合同与协议虽然有共同之处，但两者也有明显区别。合同的特点是明确、详细、具体，而协议的特点是简单、概括、原则。对于合同与协议，不能只从名称上来区分，而应该根据其实质内容来确定。如果协议的内容写得比较明确、具体、详细、齐全，并涉及违约责任，即使其名称写的是协议，也是合同；如果合同的内容写得比较概括、原则、不具体，也不涉及违约责任，即使其名称写的是合同，也不能称其为合同，而只是协议。

协议和合同都具有法律约束效力，而意向书不具有法律约束效力。意向书是双方当事人通过初步洽商，就各自的意愿达成一致认识而签订的书面文件，它是双方进行实质性谈判的依据，也是签订协议（合同）的前奏。

文体实训

1. 请到本地旅行社查找几份旅游意向书，分析其内容和格式。

2. 请通过网络搜索几份旅游意向书，分析其内容和格式。

3. 为完善和提升××市的旅游基础设施及旅游接待能力，市旅游局决定投资开发××旅游风景区。请你通过网络查找相关资料，拟写一份旅游投资意向书。

第三节　招标书

范文示例

20××广东国际旅游文化节暨泛珠三角旅游推介大会开幕式文艺晚会创意招标书

20××广东国际旅游文化节暨泛珠三角旅游推介大会开幕式文艺晚会定于20××年11月中旬在广州大学城中心区体育场举行。经组委会批准，晚会创意实行项目招标。

一、招标对象

此次招标面向国内外，招标对象包括各类文化机构、艺术表演团体、影视传媒集团、文化传播公司、演出经纪公司，以及其他具有从事演艺组织策划工作经验的企事业单位或相关团队。

二、晚会的基本要求

由文化和旅游部、广东省人民政府主办，广东省旅游局、广东省文化厅等单位承办的20××广东国际旅游文化节暨泛珠三角旅游推介大会开幕式文艺晚会创意方案，采取招标方式运作。

晚会拟定于20××年11月中旬在广州大学城中心区体育场举行，节目总长度约1小时40分钟。晚会经费本着合理、节约的原则，由组委会负责解决。

晚会以“活力广东、欢乐祥和”为宗旨，宣传广东改革开放以来取得的巨大成就，突出新时期广东人精神和岭南文化特色，充分展示面向世界的广东优越的发展环境，将旅游与岭南文化有机地结合起来，将加快推进广东作为全国旅游综合改革示范区和旅游强省建设有机地结合起来，将建设经济强省、文化大省、和谐广东有机地结合起来。晚会必须达到“隆重、精彩、热烈、圆满”的要求，必须达到思想性、艺术性、观赏性的和谐统一。晚会要做到内容健康向上、形式丰富多样、气氛热烈喜庆、演员阵容强大、艺术有所创新，应当达到国内一流大型晚会的水平。

三、晚会节目审核权

20××广东国际旅游文化节暨泛珠三角旅游推介大会组委会对晚会节目内容拥有终审权。

四、投标书内容

投标书须附有20××广东国际旅游文化节暨泛珠三角旅游推介大会开幕式文艺晚会的总体策划、文学台本、舞美设计图、创意设计人员（须附名单及个人简历）等。投标书必须按规定格式填写，字迹必须清楚，必须有单位（或相关单位）和法人代表（或领导）的印鉴。

五、报名须知

自向媒体发布招标公告之日起至4月30日为报名时间。投标方报名后即可开始晚会创意方案的设计与制作。

六、截标日期及寄送（或送达）方式

投标书须在20××年5月31日17:00前寄出或送达。

地址：广东省广州市水荫四横路××号省文化厅艺术处

邮政编码：510075

联系人：于先生

联系电话：020-87047×××，13808885×××

传真电话：020-87049×××

投标书必须密封，封面须注明“20××广东国际旅游文化节暨泛珠三角旅游推介大会开幕式文艺晚会创意投标书”字样。

七、评标时间及方式、中标依据

评标从截标之日起开始，于20××年6月上旬结束。

中标依据：晚会创意新颖、内容丰富、形式独特、有鲜明的广东旅游文化特色。

评标方式：组委会办公室将邀请省内外知名专家采取评委投票、集体评议的方式进行评标、定标工作，并报组委会审定。

组委会将给予中标方案10万元奖金奖励，对第二名至第五名的方案将分别给予2万元策划撰稿奖励。组委会对前五名投标书拥有使用权和修改权。

20××广东国际旅游文化节暨泛珠三角旅游推介大会组委会办公室

20××年4月14日

文体知识

一、招标书的含义

招标书也叫招标公告、招标通知、招标启事，是招标过程中介绍情况、指导工作、履行一定程序所使用的一种实用性文书，是一种告示性文书。

招标书提供全面情况，便于投标方根据招标书所提供的情况做好准备工作。招标与投标是一种依照法律程序进行的竞争性经济活动，它受到国家法律的保护和监督，在国际上广为应用。

招标书具有公开性、择优性、竞争性等特点。

二、招标书的类型

招标书有招标公告和招标邀请书两种。

（一）招标公告

招标人以公告的方式邀请投标人前来投标，投标人经确认具有投标资格后，按照一定程序均可参加投标、竞标，招标人从中选择中标者，此时招标人发布的即为招标公告。

（二）招标邀请书

招标单位直接向有承包能力的单位发出邀请书，邀请对方参加投标，该邀请书即为招标邀请书。一般情况下，招标人会邀请三五家有实力、讲信誉、经验丰富的单位，向其发出招标邀请书，邀请它们参加竞标。

三、招标书的结构与写法

招标书一般包括标题、正文、结尾三个部分。

（一）标题

招标书的标题由招标单位、招标内容和文种组成，如“金山湖东景区灯具招标公告”；有时也可以省略招标单位，如“景区仿古建筑工程招标书”；或省略招标内容，如“招标公告”。

（二）正文

正文有前言、招标项目和招标步骤三个部分。

1. 前言

前言简要说明本次招标的目的和依据、招标项目名称、招标范围等内容。

2. 招标项目

招标项目是招标书的核心部分，这一部分具体写明本次招标的内容、要求、规模和数量，让投标者全面了解招标单位所提供的各种有关信息。

3. 招标步骤

招标步骤是对招标工作作出的具体安排，主要应写明本次招标的起止时间，招标方式，投标截止时间，开标时间及地点，投标人与招标人联系的时间、地点和方式等。

（三）结尾

结尾处注明招标单位的名称、地址、联系方式、传真号码和联系人等。

四、写作提示

（一）周密、严谨

招标标准应当明确，表达必须准确、周密、严谨。招标书不仅是一种“广告”，而且是签订合同的依据，因而是一种具有法律效力的文件。这里的周密与严谨，一是指内容，二是指措辞。

（二）简洁、清晰

招标书没有必要长篇大论，仅需简要介绍要讲的内容，突出重点即可，切忌没完没了地胡乱罗列、堆砌。

（三）注意礼貌

招标书涉及的是交易活动，要遵循平等、诚恳的原则，切忌盛气凌人，更反对低声下气。

拓展阅读

招标书制作的注意事项

一、编制原则要知晓

制作招标书的原则有四条：（1）全面反映采购人需求的原则；（2）科学合理的原则；（3）公平竞争（不含任何歧视）的原则；（4）维护国家利益和供应商商业秘密的原则。倘若招标书的制作人不知道上述编制原则，在制作过程中不是走错方向，就是进入误区。现实中，之所以有的招标书编制得不切实际，其中一个重要原因，就是其制作人不知晓上述编制原则。

二、编制方法要恰当

一要依法编制。即招标书的编制方法要符合国家采购法律、法规。

二要量力而行。尽管在分散采购模式下，采购人可自行编制招标书，但如果自身没有编制能力，就不能勉强编制，应当委托经有关部门批准取得法定资格的采购代理机构或编制招标书的中介机构代理编制；否则，不仅会前功尽弃，还会浪费人力物力，拖长采购时间。

三要掌握技巧。在自行编制方式下，应注意采用“组合法”，就是按招标书的结构组成，分别由不同的专业人员编制，比如将招标书的商务部分交给采购专业人员编写，将招标书的技术部分交给专业技术人员编写，这样既能保证质量，又能提高效率。在委托编制方式下，一方面，委托前要认真调研，在掌握数家有真正资质的机构的基础上，看谁最讲信誉、质量最好、时间最快、价格最公道，就选择委托谁，千万不能盲目委托；另一方面，要将自己对招标采购的全部需求告诉委托方，由双方就委托事宜进行认真协商，且以书面形式确定下来。

三、“实质要求”要合理

一要认真分析“自己”。所谓“自己”，就是指采购人的实际情况。一方面，要分析采购人的采购资金来源是否充足，是否允许其不考虑价格因素，若是这样，技术要求就可以提得高一点，否则，技术要求就不能提得高；另一方面，要认真分析采购人所要采购物品的实际需要情况，是需要通用型的还是需要“高新”型的，只有依照实际需要确定“实质要求”，才能量体裁衣地提出合理要求。

二要摸清市场信息。就是要摸清市场上的“供应商”信息、“商品”信息。“供应商”信息是指招标采购所涉及的供应商行业的基本情况，包括分布、资质管理、信誉管理情况等。“商品”信息又分为商品的技术信息和销售行情信息。商品的技术信息是指招标采购所涉及的商品高、中、低三档的性能以及各自的技术标准，包括国标、省标、市标等情况；销售行情信息是指招标采购所涉及的商品的供求、价格等情况。只有摸清上述市场信息，才能恰如其分地提出合理要求。

三要征询各方意见。在编制招标书时，要充分听取各方对招标书各相关事项的意见。如向市场监督管理部门征询招标书中有关合同格式的意见，向技术质量管理部门征询招标书中有关标的技术标准和验收的意见。这样做既能解决招标书制作人知识面不足的问题，又能减少调查时间，提高编制效率，避免“实质要求”不合理。

四、编制内容要完整

招标书的主要内容有以下六个方面：

一是招标邀请部分。简要介绍采购人单位名称，招标项目名称及内容，招标形式，售标、投标、开标时间及地点，承办人姓名、地址、联系方式（如电话、手机号码）等。

二是投标人须知部分。即招标人对投标人提出的实质性要求，其中包括：招标的资金来源、数额；对投标人的资格要求和应提交的资格文件原件或复印件份数；资格审查标准；投标文件的内容、语言的要求；投标报价的具体项目范围；投标保证金的规定；投标的程序、截止日期、有效期；投标书的修改与撤回的规定；评标的标准及程序；等等。如果招标项目是工程建设项目，招标书中还应包括工程技术说明书，即按照工程类型和合同方式，用文字说明工程技术内容的特点和要求，如要求投标人提供工程技术图纸、设计资格及工程量清单等详细、准确的资料附件。

三是采购项目的技术要求部分。招标人对招标项目提出的技术规格和标准，根据标的物的要求，一般可采用国际或国内公认的标准，如ISO标准、IEC标准、我国的国家标准或行业标准等。但是，根据有关规定，某一招标项目如有国家强制性标准，招标书中还应就这一标准，对招标项目提出技术标准的具体要求。

四是采购项目的合同要求部分。由于合同类型不同，其要求也不相同。一般来说，货物采购合同应包括如下主要合同条款：采购双方的权利、义务；运输、保险及验收的规定；价格调整程序、付款条件、方式及支付币种的规定；履约保证金的数额，合同中止、解除的条件及后续处理；解决合同纠纷的程序；违约责任。国际货物买卖还应规定合同适用的法律等。

五是投标书格式部分。目前，工程类投标书格式，国家有关部门已出台了此方面的样式，用文字在其他部分说明一下就行，不必单独列出。其他类型投标书格式采用政府采购管理部门出台的样式。

六是分包要求部分。一般情况下不需要此部分，只有招标项目属于大型、复杂的建设工程项目时才需用此部分。其内容主要是在招标书中详细载明各标段的划分及工期的确定要求等。

五、编制完毕要审核

在招标书初稿完成后，一定要进行认真审核。

首先，审核被委托设计“技术标”部分的设计人是否有不按规范设计、超资质范围进行设计、个人挂靠公司设计等行为。这种冒名顶替设计在工程招标采购项目中尤为突出，也是最容易“出岔子”的地方。

其次，审核有无漏项。主要看该由投标人提供附件的是否明确，该由投标人提供配件的是否明确。属于工程招标项目的还要看工程量清单或材料清单上明确的品种和数量是否齐全，有无漏项。

最后，审查有无错误。一查有无违规性错误；二查有无数据错误，特别是有关规格、型号的说明最容易发生数据错误，务必审核好；三查有无文字或格式错误。

文体实训

1. 某高校工会20××年暑假要组织教职员工到张家界、凤凰古城旅游，旅游日期为7月26日至7月31日。该校工会欲在学校网站发布招标公告，进行公开招标。请你代为拟写一份招标公告。

2. 请按照招标书的写作要求，指出下文缺少什么内容。

××景区管理处修建办公大楼招标书

本管理处将修建一栋办公大楼，由××市城市建设委员会批准，建筑工程实行公开招标，现将招标有关事项公告如下：

一、工程名称：××景区管理处办公大楼

二、建筑面积：××××m^2

三、设计及要求：见附件

四、承包方式：实行全部包工包料

五、索取标书时间：投标人请于20××年6月5日前来人索取招标文书，逾期不予办理

投标人请将投标文书及上级主管部门的有关签证等，密封投寄或派员直接送本管理处办公室。收件至20××年7月5日截止。开标日期定于20××年×月×日，在××市公证处公证下启封开标，地点在本管理处第一会议室。

电话：×××××××××

联系人：×××

××景区管理处招标办公室

20××年5月5日

第四节　投标书

范文示例

投标书

建设单位：________________

1. 根据已收到的招标编号为________的________工程的招标文件，遵照《工程施工招标投标管理办法》的规定，我单位经考察现场和研究上述工程招标文件的投标须知、合同条件、技术规范、图纸、工程量清单和其他有关文件后，愿以人民币________元的总价，按上述合同条件、技术规范、图纸、工程量清单的条件承包上述工程的施工、竣工和保修。

2. 一旦我方中标，我方保证在________年____月____日开工，________年____月____日竣工，即____天内竣工并移交整个工程。

3. 如果我方中标，我方将按照规定提交上述总价5%的银行保函或上述总价10%的由具有独立法人资格的经济实体企业出具的履约担保书，作为履约保证。

4. 我方同意所递交的投标文件在“投标须知”第十一条规定的投标有效期有效，在此期间内我方的投标若能中标，我方将受此约束。

5. 除非另外达成协议并生效，你方的中标通知书和本投标文件将构成约束我们双方的合同。

6. 我方金额为人民币________元的投标保证金与本投标书同时递交。

投标单位：（盖章）________________

单位地址：________________

法定代表人：（签字、盖章）________________

邮政编码：________________

电话：________________

传真：________________

开户银行名称：________________

银行账号：________________

开户银行地址：________________

电话：________________

日期：________年____月____日

文体知识

一、投标书的含义

投标书是指投标单位按照招标书的条件和要求，向招标单位提交报价并填具标单的文书。它要求密封后邮寄或派专人送到招标单位，故又称标函。投标书是投标单位在充分领会招标文件，进行实地考察和调查的基础上，所编制的投标文书，是对招标书提出的要求的响应和承诺，并同时提出具体的标价及有关事项来竞争，希望中标。

投标单位因为参与公平竞争而拥有获得新的市场的机会，其为了在竞争中取胜，就必须努力改善经营策略，不断提高管理水平，进行技术改造和革新，以达到招标书规定的标准和条件，进而提高企业的经济效益，增强企业的综合素质。

二、投标书的类型

投标书有各种不同的分类。

（1）按投标方人员组成情况分，可分为个人投标书、合伙投标书、集体投标书、全员投标书和企业（或企业联合体）投标书等。

（2）按性质和内容分，可分为工程建设项目投标书、大宗商品交易投标书、选聘企业经营者投标书、企业租赁投标书、劳务投标书等。

（3）按形式分，可分为文字式投标书和表格式投标书。

三、投标书的结构与写法

（一）标题

投标书的标题一般由投标单位名称、投标项目名称和文种构成，或由投标单位名称和文种构成。

（二）正文

投标书的正文包括引言、主体和结尾三部分内容。

1. 引言

引言说明投票的依据、指导思想和投标意愿。

2. 主体

主体的写法比较灵活。一般根据招标书提出的目标、要求，介绍投标企业的现状，说明具备投标的条件，提出标价（常用表格表示）、完成招标项目的时间，明确质量承诺和应标经营措施。此外，应根据招标者提出的有关要求填写标单等。

3. 结尾

写明投标单位的名称、法人代表、联系人地址、电话号码和传真，并以附件形式附上有利于已方中标的有关材料。

四、写作提示

（一）有针对性地认真研究招标文件

招标文件反映了招标单位的招标目的和要求，投标者必须“投其所需”。同时，也要结合招标文件，客观地分析本单位的各项条件，判断有没有能力或希望参加该项目的投标竞争。

（二）有竞争性地明确表达投标意愿

招标、投标活动的显著特点就是竞争性强。因此，投标书的写作要突出本单位的实力、优势和特色，增加中标机会。

（三）实事求是

对本单位的实力介绍要客观，对项目的分析要透彻，引用的数据要准确，确定的目标要可信，制定的措施要可行。切不可为了增加中标机会而夸大其词，或采取欺骗手段。

拓展阅读

一字之误上千万元工程悬了

某年3月初，江西省高安市人民医院门诊综合大楼工程开始招标，九江市第×建筑工程公司（下称“九江×建”）参加投标。眼见公司已在竞标中领先，另一投标企业突然指出，九江×建的承诺书有错误：其中第五条竟然为“承诺中标后转包或擅自分包”。

九江×建项目负责人当时一头雾水，一查才发现，由于打字员和复核人员的粗心大意，漏了一个“不”字。这位项目负责人说：“即使我们存心要转包分包，也不至于傻到白纸黑字写上去啊！粗心大意真是害死人！”

评标委员会认为，不存在“含义不明确”问题，而是很明显的“重大偏差”，一字之误，让上千万元的工程“出了岔儿”，九江×建提出申诉要求复议。

江西省建设工程招标投标办公室复函认为：“九江×建《承诺书》中首先明确表示‘若我司有幸在门诊大楼工程投标活动中中标，我司承诺毫无保留地响应招标文件中的各项条款’，而在后面的八条承诺中有七条均按招标文件进行了承诺，只是第五条承诺将招标文件中约定的‘未经招标人许可，不得分包，不得转包’打印为‘承诺中标后转包和擅自分包’。根据评标委员会和评标暂行规定，我办认为该问题是明显的文字遗漏错误，不属于重大偏差，可要求该投标单位作必要澄清、说明或者补正，并按有关法律、法规进行处理。”

虽然接到省招投标办意见，高安市招投标办还想进一步请上级部门明确作出裁定。目前，仍以“……重大偏差由评标委员会集体书面认定并签字”为理由，坚持认定为废标，并依据原结论进行了公示。

对此，宜春市建设工程招标投标办公室介绍说，江西省房屋建筑和市政基础设施工程施工招投标评标办法中规定：评标活动有明显错误的，招标人或者投标人对评标结论有重大争议，经核实，建设行政主管部门招投标监管机构应当要求评标委员会复议，或者重新组建评标委员会评审。宜春市招投标办已经要求评标委员会进行复议。

文体实训

1. 请到本地旅行社查找几份投标书，分析其内容和格式。
2. 请通过网络搜索几份投标书，分析其内容和格式。
3. 请按照投标书的写作要求，指出下文存在的问题。

××公司投标书

××总公司诸位先生：

研究了招标文件 IMLRC-LCB9001 号，对集通铁路项目所需货物我们愿意投标，并授权下述签名人××、×××，代表我们提交下列文件正本一份，副本四份。

（1）投标报价表。

（2）货物清单。

（3）技术差异修订表。

（4）资格审查文件。

签名人兹宣布同意下列各点：

（1）所附投标报价表所列拟供货物的投标总价为×××美元。

（2）投标人将根据招标文件的规定履行合同的责任和义务。

（3）投标人已详细审查了全部招标文件的内容，包括修改条款和所有供参阅的资料及附件，投标人放弃要求对招标文件作进一步解释的权利。

(4) 本投标书自开标之日起90天内有效。

(5) 如果在开标之后的投标有效期撤标，则投标保证金由贵公司没收。

(6) 我们理解你们并不限于接受最低价和你们可以接受任何标书。

投标单位名称：中国广州××公司
地址：中国广州××区××街××号
电话：×××××××××
授权代表：××××
姓名：×××
（公章）
××××年×月×日

第六章

旅游礼仪文书

第一节 邀请信

范文示例

文化旅游节邀请信

尊敬的×××（先生/女士）：

您好！

我代表本地旅游文化协会诚挚邀请您参加我们即将举办的文化旅游节活动。此次活动将于××××年××月××日在本市举行，我们将为广大游客带来一场集旅游、文化、美食、艺术、音乐、时尚等多种元素于一体的盛会。活动现场将有各种精彩的表演和互动环节，您和您的团队也将有机会参与其中，共同分享这场文化盛宴。

我们相信，文化旅游节将是一个难得的机会，让您更好地了解本地的文化和历史，感受本地人民的热情和好客。我们也希望您能够为活动的成功举办，贡献智慧和力量。

为了更好地组织活动，我们需要您的配合。请您在××××年××月××日之前回复是否能够参加此次活动，并告知参加人数和联系方式。如有任何疑问或需要，请随时与我们联系。

最后，再次感谢您对本次活动的关注和支持。期待着您的到来！

此致

敬礼

×××旅游文化协会

××××年××月××日

资料来源：钉钉魔法棒智能写作，有删改。

2023中国国际游乐设施设备博览会邀请函

2023中国国际游乐设施设备博览会（第37届）即将于2023年3月26日至28日在郑州国际会展中心举办，规模超4.5万平方米，展商500余家，预计专业买家3万人。中国国际游乐设施设备博览会（CAE）已成功举办36届，是中国游艺机游乐园协会（CAAPA）打造的品牌活动，每年吸引来自全球40多个国家和地区的10余万专业买家前往参观和采购，是国际旅游行业最具口碑和影响力的专业品牌展之一。

一、时间·地点

2023年3月26日至28日

郑州国际会展中心

二、展品类别

1. 文化创意服务类

文化创意：品牌IP授权、文旅项目咨询顾问、项目论证、策划规划、创意设计、活动策划、品牌营销、市场调研、剧本娱乐等企业；

服务输出：项目托管、项目运营、设备安装检测维保、融资租赁保险等企业。

2. 娱乐体验设备类

陆地游乐设备：过山车、摩天轮、跳楼机、矿山车、旋转木马、大摆锤、海盗船、旋转秋千、观览塔、卡丁车及各类赛车、碰碰车、风洞、热气球、嘉年华设备、山地游乐设备等；

水上游乐设备：激流勇进、滑梯滑道、造浪池、水屋水寨、冲浪模拟、游船游艇、温泉spa、水处理设备等；

数字科技娱乐设备/体验：元宇宙互动娱乐、球幕影院、VR/AR片源及设备、可穿戴娱乐设备、互动娱乐装置、AI机器人、实景游戏、数字特效、光影秀等；

体育休闲娱乐设备：无动力设备（淘气堡、滑梯滑道、蹦床、绳网、气模、攀岩、极限项目等）、露营产品、健身康体、体育及模拟游戏（投篮机、保龄球、足球、棒球、射击等）、滑雪娱雪设备（制冷系统、造雪机、冰雪运动装备等）；

教育益智娱乐设备：博物馆体验装置、教学机器人、科普教育装置（国防教育、红色教育等）、互动娱乐多媒体、沙盘游戏体验设备、职业体验设备、益智游戏项目；

传统电子娱乐设备：电玩/电子游艺机系列（迷你KTV、跳舞机、娃娃机、口红机、竞技类游戏机、代币等）。

3. 信息管理与交通类

信息管理及交通设备：智慧管理系统、票务系统、储存柜、导览系统、智慧手环、互动软件、拍摄系统、索道缆车、玻璃栈道、小火车、观光车、房车租赁、自助共享车等。

4. 景观设计及场景营造

市政景观规划设计、城市更新创意设计、文旅地产景观设计、主题场景设计包装、园林园艺、喷泉水景、数字视觉展览展示、仿真模型（动物、人物等）、雕塑模型等。

5. 演艺演出类

演艺演出及活动植入：导演剧本、活动策划、花车巡游、机械装置、魔术杂技、主题节庆演出、灯光音响舞美设计、剧场演艺演出设备、鬼屋密室等。

6. 景区配套及商业二消类

园区配套与二消产品：餐饮服务、民宿酒店、卫生安保、木屋凉亭、售货机、文创礼品等。

三、同期活动

展会同期还有丰富的文旅论坛，帮助您洞察文旅产业趋势，发现优秀案例、优质产品，与行业领袖精英充分交流。

四、报名参展

展位预订详询：中国游艺机游乐园协会

展会部：010-57690×××

会员部：010-57690×××

宣传部：010－57690×××

五、报名参观

扫码报名。（二维码略）

资料来源：文心一言，有删改。

文体知识

一、邀请信的含义

邀请信又叫邀请书、邀请函，是邀请宾客参加重大活动、重要会议或隆重典礼的专用书信。

邀请信具有正式性、约请性、庄重性等特点，其作用在于增进友谊、发展业务和交流合作。

邀请信适用于各种正式的大型活动和仪式，如参观、访问、比赛、交易会、博览会或喜庆典礼等。邀请对象可确指，如目标单位代表、知名专家学者、社会名流等；也可泛指，如各单位、各机构，甚至是相关的个体人员。

邀请信不仅表示礼貌庄重，有时还具有凭证作用。

二、邀请信的类型

按发文对象不同，邀请信可分为以下两类。

（一）有确定发文对象的邀请信

此类邀请信针对性强，被邀对象大多是亲朋好友、业内同人、专家学者、社会名流或上级领导等。

（二）无确定发文对象的邀请信

此类邀请信被邀对象范围广、不确定。

三、邀请信的结构与写法

邀请信由标题、称谓、正文、结尾、落款和附启六部分组成。

（一）标题

邀请信的标题有以下三种写法：

（1）仅写文种名称，如“邀请信”。

（2）由发文原因和文种名称组成，如“关于参加××市旅游博览交易会的邀请信”。

（3）由会议或活动名称和文种名称组成，如“××旅游文化节邀请信”。

（二）称谓

另起一行，顶格写被邀请的单位或个人的名称或姓名。个人姓名后应加“同志”“先生（女士）”等尊称或职务、职称等，最后加上冒号。若无确定邀请对象可省略此项，或称呼“尊敬的朋友”“各××单位”等。

（三）正文

在正文中，要向对方发出热情而诚挚的邀请，并写明活动的名称、主办方、开展的时间和地点以及活动的意义、目的、程序、内容等各种事宜。

（四）结尾

结尾一般是请语、敬语，如“敬请光临”“静候莅临”“恳请光临”“此致敬礼”等。

（五）落款

在正文右下方注明发文单位名称或发文者姓名，另起一行在署名正下方写发文时间（年、月、日）。如有需要可加盖发文单位公章，以示郑重。

（六）附启

主要包括活动的详细流程、注意事项、相关费用、食宿安排、交通提示等问题以及主办方的联系人和联系方式，有的还需附上回执。此部分可根据实际情况灵活安排，有的邀请函会把附启部分安排在正文当中。

四、写作提示

（一）内容翔实、周全

要考虑到整个活动的各个细节和被邀请者的方方面面，不能有任何遗漏。一些重要信息，如被邀请者的称谓、活动的具体时间、详细地点、内容安排等不得有误。

（二）语言准确、精练

邀请信的语言要准确、精练，不可过多使用口语词语，做到明白晓畅、庄重文雅。

（三）发出及时

要安排好邀请信的发信时间，让对方有足够的准备时间。

拓展阅读

“春游江南 乡约苏州” 这份旅游邀请函请查收

春到江南，吹开碧波万顷，拂过姹紫嫣红，又是出游好时节。

最是一年春色好。无论是“君到姑苏见，人家尽枕河”的小桥流水人家，还是“暧暧远人村，依依墟里烟”的乡村烟火气，江南万般风景，都值得你来一次。

春游江南，乡约苏州。3 月 31 日，在苏州北太湖旅游度假区，2023 年第十四届江苏省乡村旅游节联动活动暨北太湖文化旅游节如期而至。

活动有哪些亮点、看点？有哪些好吃的、好玩的？精彩剧透来了！

以春风集结 这份乡村旅游邀请函请查收

乡村旅游是旅游业的重要组成部分，是人民美好生活的新供给和全面推进乡村振兴的新力量。目前，江苏已有 46 个村入选全国乡村旅游重点村，总量在全国名列前茅；4 个镇入选全国乡村旅游重点镇，并列全国第一。生态美、生产美、生活美的乡村旅游目的地，在“水韵江苏”希望的田野上如同朵朵繁花绽放，渲染装点“诗和远方”的美丽画卷。在这幅画卷上，苏州颜色尤为亮眼，是全国游客青睐向往之地。

乘着第十四届江苏省乡村旅游节的东风，苏州深入挖掘乡土资源优势、景区资源优势，激发内容创造、场景营造等动能，充分形成联动效应、抱团之势，吹响乡村旅游集结号，不断满足消费者个性化、多样化的旅游需求，也让更多人看到乡村发展的无限可能。

以春风集结。3 月 31 日，苏州向全省、全国发出盛情邀约——“春游江南 乡约苏州”，2023 年第十四届江苏省乡村旅游节联动活动暨北太湖文化旅游节，双节启动，精彩加倍，邀您与苏州“乡约”，徜徉恬静惬意的江南乡野，感受纯粹的乡村美、人文美、历史美，触摸感知乡村发展的澎湃脉动。

11 项活动齐发 尽显苏州乡村之美

响应春的号召，相聚在美丽的苏州北太湖旅游度假区，精彩纷呈的活动让我们尽情领略广袤乡村的无穷魅力。

四季变换，苏州乡村色彩交织，焕发不同的光彩。在活动当天，将会发布苏州乡村旅游四季“宝典”，丰富多彩的节庆活动、民俗文化、红色旅游、舌尖美食、乡野赏花、田园采摘、康体休闲、科普研学等，全年不停歇。春夏秋冬，四时皆美景。按照这份“课表”，咱们说走就走！

同时，苏州乡村旅游路线也会在 31 日“官宣”。这份贴心详尽的旅游攻略，将会带你一路畅玩苏州，尽情领略苏式田园风景。另外，2022 年江苏省乡村旅游重点村将在当天举行颁牌仪式，北太湖旅游度假区十大金牌农家菜也会同时发布。盖戳认证的美丽乡村、金牌美食，怎能错过？

北太湖文化旅游发展主题沙龙、望亭游园会、稻香集市、“生长”美术展、北太湖金牌农家菜大赛……多项活动同步放送，令人目不暇接。吃喝玩乐，一日集齐，一站搞定，就在北太湖旅游度假区。

相聚北太湖 打卡“吴门文化新地标”

“日暮平原风过处，菜花香杂豆花香。”阳春三月，油菜花海跨河越村，百里飘香，美丽的北太湖旅游度假区绽开了金灿灿的底色，也向全国游客发出热情邀约。

位于苏州市相城区望亭镇的北太湖旅游度假区，是江苏“连河（大运河）带湖（北太湖）”文旅融合休闲度假的亮丽名片。已开发的北太湖风景区、国家3A级景区吴门望亭运河公园，是全国游客心驰神往之地。

北太湖旅游风景区是全国五星级休闲农业与乡村旅游园区。这里有长洲苑湿地公园、稻香公园、油菜花海、露营基地、植物迷宫、蔬果采摘等完善的旅游载体，以及农家乐主题街区、咖啡馆、民宿等各类旅游配套。“油菜花季”“稻香季”已经成为响当当的特色旅游品牌。

“御亭一回望，风尘千里昏，青袍异春草，白马即吴门。”望亭，古名即为御亭，是一座具有近两千年历史的古镇。作为大运河进入苏州的第一站，吴门望亭是当之无愧的“门面担当”。千年历史长河中，望亭留下了稻作文化、良渚文化、崧泽文化、古驿文化印记。吴门望亭运河公园作为传承千年的古驿站，既体现了望亭的传统历史文化，又突出了运河环境特色，成为集遗产保护、文化研究、生态旅游、特色党建为一体的“吴门文化新地标”。

寻觅田园意趣，遇见多彩乡村。3月31日，一起来苏州吧！

资料来源：荔枝网，有删改。

文体实训

1. 请认真阅读下面的邀请信，找出其中的问题并加以修改。

×市自行车红色游活动邀请信

××先生：

您好！为了迎接即将到来的党的生日，缅怀革命先烈的奋斗历史，追寻革命先烈的足迹，继承和发扬党的光荣传统和优良作风，经×市政府同意，由×市旅游局主办，×市旅行社协会、××旅行社、××旅行社、××旅行社等多家单位组织协办的20××年×市自行车红色游活动将在市民文化广场举行启动仪式。

自行车红色游线路：鹅鼻嘴公园（出发）—明清炮台遗址—江阴要塞军事文化博物馆—黄山湖公园（稍事休息）—革命烈士陵园（渡江战役纪念馆）。骑行时间预计为8～10小时。

骑行活动结束后，车友们在旅游度假村进行烧烤活动，所需费用由主办方承担；不参加烧烤活动的车友，可以自行离去。

在此，我代表此次活动组委会，诚挚地邀请您参加本次活动。我们相信，通过举办这次活动，不仅能够以特殊的方式庆祝建党××周年，还能进一步推动国民休闲旅游计划的实施，推行绿色出行、低碳旅游的环保理念，同时扩大我市红色游景点的知名度和影响力。

20××年×月×日

2. ×市桃花谷景区经过三个月的重新修整，即将再次向广大市民开放。为庆贺此次重新开放，该景区于20××年8月8日至12日举办以“魅力桃花谷，清凉暑期游”为主题的暑期旅游文化节活动，诚邀广大市民参加。请代该景区向广大市民致邀请信。

3. ××旅行社于20××年7月10日举办成立20周年纪念庆典。请代旅行社拟写邀请信，邀请对象主要为市相关部门领导和相关旅游企业负责人。具体情节可虚构。

第二节　感谢信

范文示例

马踏湖国家湿地公园致广大游客朋友的感谢信

亲爱的朋友：

三秋桂子飘香，双节家国同庆。在这“湖光秋月两相和”的美好时节，很荣幸能与您相约马踏湖国家湿地公园，同赏一轮明月，共品满湖秋色。时光匆匆，长假渐远，纵有千般不舍，我们终要满怀家国之美，满载涟漪湖光，重整行装，再赴新征程。

此时此刻，我们不说再见，只言感谢。

衷心地感谢您，亲爱的游客朋友。中秋国庆喜相逢，马踏湖畔的节日氛围也分外浓郁。八天假期，我们迎来游客12万余人次，景区道路游人如织，节目表演摩肩接踵，游客满意度指数持续攀升。这首先应该感谢您——文明旅游的客人们，讲礼仪、杜陋习、明事理、爱环境……一花一苇皆美景，一言一行显文明。您旅途中的文明之举，与这旖旎多姿的自然风光一道，成就了马踏湖的最美秋日。正是您的厚爱与呵护，遍布景区的“鲜红、深绿、浅黄”，才能不负各位朋友的远道而来，让每个人都徜徉其中，尽情发现美、欣赏美、享受美。正是您的理解和包容，展现了中华民族谦让的传统美德，弥补了我们接待工作中的不足，在“人从众”的氛围中共同度过了和谐美好的假期。

我们还衷心地感谢媒体朋友和志愿者们。一直以来，从中央到地方，从传统媒体到自媒体，从线上到线下，媒体朋友们给予我们那么多的镜头——入选“党的二十大主题成就展”“全国首批美丽河湖优秀案例第一名”“省级水利遗产”……还在第一时间宣传推广全国轮滑大赛、马踏湖湿地公园婚姻登记处启动、桨声灯影夜游活动……让更多游客知道马踏湖，游览马踏湖，爱上马踏湖。每逢节假日及重大活动，志愿者们自发行动，卫生清洁、秩序维护、答疑解惑，身影遍布景区角落，以暖心服务绘就渔家淳朴的风景线，让广大游客倍感温馨。

亲爱的朋友，为迎接假期，节前我们增设了游览路线，增加了观光车、伴游机器人、摇橹船，但还是低估了大家对马踏湖的喜爱，给很多朋友的游玩造成了不便，在此我们诚恳地向您致歉。不可否认，作为新晋景区，等待时间长、标识标牌少、引导服务弱，以及餐饮服务品质不高、演艺互动参与不多、住宿需求不能满足等，都影响到了您的体验感与满意度。在这些方面，我们年轻的团队还有很长的路要走，您的每一次询问、每一条留言、每一个评价，都是我们整改的方向航标。

此时此刻，我们有一份邀请，一份期待。火车主题营地即将正式启用，住宿餐饮日趋完善；万亩芦苇日渐金黄，“芦花飞雪”景色将现；秋风秋雨秋意浓，满湖尽带黄金甲……还有立冬收获的苇秋，冰上嬉戏的群鸟，大湖冬捕的鱼王，以及红泥小火炉，独钓寒江雪的意境……四季风景不同，四时感受不一。我们诚挚地邀请您前来感受不一样的马踏湖，也期待您继续对我们的工作提出宝贵意见与建议，我们愿意在您的帮助下，成为“更好的自己”，给您更美好舒心的游览体验。

秋风萧瑟天气凉，草木摇落露为霜。亲爱的朋友，言有尽而意无穷，接下来的日子，愿您衣服暖一点，休息早一点，工作开心点，生活快乐点，每一天都更好一点。纸短情长，伏惟珍重。

马踏湖国家湿地公园

2023 年 10 月 6 日

资料来源：大众网，有删改。

文体知识

一、感谢信的含义

感谢信是对帮助、关心、支持过自己的党政机关、企事业单位、社会团体或个人表达诚挚谢意的书信。

感谢信具有对象确指性、感情真挚性和表达方式多样性的特点。

感谢信适用范围较广，在感谢相助、感谢邀请、感谢接待、感谢指导等情况下均可使用。感谢信除有感谢之意外，还有表扬之意。

二、感谢信的类型

感谢信依据不同标准，有不同的分类方法。

（1）按照感谢对象的特点，分为给集体的感谢信、给个人的感谢信。

（2）按照感谢信的存在形式，分为公开张贴的感谢信，寄给单位、集体或个人的感谢信。

三、感谢信的结构与写法

感谢信的结构同一般书信相近，由标题、称谓、正文、结尾和落款五部分组成。

（一）标题

标题写在第一行的正中间。写法有三种：一是仅写明文种，如“感谢信”；二是由受文单位和文种组成，如“致××旅游局的感谢信”；三是由发文单位、受文单位和文种组成，如“××旅行社致××公司的感谢信”。私人之间的感谢信不需公开，可省略标题部分。

（二）称谓

在标题下一行顶格写感谢对象的单位名称或个人姓名。个人姓名后应加“同志”“先生（女士）”等尊称或职务、职称等。最后加上冒号。

（三）正文

称呼下一行开头空两格开始写正文。

正文应突出被感谢者在事件发生过程中的优秀行为、优良品质和感谢者的真诚谢意。大致包含以下四方面内容：

（1）陈述事实。简单叙述事件发生全过程，重点说明时间、地点以及是何原因、如何受到对方的帮助等。

（2）表明谢意。热情赞扬对方在关键时刻对自己的关心和支持，以及由于对方的帮助而使自己解决何种困难或摆脱何种困境，表明自己的谢意。

（3）揭示影响。赞扬对方在事件中体现出的可贵精神，以及这种精神所产生的社会影响。

（4）表明自己向对方学习的态度和决心。这部分视情况而定，有时可省略。

（四）结尾

写上表敬意或感谢的话语。正文之后，另起一行，前空两格写“此致”，下一行顶格写“敬礼”。或直接写上“致以最诚挚的谢意（敬礼）”“表示衷心的感谢”等。

（五）落款

在正文右下方注明发文单位名称或发文者姓名，另起一行在署名正下方写明时间（年、月、日）。发文方为集体单位的，最好加盖公章，以示郑重。

四、写作提示

（一）结构合理

感谢信的结构布局要合理，做到中心突出、层次分明、详略得当。

（二）感情真挚

感谢信的中心应当是表达谢意，表达谢意要做到真挚、诚恳，有感而发，不刻意恭维对方，同时在措辞上要注意符合双方身份（如身份、年龄、职业、学历等）。

答谢词表达谢意的“三重奏”

（三）实事求是

描述事件做到要言不烦，本着实事求是的原则，客观描述，不溢美、不夸大，并要准确无误地写明时间、地点和事情的前因后果等。

（四）语言朴实

文风平实、朴素，切忌用华丽辞藻堆砌，使内容空洞、感情虚浮。在语言组织上要精练、简洁，切忌拖沓、冗长，应点到即止。

拓展阅读

400封俄罗斯游客感谢信的背后：三亚昊利德旅行社收获无数点赞

一名叫阿丽莎的俄罗斯游客在离开三亚前给三亚昊利德旅行社留下一封感谢信，感谢该旅行社为她在三亚旅行期间提供度假、生活等无微不至的服务，这是该旅行社今年收到的第400封来自俄罗斯游客的感谢信，这些感谢信的背后是该旅行社积极打造俄罗斯游客贴心服务窗口，致力擦亮三亚旅游金字招牌的生动展现。

不辞辛劳帮游客寻回失物，不计得失为游客垫付医疗费，待游客如亲人，努力为游客提供温馨、贴心、周到的服务……在三亚昊利德旅行社收到的400封感谢信中既有平凡善举，也有跨国大爱，三亚昊利德旅行社导游郭海宝就是这样一位被俄罗斯游客高度点赞的“中国好导游”。

据悉，年初一位俄罗斯游客因肩胛骨疼痛而无法抬起胳膊，导游郭海宝陪同其到医院检查治疗，发现病人因血管堵塞患有心梗急需做心脏搭桥手术。时间就是生命，郭海宝一边安慰游客，一边与医院积极沟通，当即为游客垫付了3万元手术费。在随后游客住院期间，郭海宝和同事姜海军每天都到医院去探望该游客，帮助游客翻译，与医生、护士一起为游客提供力所能及的服务。该俄罗斯游客出院后，迫不及待地要请郭海宝及同事吃饭，紧紧握着他们的手，点赞他们是“中国好导游”。

“像郭海宝这样陪病人就医垫付医药费等好人好事，在旅行社早已屡见不鲜。”三亚昊利德旅行社送机组负责人王东升介绍，一名叫安娜的游客在凤凰机场排队过安检返回莫斯科时突然昏倒，该旅行社导游跪着将昏倒游客的头放在大腿上近20分钟，联系并配合机场医务人员现场急救。经初步诊断游客患有低血糖症状，在游客放弃在三亚留医观察后，旅行社及导游为游客收集了糖果、巧克力等补充糖分，与此同时，在机位十分紧张的情况下，积极协调留出三个连座让游客能在返程中躺着，确保其安全返回莫斯科。

三亚昊利德旅行社总经理助理杨蕊表示，作为拥有三亚至俄罗斯11架包机航线的旅行社，每月接待俄罗斯游客达6 000余人。在接待游客中，俄罗斯游客生病、精神状态欠佳等突发情况时有发生。其间，无论是导游还是机场服务人员，都尽心尽力帮助他们，为他们提供暖心贴心的服务，让俄罗斯游客感受到家一般的温馨。旅行社全体员工，时刻不忘初心，努力以高标准的服务，为三亚建设世界级滨海旅游城市作出积极的贡献。

资料来源：人民网，有删改。

文体实训

1. 20××年10月2日下午3点，××旅行社导游李×带领游客参观××景点。在购买门票时，由于自己粗心大意，多支付200元整，当时双方都未发现。在结束当天行程返回驻地途中，李×突然接到景点购票处工作人员孙×的电话，告知详细情况，并通知他到景区购票处领回多支付的现金，李×深为感动。请代李×写一封感谢信。

2. 山西××旅行社于20××年3月10日至17日组织游客赴海南三亚旅游，受到三亚××旅行社导游刘×热情、耐心、周到的接待。请代山西××旅行社向三亚××旅行社写一封感谢信，感谢该社导游刘×的优质服务。

3. ××旅行社在市旅游局的大力支持和悉心指导下，获得“全国百佳旅行社”的荣誉称号。请代为拟写致市旅游局的感谢信，具体情节可虚拟。

第三节　道歉信

范文示例

××景区致游客的一封道歉信

尊敬的陈××先生及家人：

您好！

首先感谢您和您的家人游览××景区。8月7日15:23，您拨打了景区投诉电话，将您不能按照广告宣传正常入住景区野营帐篷的郁闷之情传递给我们，我们对您和您的家人表示诚挚的歉意。

通过调查得知，8月7日，您在中午11:30到服务台咨询野营帐篷收费及相关设施的情况后，并没有预订和缴纳定金；15:05您去缴纳定金时，帐篷已全部订出，致使您和您的家人没有正常入住，引起您及家人的不快。经协商，景区给您安排了其他住宿房间，您也表示满意和理解。但作为景区管理者，我们还是感到万分歉意，也希望您对我们的工作多提宝贵意见。

祝您工作开心，也希望再来××景区观光旅游。

××景区

20××年×月×日

文体知识

一、道歉信的含义

道歉信是向对方表达自己的歉意，力求获得对方谅解的书信。

当无法答应对方的要求、完成对方请托之事，或因自己的错误行为给对方带来负面影响、造成损失时，可致信对方表达歉意，或声明自己的一贯主张，或说明主客观原因，并及时提出整改或补救措施。

道歉信具有及时性、诚恳性、谦恭性等特点。道歉信的作用在于通过向对方致歉，消除误会，增进友谊和信赖，增强合作。

二、道歉信的类型

道歉信依据不同标准，有不同分类方法。

（一）按道歉对象的特点分类

1. 道歉对象确指的道歉信

这类道歉信又可分为给集体的道歉信和给个人的道歉信两种。

2. 道歉对象泛指的道歉信

这类道歉信，往往是由于一方的过失，给整个社会或大多数群体带来损失，造成广泛的恶劣影响，致歉对象范围广且不确定。

（二）按道歉信的存在形式分类

1. 公开张贴的道歉信

这类道歉信可公开张贴或发布于公众媒体，不具备隐私性。

2. 寄给单位、集体或个人的道歉信

这类道歉信直接寄给致歉对象，不对外公开，有一定的隐私性。

三、道歉信的结构与写法

道歉信由标题、称谓、正文、结尾和落款五部分组成。

（一）标题

标题写在第一行的正中。写法有三种：一是仅写明文种，如“道歉信”；二是由受文单位或个人和文种组成，如“致××的道歉信”；三是由受文单位或个人、发文单位或个人和文种组成，如“××旅行社致广大游客的道歉信”。个人之间的道歉信可省略标题部分。

（二）称谓

在标题下一行顶格写致歉对象的单位名称或个人姓名。个人姓名后应加“同志”“先生（女士）”等尊称或“经理”“教授”等职务、职称。最后加上冒号。

（三）正文

称谓下一行开头空两格开始写正文。

正文应突出道歉者真诚的歉意、道歉的原因和补救措施。大致内容如下。

1. 表明歉意

无论出于何种原因，当不能完成对方所托之事，或者自己的行为给对方带来损失时，道歉者首先应当表明自己的歉意。这是道歉信的一个原则问题。

2. 解释原因

用简明、扼要的语言陈述事情发生的前因后果，并解释道歉原因，包括主观原因和客观原因。比如自己的行为原则、自己在事件中受到哪些内因和外因的影响导致失误等。

3. 提出补救或整改措施（意愿）

提出补救或整改措施（意愿），并征求对方意见。这为双方进一步的合作提供了可能性，也是道歉信必须涉及的一个内容。

（四）结尾

写表敬意或道歉的话语。正文之后，另起一行，前空两格写“此致”，下一行顶格写“敬礼”。或直接写上“致以最诚挚的歉意”等。

（五）落款

在正文右下方注明发文单位名称或发文者姓名，另起一行在署名正下方写明时间（年、月、日）。发文方为单位的，最好加盖公章，以示郑重。

四、写作提示

（一）态度诚恳，措辞委婉

要让对方感到你的歉意出自内心，而不是在做表面文章，更要让对方明白造成这样不利的局面并非自己主观意愿。

（二）向对方解释原因

无论是主观还是客观，无论是重要还是不重要，都要将原因解释清楚，这样才有利于消除误会。

（三）表明诚意

要表明自己补救的意愿或提出补救措施，征求对方意见。

（四）把握好度

即使道歉，也应不卑不亢。不盲目自大，掩盖自己的过失；也不妄自菲薄，过分贬低自己。

拓展阅读

危机公关道歉信如何有效缓解企业危机并恢复公众信任

近年来，随着社会经济的快速发展，各种危机事件屡见不鲜。危机公关也成为企业经营管理中不可或缺的一环。而道歉信作为危机公关中的一种重要手段，能够有效缓解危机事件对企业形象的影响，及时恢复企业与公众之间的信任关系。

一、危机公关道歉信的定义

危机公关道歉信是指企业在发生危机事件后，向公众或媒体发布的一封道歉信。该信件旨在表达企业的诚挚歉意，并承诺采取一系列措施，以避免类似事件再次发生，并尽力弥补由此造成的损失和影响。

二、危机公关道歉信的作用

1. 缓解危机事件对企业形象的影响

企业在发生危机事件后，公众和媒体对企业的不信任和质疑是不可避免的。如果企业不采取及时有效的措施，这种不信任和质疑可能会进一步扩大，甚至导致企业的破产。而道歉信能够表达企业的诚挚歉意，让公众和媒体感受到企业的诚意和关心，从而缓解危机事件对企业形象的影响。

2. 及时恢复企业与公众之间的信任关系

在危机事件发生后，企业需要采取一系列措施，以恢复公众对企业的信任。道歉信就是其中的一种手段。通过向公众和媒体表达歉意，企业能够向公众传递出积极的信号，让他们相信企业会认真对待危机事件，并采取措施以避免再次发生。

3. 体现企业的社会责任

企业在危机公关中采取道歉信的方式，也是体现其社会责任的一种方式。在发生危机事件后，企业需要承担起社会责任，采取措施以减少危机对企业和社会造成的损失，并积极采取行动，以恢复公众对企业的信任。

三、危机公关道歉信的写作技巧

1. 内容简洁明了

危机公关道歉信需要简洁明了地表达出企业的歉意和承诺，避免使用过于复杂的词汇和句子，以免增加阅读难度。

2. 重点突出

在道歉信中，需要突出表达企业的歉意和承诺，让公众清楚地了解企业所采取的措施，以及企业将如何避免类似事件再次发生。

3. 真诚道歉

在道歉信中，需要表达出企业的真诚歉意，以缓解危机事件对企业形象的影响。可以通过表达企业的痛心、遗憾之情，以及企业将如何避免类似事件再次发生的承诺，来体现企业的真诚。

4. 明确表达

在道歉信中，需要明确表达出企业的歉意和承诺，避免使用模糊、含混不清的措辞。可以通过具体说明企业将采取哪些措施，以及企业将如何避免类似事件再次发生，来明确表达企业的歉意和承诺。

综上所述，危机公关道歉信是企业应对危机事件的一种有效手段。通过采取及时、真诚、具体的措施，企业可以缓解危机事件对企业形象的影响，及时恢复企业与公众之间的信任关系，同时体现企业的社会责任。

文体实训

1. 阅读下面的材料，请代旅行社拟写一封道歉信。

××旅行社在20××年8月7日至13日安排游客参加“丽江七日游”的过程中，恰逢暑期，出现诸多问题，如车辆空调制冷差、住宿环境差、饮食质量不高等，使游客深感不满。更令人气愤的是，当游客把上述问题反映给导游何×时，不但没有得到解决，还遭到其言语奚落。此外，导游何×在带团期间，安排大量时间让游客参观购物商店，强迫游客参观自费景点。游客提出异议时，遭到冷遇甚至谩骂。此事被游客在网络曝光，造成了恶劣影响，给旅行社声誉带来极大损失。经研究决定，旅行社以集体名义给该团游客致道歉信，并退还部分费用以弥补游客损失，同时给予导游何×通报批评的处分，希望能够得到游客的谅解。

2. 请认真阅读下面这封道歉信，指出其问题所在并加以修改。

道歉信

王先生：

您好！

首先请接受我酒店对您诚挚的歉意！

对于您预订的房间被擅自转让一事，请允许我作出解释。按照酒店规定，客人预订房间的截止时间是次日中午十二点。也就是说您在4月9日预订的两间标准间，如果您在4月10日中午十二点之前不能入住的话，该次预订视为无效。4月10日中午十一时三十分，有两位客人来到我酒店，由于是旅游高峰期，我酒店除您预订的两间标准间外已经全部客满。在这种情况下，我酒店服务员叶×多次与您联系，但电话始终无人接听，所以我们就擅自将您的房间转让给这两位客人。致使您于十一时四十五分到达我酒店后无房可住。

我酒店认为，在此次事件中，我方并不能负完全责任。首先，您预订的是4月9日上午十点入住酒店，但实际上您到达酒店的时间是次日中午十一时四十五分，相隔近26个小时，且已接近预订截止时间；其次，我方人员多次跟您进行电话沟通，但电话一直无人接听，不能认为我方人员失误。

但无论如何还是给您的出行带来了麻烦，请接受我们的歉意！

××大酒店

3. 请根据以下材料，代拟“××旅游集团致广大游客的一封道歉信”。

××旅游集团于20××年5月2日举办“免费游××山”活动。但整个活动组织不力，令广大游客深感不满。如：承诺免费班车接送，但由于游客较多，车辆班次较少，而使部分游客无法搭乘；活动举办的主场地由于时间紧、工期短，很多设施不到位，使游客不能尽情游玩；景区饭店质量差、价位高，不能满足游客需求；承诺的“亲手摘鲜果”“体验农家乐”“民俗风情表演”等项目由于种种原因都未能顺利开展。

为挽回恶劣影响，赢得广大游客的谅解，该旅游集团向广大游客真诚道歉，并承诺将此活动延长三天，在有限的时间内努力改进各项设施和各种服务，以实际行动表达自己的歉意。

第四节　贺信（电）

范文示例

贺　信

××景区：

欣闻××景区被批准为国家AAAAA级旅游景区，特此表示热烈的祝贺！

国家AAAAA级旅游景区是目前我国旅游景区质量等级的最高标准。××景区创建国家AAAAA级旅游景区的成功，标志着景区服务质量和环境质量提高到了一个新水平，景区品位和对外形象达到了一个新高度。这个荣誉的取得，是你们科学管理、扎实工作、注重细节、精益求精的结果，为全市各旅游景区的创建工作树立了榜样，市政府对你们取得的成绩给予充分肯定！

创建有目标，追求无止境。希望你们发扬成绩，再接再厉，以更高的标准，把××这一珍贵人类文化遗产保护好、管理好，努力打造成为世界一流的名胜景区，为地方经济文化发展作出更大贡献。

××市人民政府

20××年×月×日

文体知识

一、贺信（电）的含义

贺信是指党政机关、企事业单位、社会团体或个人向其他集体单位或个人表示祝贺的一种礼仪性书信。以电报形式发出的贺信称为贺电。

贺信具有祝贺性、喜庆性和礼仪性的特点。在对方举办重大会议、喜庆仪式、庆祝活动，或取得重大成就、突出业绩，或庆贺重要节日、某人寿辰时，都可发贺信以表达庆贺、增进友谊、加强交流、相互勉励。

二、贺信（电）的类型

贺信（电）有多种分类方法。

（一）按祝贺内容分类

可分为四种，即庆贺重要会议（活动）、庆贺喜庆事件、庆贺重要日期和庆贺突出成就四种贺信（电）。

（二）按行文方向分类

1. 上级对下级的贺信（电）

在表达祝贺、肯定成绩的同时对今后的工作提出希望和要求。

2. 下级对上级的贺信（电）

这类贺信（电）除表示庆贺外，还要表明下级有信心以上级为榜样，或在上级的指导下完成有关工作、任务或取得突出成绩。

3. 平级单位之间的贺信（电）

要简单回顾双方曾建立的友好情谊，提出保持和增进双方友谊、合作的良好愿望，表明向对方学习以求共同进步的态度。

4. 私人之间的贺信（电）

主要在于祝贺成就、沟通感情、分享快乐、相互勉励。

三、贺信（电）的结构与写法

贺信（电）一般由标题、称谓、正文、结尾和落款五部分构成。

（一）标题

贺信（电）的标题一般有三种写法：仅写明文种，如“贺信(电)”；写明发文方或收文方名称，如“××市旅游局贺信”“致××的贺信”；写明祝贺事由，如“县科协文化旅游专业委员会成立贺信”等。

（二）称谓

第二行顶格写明致贺单位名称或个人姓名。写给个人的，要在姓名后加上“同志”“先生（女士）”等尊称或职务、职称等，称呼之后要用冒号。

（三）正文

另起一行，开头空两格写正文。正文包括以下几项内容：

（1）因何事向何人（单位）祝贺。有时可套用“值此……之际，谨代表……向……表示热烈祝贺”的格式。

（2）结合实际情况，依对象、场合、身份等不同情况，对所庆贺事项展开分析。比如，庆贺活动或会议，可阐明当前的形势和活动（会议）开展的历史条件、重大意义、重要内容等；庆贺重要成就，可在肯定成绩的同时，简单介绍成就获得的主、客观原因及成就获得者的可贵精神；庆贺重要日期，应介绍日期的意义及庆贺的目的；庆贺某人寿辰，要说明对方的社会影响。总之，要具体问题具体分析。

（3）写出祝贺者的希望、决心、祝福或共同的期望等。

（四）结尾

结尾另起一行，写上祝愿的话。如“此致敬礼”“祝取得更大的胜利”“祝您健康长寿”“祝会议取得圆满成功”等。

（五）落款

另起一行，在右下方写明发文单位名称或个人姓名，名称正下方署上成文时间。以集体单位名义发出的贺信最好加盖公章，以示郑重。

四、写作提示

（一）实事求是

写贺信（电）要交代向谁致贺、庆贺何事、事情的重要影响或重大意义等，不能泛泛而谈、流于形式，也不能过分赞扬，以免有溢美、谄媚之嫌。

贺信正文写作的“三段论”

（二）感情真挚

贺信（电）中要表达出热烈的祝贺和真诚的祝福，要充满欢乐、喜庆的情感。此外，还要体现赞扬、表彰、鼓励等，或提出希望和要求。总之，贺信（电）不应仅仅围绕庆贺做文章。

（三）篇幅简短

贺信（电）的篇幅要短小、精悍，不宜发表长篇大论，语言要精练而不失简单、通俗而不失雅致、朴素而不失热情。

（四）注意贺信和贺电的区别

贺信和贺电的细微区别：距离较远，且对时间没有严格要求的情况下使用贺信。如果为了表示慎重，而且时间要求要快，则用贺电。此外，贺电的篇幅更为短小。

拓展阅读

例说贺信写作的三种结构模式

贺信是对某一机关、企事业单位、社会团体或个人取得的突出成绩，或举行重要的庆典、纪念性活动，或在重要会议开幕时表示祝贺的一种礼仪文书。随着社会经济的发展和国家、集体及个人之间交际活动的日益频繁和深入，贺信与我们日常生活的关系日益紧密。在国家、集体举行的重要活动、重要会议以及个人的婚庆、寿辰、荣升庆典等重要场合，贺信往往能起到渲染喜庆气氛、鼓舞人心、增进友谊的作用。而要切实发挥贺信的这种重要交际功能，写作者就要针对祝贺对象和内容特点拟写好文本。

一、贺信的三种结构模式

（一）对取得突出成绩的单位或个人的祝贺

写作这种贺信时要着重分析单位或个人取得成绩的主客观原因，并将所取得的成绩对单位发展、国家建设、人类进步的作用、影响阐述清楚。这种贺信的结构模式是：祝贺之语（包括贺什么、为什么要祝贺、向谁祝贺）—取得成绩的原因及影响等—提出希望。

【例文】

贺　信

××药业公司：

欣悉你们20××年利税总额首次突破1亿元大关，比上一年度翻了一番，实现建厂以来历史性突破。这是××药业公司发展历程中具有里程碑意义的大喜事。为此，市政府向你公司全体员工表示热烈的祝贺！

近年来，你公司领导班子率领全体员工解放思想、更新观念、抢抓机遇，秉承“××、××”的企业精神，求真务实，开拓进取，牢固树立科学发展观，以高新技术改造传统产业，大力实施“绿色”制药理念，通过卓有成效的管理创新、产品创新、技术创新和市场创新，创造了一个又一个发展奇迹，成为我市经济建设的重要力量和药都建设的楷模。目前，你公司已经成为全国技术水平最高、生产规模最大的××生产企业之一，同时也是国内重要的××、××生产基地，经济效益跨入全国制药50强企业行列，企业和产品先后荣获全国优秀企业和省名牌产品等众多荣誉称号，取得了令人瞩目的可喜成绩。

××药业公司是我市制药骨干企业，也是我市重点工业利税大户之一。多年来，为我市经济建设作出了重要贡献。市政府希望你公司全体员工不骄不躁、再接再厉，创造更加优异的成绩，为加快我市经济建设和工业发展作出新的更大的贡献！

××市人民政府

20××年2月1日

这封贺信的第一段按照“祝贺什么—为什么祝贺—向谁祝贺”的思路表达了祝贺之意。需要注意的是，一定要找准祝贺的由头，有时一个公司取得了多项成绩，这就需要找出它最重要、最突出的成绩。如本文是政府行文，作者结合企业和政府的关系，以对方在利税总额上的突破为“由头”进行写作，切入点符合双方的身份。第二段客观准确地分析了公司取得巨大成绩的原因，概述了公司的地位并将企业精神和企业经营理念融入其中。第三段对公司在“我市”经济建设和发展中的作用作了简要回顾和评价，最后提出了希望。这封贺信严格按照上述结构模式展开，叙述精当，层次清晰。

（二）对单位或个人的庆典、纪念性活动的祝贺

这种贺信一般在单位成立周年等或个人婚庆、寿辰等庆典、纪念性活动上，相关单位或个人为表示庆祝时使用。写这种贺信时要着重说明开展该活动的重要意义，并给予对方客观公正的评价。如庆贺寿辰的贺信，应简要准确地赞扬对方在事业上的成就或对社会的贡献等。这种贺信的结构模式是：祝贺之语（包括贺什么、为什么要祝贺、向谁祝贺）—对对方的评价之词—对双方关系的展望或祝愿等。

【例文】

华东师范大学贺信

上海教育报刊总社：

值此《上海教育》创刊50周年之际，谨致以热烈的祝贺！

《上海教育》杂志是宣传上海教育改革和发展的重要平台，在国内外具有相当影响力和知名度。创刊以来，在全面贯彻党的教育方针，减轻学生的学业负担，推进教育整体改革，贯彻新课程教改方案，全方位加强德育，全面实施素质教育等一系列重大教育改革和实践中发挥了重要的作用。

服务师生发展传承文明，宣传教改理念造福社会。华东师范大学与《上海教育》杂志一直有着友好而密切的合作，在深化推进上海教育综合改革、探索与构建面向新世纪基础教育的新观念和学校教育的新模式等各个方面取得了丰硕成果。希望在今后的发展进程中，我们能进一步加强交流与合作，继续宣传教改新理念、记录教改新历程、弘扬教改新思想、推介教改新人才，充分反映上海教育综合改革成果，服务国家教育战略，为推动国家教育事业发展作出新的更大的贡献。

华东师范大学

20××年1月22日

这是一封庆典贺信。从全文的结构安排来看，第一段简要写明了祝贺什么和为什么祝贺。第二段对对方的功绩作了客观、公允的评价。评价紧紧围绕对方所从事的事业展开，措辞中肯得体。第三段在简要回顾双方良好关系的基础上展望未来，提出祝愿。

（三）对一些重要会议开幕的祝贺

这种贺信一般是为祝贺一些重要会议开幕而写的。这种贺信的写作要着重写出召开此次会议的重要性，并表达对会议的期望或要求。这种贺信的结构模式是：祝贺之语

（包括贺什么、为什么要祝贺、向谁祝贺）—会议召开的背景及必要性和意义等—表达对会议的期望或发出祝愿。

【例文】

国际风景园林师联合会主席法加多
致××××中国风景园林教育大会的贺信

亲爱的周干峙理事长先生：

我刚刚欣喜地得知××××中国风景园林教育大会定于××××年9月19日至20日在北京林业大学召开，协办单位是《风景园林》杂志和《中国园林》学刊。

国际风景园林师联合会（IFLA）全面支持这一盛事。我将很荣幸地在国际风景园林师联合会网站上强化这一重点。同时，我将高兴地在下期的国际风景园林师联合会世界理事大会上出版的国际风景园林师联合会通讯上加以报道。

风景园林的教育、行业的承认和评估是国际风景园林师联合会最紧要的工作。我非常高兴我们尊贵的会员国中国风景园林学会主办这一积极的会议。国际风景园林师联合会确认此次大会并预祝您以及大会报告人和与会者能对风景园林的教育领域，如当代风景园林的发展与中国风景园林人才的需要，中国风景园林教育体系最新的课题和战略，国际风景园林学科、教育和发展趋势等方面，展开前瞻性、丰富的讨论。

我现在正在希腊雅典参加一个风景园林教育会议，我们与会者与你们一样都深信，21世纪风景园林事业将比以往任何时候都更加重要，我们必须为我们的共同目标一起努力工作。

我期待着尽快在明尼阿波尼斯市能与您相会！

国际风景园林师联合会主席
玛莎·塞西里娅·法加多
20××年9月18日

这是一封外国友人写的贺信。写作也基本上是按照上述结构模式展开的。文中第一段表达了欣喜之情。第二段并没有直接写会议的重要性或意义等，而是写了自己能为此次会议的召开做些什么。这在国内的贺信中是很少见的。对此，笔者认为这是国内贺信写作可借鉴之处，这样写不仅表示对对方的关切，更显示出对对方的友好或负责。第三段围绕会议的议题指出会议召开的必要性和重要性，并对会议提出期望。第四段围绕共同的事业展开叙述，拉近了与对方的距离，让对方感到无比亲切。

二、贺信写作的注意事项

（1）授受关系对贺信语体差异的影响。贺信的语言要热情、大方、典雅，使对方感到温暖、愉快，受到鼓舞或教育。颂扬之词、赞美之词要恰如其分，不要故意拔高，甚至献媚，要使对方感到自然、真诚和贴切。在具体写作时，要根据贺信的授受关系掌握好不同行文方向的贺信对语言使用的要求。如非隶属关系单位之间的贺信用语要体现出谦敬之意，使用一些表示谦敬的词语，如“贵校”“贵公司”等，以体现对对方的尊重。写给下级单位的贺信在表达祝愿的同时还要庄重、大方。

（2）授受关系对贺信结尾写作的影响。不同授受关系的贺信，在结尾写作上有较大差异。写给下级的贺信在结尾部分要提出具体希望和要求，多是宏观性的或业务上的指导。如公安部写给山东警察学院建校 60 周年的贺信，信中从学校、教师、学生三个方面提出了具体要求。平级或非隶属关系单位之间的贺信，在结尾部分一般强调要在已有良好关系的基础上继续加强彼此间的合作，祝愿双方关系更进一步，虚心向对方学习。如果贺信是写给上级的，要写清自己的态度和决心，如向上级看齐等。

(3) 贺信具有一定的时效性，所以制发要及时。比如祝贺寿辰的贺信一定要在对方生日前几天或当天送到。

资料来源：姜英伟，李桂珍．例说贺信写作的三种结构模式．秘书之友，2008（2）．

文体实训

1. ××旅行社荣登 20××年度全国“百强”国际旅行社排行榜，并受到相关部门的表彰。请以兄弟旅行社名义代拟一封贺信。具体情节可虚构。

2. 在农历新年即将到来之际，请以××旅行社名义撰写一封致广大市民的贺信，恭贺新春，并借此机会宣传旅行社。

3. 请根据以下材料，以宜昌××旅行社名义拟一封贺信。

第十届中国宜昌三峡国际旅游节即将在三峡大坝开幕。此次旅游节由文化和旅游部和湖北省人民政府主办，中国长江三峡工程开发总公司、湖北省旅游局、宜昌市人民政府承办，旨在向世界推出新三峡、新形象、新旅游，把长江三峡打造成世界知名的旅游品牌，推进宜昌创建世界水电旅游名城的进程。

据悉，自 2000 年以来，中国宜昌三峡国际旅游节已成功举办了九届，被评为国际节庆协会（IFEA）中国最具发展潜力十大节庆活动。活动在形成城市品牌效应、形成宣传轰动效应、形成办节联动效应等方面取得了令人满意的效果。

第五节　导游欢迎词

范文示例

欢迎词

各位团友：

大家早上好！

首先，我代表××旅行社欢迎大家来到美丽的海南岛！

我是××旅行社的导游员，名字叫王××，大家叫我小王就行了。前方是我们的司机×师傅，×师傅有多年的驾驶经验，驾驶技术高超，所以大家在行车过程中可以完全放心。未来的几天就将由我和×师傅为大家服务，务求使大家在旅途中的“食、住、行、游、购、娱”都能得到满意的服务。小王可能不是最优秀的导游，但绝对会是一个最用心的导游，大家要是有什么问题、有什么需要，都可以和我说，在我能力范围内的，我会尽量满足您的要求。要是有什么地方做得不够好，请在座的各位多多指教，给我一个可以进步的机会，我也希望各位在这几天中多多给予支持和配合。

接下来向大家简单介绍一下我们这次的行程安排。我们这次游览的是海南岛，它是我国的第二大岛。在这五天里，我们将环游半个海南岛，我们沿着东线海滨出发，直到最南端的三亚市，然后从中线山区回来，各种类型的景观都能看到。海南岛的西部由于还没有开发好所以现在还没有安排进常规旅游线路中。

今天是第一天，我们现在坐车去广州白云机场，乘飞机去海口，起飞的航班是上午十点整。当天我们会参观海瑞墓、五公祠。第二天我们会沿着东线进发，参观灵山鹿场，游览万泉河，接着去有“海南第一山”之称的东山岭，然后到达兴隆温泉，这里是一个热带农场，有可可、咖啡、胡椒、椰青等许多热带农作物，既可参观又可品尝，还可以泡温泉。第三天到达三亚市，我们会游览鹿回头，这里有一个美丽的传说，讲一只梅花鹿怎么变成了一位大美女，到当地有我们的地陪向大家解说，这是一个抢答题目噢，大家到时可要仔细听啊！第四天我们去美丽的大东海、天涯海角、亚龙湾，然后沿中线山区返程。路上我们会参观黎苗村寨。第五天，在路上远眺五指山。大家都知道孙悟空被如来佛压在了五指山下，五指山就在我们海南岛。俗话说：“不识庐山真面目，只缘身在此山中。”要想知道五指山的真面目，就要远眺，看是不是像五个手指。最后我们返回海口，乘飞机回广州。

讲了这么多，大家记住了吗？记不住也没关系，到时我和地陪每天早上都会重复预报当天的行程的。这就是我们这几天行程的安排，大家要是有什么意见或建议可以提前向我反映，我会做相应的处理。

现在我跟大家强调一下出门在外的一些注意事项：

1. 出门在外安全第一。在这里指的不仅仅是人身安全，还有我们的财物安全。希望大家保管好自己的贵重物品。

2. 这几天我们用的是团队餐，大家经常出游可能都知道，团队餐只能保证大家吃饱，所以到时候大家觉得菜不够的话，可以自己加菜，要是菜的口味不习惯，我可以和餐厅沟通，尽量做得合大家口味。

3. 今天晚上我们要住在××酒店，安排的是双标房，大家可以自己拼，两个人一间。拿到房卡后不要急着休息，先检查一下门和窗户是否能够锁上，然后再检查空调和电视的遥控器有没有，毛巾、杯子是不是双份。要是没有可以打电话到总台，让服务员送过来。宾馆里的床单、毛巾都是白色的，大家在使用的过程中也请注意，不要染上其他的颜色，这样在第二天早上退房的时候就省去了很多麻烦。

4. 等一会儿我会给在座的每一位都发一个有我们旅行社标志的帽子，希望大家可以戴戴平安！而且希望大家在游玩景点的时候戴上帽子，这样不容易走散。

5. 我们大家是以团队的形式出游的，在时间方面小王希望大家都要准时。不要因为一个人迟到耽误大家的时间。在这里我征求大家意见，我们订个小规矩，要是哪个人迟到了，就罚他唱歌，要是再次迟到就罚他给大家加菜。各位同意我提的这个建议吗？

6. 出门旅游，旅游车就是我们的第二个家，希望大家保持车内清洁，不要在车上吸烟，有需要垃圾袋的，小王可以拿给你。

讲了这么多注意事项，希望各位不要嫌小王啰唆。

中国有句俗话说得好：百年修得同船渡。今天我们就是百年修得同车行。大家由不同的地方走到同一个目的地，乘坐同一辆车，大家由不相识到相见相知，这真是一种奇妙而又美好的缘分，那么就让我们将这个美好的缘分进行到底。小王在这里预祝大家海南之行愉快，希望我们海南的好山、好水、好导游、好司机给大家带来一份好的心情，使大家带着对海南的期待和憧憬而来，带着对海南的满意和留恋而归。最后祝大家在海南吃得舒心、玩得开心、住得爽心！

文体知识

一、导游欢迎词的含义

导游欢迎词是指导游对游客的到来表示热烈欢迎的致辞，是社交礼仪演讲词的一种。

导游欢迎词具有热情性、欢快性、口语性等特点。导游欢迎词的作用在于表达接待者对游客的热烈欢迎之情，营造愉快轻松的气氛。

二、导游欢迎词的结构与写法

导游欢迎词大致包括标题、称谓、正文、结尾四部分。

（一）标题

书面形式的导游欢迎词直接写“导游欢迎词”或“××市导游欢迎词”即可；口头形式的导游欢迎词，可省略标题部分。

（二）称谓

导游欢迎词一般针对团体而言，在称呼时要表现出亲切、热情之感。如：“亲爱的各位团友（朋友）”“尊敬的各位游客”等。

（三）正文

（1）表示欢迎：用一句话代表旅行社对游客的到来表示热烈欢迎。

（2）自我介绍：向游客介绍自己，同时也介绍参加接待的各位工作人员，如司机。

（3）表明态度：向游客表明愿意为大家服务的决心和保证使大家满意的信心。

（4）行程介绍：向游客介绍此次行程的大致安排，让游客心中有数。中间可插入对城市概况和当地风土人情的简介。

（5）提醒注意事项：向游客说明行程中的注意事项，希望得到大家的配合和支持。

（四）结尾

对游客致以美好的祝福。

三、写作提示

（一）亲切热情、风趣自然

可使用名人名言、民间俗语或幽默语等各具特色的语言，让游客放松心情，快速熟悉、接纳导游，并对旅行活动产生良好的第一印象。

（二）篇幅简短

导游欢迎词篇幅不宜过长，把主要问题讲清楚即可。

（三）能够活跃气氛

欢迎词中可设计一些和游客互动的环节，以活跃气氛，调动游客的积极性。

（四）因人而异

要看对象致辞，看旅游团性质致辞。团员的地域、年龄、工作性质等不同，欢迎词的语言也应有所不同。如果是接待考察、学习性质的旅游团，语言应略微庄重，对城市概况的介绍应适当增加。

拓展阅读

全国优秀导游教你如何说好导游欢迎词

“导游欢迎词”好比一场戏的“序幕”，一篇乐章的“序曲”，一部作品的“序言”。中外游人都讲究“第一印象”，而致欢迎词是给客人留下“第一印象”的极佳机会，我们应当努力展示自己的风采，因为“良好的开端”是“成功的一半”。

任何艺术、技巧，都有一定的“规范”和“要素”。那么，“欢迎词”的“规范”和“要素”是什么呢？规范化的“欢迎词”应包括五大要素：

一是表示欢迎，即代表接待社、组团社向客人表达欢迎之意。

二是介绍人员，即介绍自己，介绍参加接待的其他人员。

三是预告游览项目，即介绍城市的概况和在当地即将游览的项目。

四是表明态度，即愿意为大家热情服务、努力工作，确保大家满意。

五是预祝成功，即希望得到游客支持与合作，努力使游览获得成功，祝大家愉快、健康。

欢迎词切忌死板，切忌沉闷，如能风趣、自然，会缩短与游客的距离，使大家很快熟悉起来。

另外，欢迎词中引用一些谚语、名言，会收到很好的效果。比如“有朋自远方来，不亦乐乎”“百年修得同船渡”“有缘千里来相会”“世界像部书，如果您没出外旅行，您可能只读了书中之一页，现在您在我们这里旅行，让我们共同读好中国的这一页”。

除了注重欢迎词的文采之外，有些导游创造的话语，越琢磨越感到艺术性强，值得我们学习。埃及一位63岁的老导游，在为中国旅游代表团担任导游致欢迎词时有这样一句话："在今后的导游中，如果有什么地方我讲得不清楚，欢迎先生们提出来，我将努力讲清楚……"大家感受一下，他这句话令人听后是愉快的。其实，大家都知道，有时并不是导游讲得不清楚，而是游客精神不集中而没听清楚，但他将责任归为自己的，把愉快留给了游客，听者如何不高兴呢？这比我们一些导游说的"如果你有问题，我可以给你讲明白"不是高明多了吗？文采固然好，含蓄也令人回味。

大家的欢迎词，若注意以上这些，并切实做好，就会令游客有个美好的"第一印象"，也使"行"有了良好的开端。

资料来源：导游考试网，有删改。

文体实训

1. 如果接待一个官方的访问团赴海南进行考察参观，你觉得以下导游欢迎词是否合适？为什么？如果不合适，应如何修改？

两个黄鹂鸣翠柳，一片孤城万仞山，独在异乡为异客，夜半钟声到客船，天生我材必有用，相见时难别亦难，要问此诗谁人作，不是别人正是咱！唐诗一首，呵呵。开个玩笑！

旅客朋友大家好啊！很荣幸能为各位本次的旅行提供导游服务，我的名字很简单，也很好记，苏婉婷，苏婉婷的苏，苏婉婷的婉，苏婉婷的婷。大家以后可以叫我苏导，也可以叫 soso，听着也亲切。在这里我还要代表我们××旅行社欢迎各位衣食父母，祝大家一路平安、双喜临门、三阳开泰、四季平安、五谷丰登、六六大顺、七星高照、八方来财！我的手机号是×××××××××××，随时开通。一路走来，朋友们有什么难处，可以找我，这就叫：排忧解难，请打导游热线。

同时为各位提供服务的还有驾驶席上的陈师傅，陈师傅很年轻，只有30多岁，但已经有十多年的驾龄了。

此次海南之行，我们将在亚龙湾走一走，大东海看一看，鹿回头瞧一瞧，天涯海角转一转，南山逛一逛，五指山站一站，各位的旅行生活一定有说有笑、有打有闹、有情有义、有声有色、有滋有味。

一句话，祝大家幸福时光不见不散。

2. ××市中国青年旅行社组织了一个以初中生为主的暑期夏令营，将于8月初赴西柏坡参加红色革命游。请以××旅行社导游的身份拟写欢迎词。

3. 来自银川市的"夕阳红旅游团"即将参加"北戴河经典二日游"。请以北戴河××旅行社导游的身份拟写欢迎词。

第六节　导游欢送词

范文示例

导游欢送词

亲爱的团友：

虽然舍不得，但还是不得不跟大家说再见了，因为还有不到半个小时，我们为期五天的华东五市游就要结束了。感谢大家这几天来对我的配合和帮助，我们达成这种默契真的是很不容易。大家出来旅游，收获的是开心和快乐，而我作为导游带团，收获的则是友情和经历。我想这次我们都可以说是收获颇丰吧。在和大家初次见面的时候我曾说，相识即是缘，我们能同车而行即是修来的缘分。而现在我觉得不仅仅是所谓的缘了，而是一种幸运，能为大家做导游是我的幸运。

在这几天里，我们到杭州聆听了西湖的浪漫传说，到上海感受了大都市的摩登与繁华，到苏州欣赏了甲天下的园林，到无锡领略了太湖的锦绣风光，到南京体会了六朝古都的历史韵味。相信这些都能成为大家记忆深处美好的一页！也希望我能成为大家记忆深处的一个好朋友！

在这次旅游过程中，我还有很多地方做得不到位，谢谢大家不但理解而且还十分支持我的工作，这些点点滴滴的小事情使我非常感动。也许我不是最好的导游，但是大家却是我遇见的最好的客人。

各位到了机场后，即将乘坐飞机，回到自己温暖的家，在这里祝大家一路平安、旅途愉快。欢迎您再来华东！

最后，祝大家在以后的日子里，生活好，工作好，样样都好；亲戚好，朋友好，人人都好。谢谢大家！再见！

文体知识

一、导游欢送词的含义

导游欢送词是指在旅游活动结束时，导游对游客即将离去表示热忱欢送的致辞，是社交礼仪演讲词的一种。

导游欢送词具有惜别性、真诚性、口语性等特点。导游欢送词的作用在于表达接待者对游客的热忱欢送和惜别之情，为整个旅游活动做一个小结并画上圆满句号。

二、导游欢送词的结构与写法

导游欢送词大致包括标题、称谓、正文、结尾四部分。

（一）标题

书面形式的导游欢送词直接写“导游欢送词”即可；口头形式的导游欢送词可省略标题部分。

（二）称谓

同导游欢迎词写法基本一致。

（三）正文

可根据情况灵活变通，但主要内容大概涉及以下几方面：

（1）表达惜别之情。在短暂的旅程中，导游和游客之间已产生了朋友之谊，所以在欢送词中要像对待朋友离别一样表达出惜别、留恋之意。

（2）感谢游客的配合和支持。旅游活动能够顺利进行，同游客的配合和支持是分不开的，在欢送词中要表达出这一点。

（3）对旅游活动进行总结。向游客总结游览的景点，加深游客的印象。

（4）征求游客意见。谦虚地表明自己在服务过程中有种种不足，希望游客指出并给予理解和包涵。

（5）期待和欢迎游客再次光临。

（四）结尾

对游客致以美好的祝福。

三、写作提示

（一）感情真挚、恳切

表现出朋友之间应有的留恋和惜别，让游客对导游或旅行社留下良好的印象，切忌给人“客走主人安”之感。

（二）语言口语化

语言尽量口语化，可适当使用一些感情丰富的词语，但要把握好度，不能给人做作之感。

（三）篇幅简短

导游欢送词要短小精悍、言简意赅，让游客感到意犹未尽而不是乏味冗长。

拓展阅读

如何写好导游欢送词

送别标志着导游的接待工作接近尾声，这时导游与游客已经熟悉，有的还成了朋友。如果说欢迎词给游客留下美好的第一印象是重要的，那么我们认为，在送别时致好欢送词，给游客留下的最后的印象将是深刻的、持久的、终生难忘的！有水平、符合规范的欢送词应有五个要素，即表示惜别，感谢合作，小结旅游，征求意见，期盼重逢。

“表示惜别”，是指欢送词中应含有对分别表示惋惜之情、留恋之意，讲此内容时，不可嬉皮笑脸，要给客人留下“人走茶更热”之感。

"感谢合作"，是指感谢游客在旅游中给予的支持、合作、帮助、谅解，没有这一切，就难以保证旅游的成功。

"小结旅游"，是指与游客一起回忆一下这段时间所游览的项目、参加的活动，给游客一种归纳、总结之感，将许多感官的认识上升到理性的认识。

"征求意见"，是告诉游客，我们知道有不足，经大家帮助，下一次接待会更好！

"期盼重逢"，是指要表达对游客的情谊和自己的热情，希望游客成为回头客。

欢送词除了有文采之外，更要讲究情深意切，让游客终生难忘。

一位从事导游工作近40年的英文导游，在同游客告别时，为体现"期盼重逢"，说道："中国有句古语，叫作'两山不能相遇，两人总能相逢'，我期盼着不久的将来，我们还会在中国，也可能在贵国相会，我期盼着，再见，各位！"也许这位老导游的话和他的热诚太感人了，时至今日，每年元旦、新年，贺年卡从世界各地向他飞来，有不少贺年卡甚至是他一二十年前接待的客人寄来的，上面工工整整地手写着"Greetings from another mountain"（来自另一座山的问候）。

由此可见，一篇欢送词如果能有几句情深意切又有文采的话，会给游客留下多么深刻的印象！另外，还有一点要特别注意，有经验的导游在话别之后，他们都会等"飞机上天，轮船离岸，火车出站，挥手告别"后才离开现场，"仓促挥手，扭头就走"会让游客觉得你是职业导游，但不是有感情的导游。我们千万莫当这样的导游！

文体实训

1. 来自福建的游客前往兰州参观游览。在游览过程中，由于语言、气候等原因，游客多有抱怨之词，同导游发生不快，但问题最终得到了妥善解决。现在活动结束，请代拟导游欢送词。具体行程请依据有关资料自拟，有关情节可虚构。

2. ××旅行社组织的四川游客"安徽黄山四日游"即将结束。请代拟导游欢送词。具体景点请依据有关资料自拟。

第七章

旅游职场文书

第一节　个人简历

范文示例

个人简历

姓名：王×　　　　民族：汉　　　　性别：女　　　　年龄：22

政治面貌：中共党员

学历：专科　　　　毕业院校：××旅游职业学院　　所学专业：旅游管理

身体状况：健康　　身高：165cm

外语水平：CET-4　计算机水平：国家计算机三级　　普通话水平：国家一级乙等

● 学习经历

2021.09—2024.07，××旅游职业学院旅游管理系。

● 实践经历

1. 2021.12—2022.05，四川省绵阳市太平洋宾馆实习，从事客房部、餐饮部的基础工作。

2. 2022.07—2022.09，四川省成都市康辉集团兼职导游。

3. 2022.12 至今，在大华、中旅、南方、传奇等旅行社做兼职导游，双休日带团。

● 个人荣誉

2021.09—2024.07，连续三次获得××旅游职业学院“优秀学生”称号并获得综合奖学金。

2022.12，获得××旅游职业学院第三届校园之声歌曲大赛二等奖。

2023.3，获得四川省第××届大学生田径运动会5 000米长跑第四名。

2024.6，获得四川省高职高专“优秀毕业生”称号。

● 主要优点

有较强的组织能力、语言表达能力和团队精神，曾担任系学生会宣传部部长，多次参加学校知识竞赛、辩论赛、体操表演，并获奖。

● 求职意向

导游员

● 联系方式

1388048××××　　　　wang××××@hotmail.com

附：证明材料

文体知识

一、简历的含义

简历又称资历、个人履历等，是求职者针对所申请职位，向用人单位推介自己，并将个人信息经过分析整理，清晰简要地呈现出来的一种自我推荐材料。

作为个人形象的概括和缩影，简历是求职者与用人单位的人事部门负责人甚至高级领导进行沟通的一种有效手段，在日常工作、生活中发挥着重要的作用。

简历在写作上讲求真实性、正面性和精练性。

二、简历的类型

（一）时间型简历

这是最普通也是最直接的简历类型，又分两种情况：

（1）顺序法，即按照时间的先后，列举自己在学习、工作、培训等方面的经历。一般适用于以下两种情况：一是工作经历能很好地反映出求职者相关工作技能不断提高；二是求职者有一段可靠的工作记录表明自己在得到不断的调动与提升。

（2）倒序法，把最新最近的经历写在前面，逆着时间顺序逐条列举个人信息。这种简历清晰、简洁，便于阅读，因此日益受到人力资源工作者的青睐。但这种简历比较适合有工作经历，而且最近所担任的职务足以体现求职者优势的情况。

（二）功能型简历

这是一种不太常用但往往很有效的简历。它强调求职者的资历与能力，并对求职者的专长和优势加以分析与说明。核心内容是工作技能与专长。一份功能型简历一般包括目的、成绩、能力、工作经历及学历等几部分。它一般适用于求职者的工作经历与求职目的无关或工作经历因特殊情况有所中断的情况。

（三）综合型简历

这种类型的简历借鉴和综合了时间型简历和功能型简历的优点。求职者可以按时间顺序列举个人信息，同时刻意突出成绩与优势。综合型简历一般包括目的、概况、成绩、经历和学历等部分。综合型简历能最直接地体现求职目的，一般适用于应届毕业生或者个人经历丰富且成就与能力突出的求职者。

（四）业绩型简历

业绩型简历以突出成绩为主。一份业绩型简历一般包括目的、成绩、资历、技能、工作经历及学历等。

（五）目的型简历

目的型简历完全根据求职目的来写作。只要适用于具体情况，目的型简历可以是上述类型中的任意一种（多为综合型）。目的型简历一般适用于特定职业的求职，对工作在特定领域的求职者较为有用，如教师、计算机工程师、律师等。

（六）创意型简历

这种类型的简历强调的是与众不同的个性和标新立异，目的是表现求职者的创造力和想象力。这种类型的简历适合于广告策划、文案、美术设计等岗位。

（七）表格型简历

这种类型的简历有特制的表格，列出姓名、性别、所学专业、受教育情况、工作经历，只需按要求填写即可，一目了然。

三、简历的结构与写法

一般来讲，个人简历不管采用何种形式，其内容不外乎以下几个部分。

（一）标题

在首页或首行直接写上“简历”或“个人简历”几个字。

（二）个人基本情况

对个人的基本情况进行简要介绍，包括姓名、年龄（出生年月）、性别、籍贯、民族、学历、学位、毕业学校、所学专业、毕业时间、政治面貌、婚姻状况、身体状况、身高、担任职务等。这部分放在前面，既要完整清晰，又不必事无巨细，每项内容要素用一两个关键词概括说明即可。

（三）个人履历

主要介绍个人从高中阶段开始到就业前所获最高学历阶段之间的经历。这部分要注意两个问题：一是前后阶段之间应该在时间上相互衔接；二是内容安排上由现在回溯过往，即由近及远。个人履历的内容包括以下两部分。

1. 学习经历

学习经历是介绍个人的受教育程度，如毕业院校、所学专业和时间。可按时间顺序罗列出大学阶段的主修、辅修及选修课科目和成绩，要体现出与所谋求的职位有关的教育科目、专业知识。不必面面俱到，突出重点即可。

2. 实践经历

主要指参加过哪些社会实践工作，取得了什么样的成绩和收获。如在学校、班级担任的职务，参加过的校园、课外活动及团体组织，还可以涉及兼职工作、实习经历、专业认证等方面。已有工作经历的求职者，要突出自己在原先岗位上的业绩。

（四）求职意向

主要表明本人对哪些岗位、行业感兴趣，有什么相关要求。要表明自己应征的职位，说明自己具备哪些资格和技能，注意个人学历、知识结构与用人单位招聘条件的吻合度。

（五）所获荣誉

主要指所获得的各种奖励和荣誉。如三好学生、优秀团员、优秀学生干部、专项奖学金、优秀毕业生、论文获奖情况、获得专利等。

（六）联系方式

这部分内容包括详细的通信地址、邮政编码、电话号码、手机号、E-mail 地址等。

（七）证明材料

简历的最后一部分一般是列举相关的证明人及有关的附加性材料。附加性材料包括学历证明、个人获奖证书、专业技术职务证书、英语四六级证书、专家教授的推荐信、发表的论文著作等。证明人最好选择在校期间、以前工作单位或所参加社团中比较熟悉、知名度较高的人并详细说明其姓名、职务、工作单位及联系方式。最后附上成绩单、实践成果、证书复印件、论文复印件。

四、写作提示

（一）突出关键信息和自身优势

用人单位总是关注与所招聘职位相关的知识背景和实践经历，要想在极短的时间内引起招聘者的注意，最好是在简历中设计出一个重点阅读部分，列出关键信息，有选择性地通过事实和数据说明自己的特长与技能，凸显自身优势，给招聘人员提供一些他想要阅读的、感兴趣的重要信息，这样才有说服力并更能够给人留下深刻的印象，从而为赢得面试机会打下基础。

（二）形式精美，与众不同

要想在成百上千份简历中脱颖而出，必须对其进行精心包装。包装是成功推销的关键因素，纸张质量、图标、打印的效果、字体的变化、富有创意的设计都是包装的一部分。突出个性、与众不同是设计个人简历成功的法宝，切忌千篇一律、雷同复制。比如在许多简历都选择白色、象牙色、灰色纸张进行包装时，反其道而行之，选择一种专业或者反传统的思路去设计简历，更容易让人眼前一亮。

（三）篇幅短小，用词准确

制作简历要注意在“简”字上下功夫，要从应聘的职务和工作出发，有针对性地组织材料，用最简洁的方式直截了当地把个人资料介绍出来，证明自己具备胜任此项工作所必需的知识。阐述技巧、能力、经验时要尽可能地做到用词准确。为了能让用人单位在最短的时间内获得求职者最多的信息，简历最好能一语中的，做到句无可删、词无可减，切忌拖泥带水。

拓展阅读

完美简历的五大特点

一、精益求精但不过于花哨

简历本身的设计不需要图形、图像和图片，如果你需要突出自己的个性，可以通过简单的文字编排、字体变化和格式做到吸引人的效果，不要使用夸张的图片模板。

二、精准的信息定位和阅读引导功能

信息定位意味着有组织地选择信息。你需要在简历中设计一个重点阅读部分，列出关键信息。换句话说，设计一个醒目的部分，让这部分信息能够抓住招聘者的眼球，并确保他们能给你面试机会，这样你就充分利用了10～20秒的关键时间。

三、突出关键信息

当你提供关键信息，就意味着你提供给招聘者一些他想要阅读的、感兴趣的信息。也就是所谓“潜在问题的答案”，你要一一做好回答。关键信息说明了一名职业人的技能和职业资质，这些正是招聘者在寻找的。简而言之，关键信息就是敲门砖，它们告诉招聘者你就是完全满足他们招聘要求的那个人。

四、包含你的个性特点，而不是模板式的千篇一律

招聘者都希望招到有优良个性的员工。你的简历本身代表了你的个性特点。简历包装也传递着你的个性，语言描述更是如此。有时候要用一些华丽的词汇丰富你的措辞，比如用“精通××技术”而不是“用过××软件”，比如“将业绩提升到××水平”而不是“增加了××客流量”。

五、干净、整齐、利落的职业化写作风格

大多数招聘者认为，一个人展现出的职业风格决定了其在未来公司中如何工作。我们购买昂贵的衣服，将自己收拾得整齐利落，都是为了保证我们在面试时呈现最佳状态，给招聘人员留下良好的、持久的、职业化的第一印象。简历也同样应该如此。你是产品，同时也是推销员，简历是你的宣传手段。职业化除了体现在写作风格上以外，还体现在以下方面：

（1）是否在邮寄简历的同时附上求职信，是否将简历、求职信等放在一个合适的信封内，里面是否有合适的个人名片。

（2）是用普通邮寄还是快递，用快递更能体现你的职业礼节。

（3）如果通过E-mail发送，简历格式是否符合公司要求。

（4）是否在邮寄一周后主动致电询问。

文体实训

1. 下面这则求职简历存在哪些不足？请进行修改。

个人基本资料

姓名：×××　性别：女　　出生年月：1998-07-27　民族：汉　政治面貌：团员

户籍所在地：××省××县　教育程度：大专　专业：旅游英语

毕业院校：××旅游学院　现有职称：初级　求职类型：全职

应聘岗位：酒店餐厅部领班、客房部总监助理

希望工作地点：大城市　薪金要求：面议

其他要求：路途遥远需安排食宿

联系人：×××

联系电话：×××××××××　　　E-mail：××××××××××

QQ号码：××××××××××　　个人主页：××××××××××

联系地址：××××××××××

个人主要特长及相关工作经历

外语特长：英语　等级：一般

普通话程度：标准　计算机能力：一般

其他主要特长：在这半年中从事酒店餐厅服务工作

详细工作经历：2020年7月至今在××××酒店客房部工作

2. 郑某是一名大专毕业生，想到旅行社从事导游、计调工作，请你帮她制作一份简历。

第二节　求职信

范文示例

求职信

尊敬的领导：

感谢您在百忙之中抽出时间，阅读我的这份求职材料，非常感谢您给我一次迈向成功的机会。

本人名叫×××，河南省郑州市人，郑州铁路职业技术学院旅游英语专业毕业生。在大学的学习生活中，我系统学习了旅游管理方面的专业知识，积极参加旅行社实践、兼职导游工作和正规的专业实习，我初步具备了一名管理者的素质和职业技能。在学习专业课的同时，我还辅修了文秘专业，对文秘方面也有一定的了解，取得了秘书职业资格证书。英语已经通过CET-4，并考取了全国导游人员资格证书。

在工作中，我担任过班级生活委员和团支书，在组织团支部工作中表现出色，曾获优团干部称号。曾经担任过旅游协会常务理事以及计算机协会理事长，并和其他爱好计算机的同学共同创建学院野风网络工作室，主要负责财务管理和工程技术方面的工作，

在工作中积累了一定的管理经验。同时参与了多个网站的策划和制作，具备网页设计、网站开发的能力和经验，具有一定的美工基础。同时能熟练操作多种办公软件，掌握VB、C语言的编程。计算机已经通过全国计算机等级考试三级（网络技术）。

而今，我即将告别丰富多彩的校园生活，我渴望能在贵单位寻求到良好的发展空间，并真切地希望能在您的领导下尽心尽职、荣辱与共！如蒙录用，定不负厚望！

最后，再次感谢您阅读此信，期待您的早日答复并祝愿贵单位兴旺发达！

此致

敬礼

求职人：×××

20××年×月×日

文体知识

一、求职信的含义

求职信是求职者根据岗位需要或自己的求职愿望，向用人单位举荐自己的书信。求职信能够使求职者展示自己的优势、特长和个性魅力，让用人单位较快了解自己的基本情况，拉近求职者与用人单位之间的距离，提高获得面试机会的可能性。

求职信具有针对性、自荐性和独特性等特点。

二、求职信的类型

根据有无具体目标，求职信的种类主要有以下两种。

（一）定向求职信

定向求职信是指求职者在搜集到需求信息后，有目的地向某个用人单位做的自我介绍。这种求职信是在求职者已经知道了某单位用人需求的前提下写的，因此具有高度的针对性。

（二）非定向求职信

非定向求职信不针对具体的求职目标，因此可适用于不同的对象。但是，非定向求职信带有一定的盲目性，所以命中率相对较低。大学毕业生普遍使用这种求职信。这种类型的求职信，其主题在于向用人单位介绍自己的概况，让对方对自己感兴趣。

还有一种求职信是以上两种形式的综合。信的主体部分固定不变，只是开头和结尾依据不同的单位而采用不同的内容和措辞。

三、求职信的结构与写法

求职信作为一种书信文体，是针对特定岗位而写的，主要是表述求职者的主观愿望与特长。相对简历来说，求职信更要集中突出个人的特征与求职意向，它是对简历的简洁概述与补充。其格式与书信基本相同，一般包括以下几部分。

（一）标题

标出文种，在第一行居中写“求职信”三字即可。

（二）称呼

顶格写用人单位名称或领导、负责人的姓名与称谓。

求职信不同于私人书信，由于从未与受信人见过面，称谓一定要恰当，切忌用“亲爱的”“我最尊敬的”等字眼，单位名称后可加“负责人”，个人姓名后可加“先生”“女士”等。

（三）正文

正文是求职信写作的重点。另起一行，开头空两格。主要是交代求职原因、应聘条件，这部分要注意表现求职者的个人优势。

1. 求职缘起与求职目标

这部分要交代个人情况、信息来源、求职原因和所求职务。首先写求职者的个人情况，包括姓名、年龄、性别、所学专业和毕业院校，语言要简明扼要；接着要说明获得招聘信息的渠道和来源，一句话带过即可；继而交代求职原因，用简洁的字句说明想到该单位工作的缘由，表述既要实事求是，又要机智灵活；最后点明所求职务，要态度明朗、确定。

2. 求职条件

这部分是求职的关键，要求对谋求职务表明看法，并对自己的能力进行客观品评；要针对求职目标，着重介绍自己应聘的有利条件，表现主要业绩，突出自己的优势和“闪光点”，以使对方信服。写作时，态度要谦虚诚恳、不卑不亢，语言要中肯朴实、恰如其分，以给对方留下求职者有能力胜任此项工作的深刻印象。

3. 希望要求

向对方提出诸如“希望您能为我安排一个与您见面的机会”“期盼您的答复”“敬候佳音”之类表示希望的语言。所提要求要适可而止，不要苛求对方。

（四）结尾

另起一行，空两格，写表示敬祝或敬意的话，如“此致敬礼”“祝工作顺利”“事业发达”等。不必过多寒暄，以免有画蛇添足之嫌。

（五）落款

在正文的右下方标示出求职者的姓名和成文日期。

（六）附件

附件是附在信末、对求职者起着证明或介绍作用的有关材料。它不仅可以使读信人对求职者有具体的了解，还可增强信任感。附件不需太多，但必须有分量，要能够证明求职者的实力和能力。附件一般在信的结尾处注明。

四、写作提示

（一）针对性强

求职者要针对招聘单位的招聘职位，有针对性地提供相关的背景材料，紧紧围绕“我符合要求、我定能胜任、我有诚意应聘”来组织求职信，凸显出自身的特点和优势。

（二）言简意赅

要尽可能简明扼要、直截了当，切忌长篇大论、面面俱到。篇幅一般控制在600字以内，最多不超过两页纸，否则会造成冗长、拖沓之感。

（三）分寸适度

恰如其分地展示自己的长处，突出自身亮点。介绍个人情况、叙述自己的能力水平时，措辞要有分寸，尽量做到实事求是、客观公允，多用实例、数字等增强可信度，避免模糊、笼统的字句，给人诚恳可信、不卑不亢之感。

（四）写清联系方式

求职信一定要写清联系方式，包括通信地址、邮编、电话、电子信箱等。

拓展阅读

求职信写作方法摭谈

每到毕业季，求职信大概是学子们绕不过去的一个话题。一直以来，很多人在现实中寻求一种写作套路，也有另辟蹊径却不尽如人意者，还有动用大量笔墨过犹不及者，如此等等。究其原因，主要还是写作者不得要领、材料驾驭不当。那么，求职信写作有何良方？什么样的求职信才能赢得阅读者的芳心呢？笔者拟在把握毕业生求职信写作思路的基础上，探究其写作方法，与同人共商。

一、目标明确，立足根本

写求职信，必先立稳基本点——“所谋岗位”，即求职目标。这个内容会直接影响到全文的写作思路，一般应在正文开首或正文末段明确写出。其指向有三：一是符合求职信的程式性——我们不得不考虑阅读者的惯性思维；二是抓住求职信的根本——写求职信的意图；三是与下文中所谋岗位的求职条件相呼应——以期务实“非我莫属”的表达效果。例如写在开首，“我诚挚地递上我的求职信，希望在贵公司体现我人生的价值。我应聘的职位是售前技术支持”。既无啰唆寒暄，也无旁逸斜出，可谓一语中的，态度明了，给阅读者留下深刻印象。又如写在文末，“本人期盼能成为贵公司的一员，从事计算机服务相关工作”。在此处落笔强调，使得求职岗位与前面所写的相关求职条件对应清晰，同样易于让阅读者印象深刻。这两种写法都可圈点，只是写在文末的，必在开首写明启下之意，否则整个写作内容难以贯通。如，“在即将毕业之际，我怀着对贵公司的无比信任与仰慕写信自荐，希望能成为贵公司的一员，为贵公司服务”。如此，方能使得文末的所谋岗位有了依托。两相比较，笔者还是力主开首写明“所谋岗位”，明确目标。

必须注意的是，不可将求职岗位或求职意向置于其他段落，原因在于：求职信涉及求职者基本信息、在校学习、获奖、实践及实习（工作）等诸多内容，如果“所谋岗位”内容混迹其间，非但易被阅读者忽略，还有可能留下缺乏逻辑、主旨不明等不良印象，以致影响整个求职信的表达效果。故而，在求职信写作时，要力求目标明确，立足根本，使求职意向在最合适的位置得以彰显。

二、夯实主干，抓大放小

一封完整的求职信所涉猎内容颇多，写作者面对一大堆原始材料不可拿来就用，必须有所取舍才行。笔者看到的案例中有各种需要摒弃的做法，诸如，排出大学所有课程的，列出大小兴趣爱好的，写出每一份兼职的，不一而足。其写作共性问题表现为：材料堆砌、主次不明、内容冗杂——这些求职信的效果不言而喻。

为了规避上述问题，写作者必须秉持处理求职信材料的基本理念：夯实主干，抓大放小。即针对“所谋岗位”，调集求职的优势条件做强做实，例如，“我多次获得奖学金，由于在学习和学生工作以及社会活动中表现突出，我曾两次被评为学院三好学生”。虽寥寥数语，却是凸显求职者学习品质及实践能力的好材料。又如，“大四实习期间，在××信息有限公司担任网络工程师，主要负责网站建设、维护、脚本编码编写等工作”。这个求职材料与文末“计算机服务相关工作”岗位意向相匹配，将成为求职者立足的重要依据。再如，“20××年暑假期间，我在××市华天广告策划有限公司实习期间和××市妇联、××市民盟建立了友好的合作关系。自己编辑设计的《前进中的妇女》《城曦》等书籍刊物，得到了社会的广泛认同”。该案例求职者的岗位意向是新闻采编，求职者的专业能力于此略见一斑，这一段求职材料真实有说服力，不可不用。与此同时，笔者认为，求职者的求职条件是实实在在的，容不得杜撰，而求职者的求职条件又是千差万别的，求职者还需讲究方式方法，根据自身的实际情况来取舍准备的求职材料。譬如：求职者在校成绩一般，而专业实习方面颇有成效；求职者其他方面平平，语言能力不凡；求职者其他方面一般，组织社团活动能力出色等。求职者在写作求职信时，对于求职材料的处理，除抓大放小外，也应扬长避短。

三、布局谋篇，换位思考

求职信本属于专用书信，有惯用的程式性，阅读者的身份也是特定的，对这些客观因素，求职者一定要心中有数，不然所思所写未免自以为是，无所对应。笔者以为，写作时还要着眼于以下两点：一是在布局谋篇时，应遵循求职信的基本写作思路：我是谁？（个人基本信息）→我的求职意向是什么？（所谋岗位）→我做过什么？（日常社团实践、实习信息）→我做成过什么？（成绩业绩证书、荣誉）→非我莫属（岗位工作专长信息）。二是要学会换位思考，多站在阅读者的角度来审视求职信所有的信息点，方可打造出精准针对“所谋岗位”的求职信；且要顾及特定阅读者的阅读惯性，善加构筑，轮辐向心，便于使其了解求职者与“所谋岗位”匹配的方方面面，以期实现求职信的理想成效。

例如，“在学院大学生记者团的三年任职期间，我先后采访了学院多位领导、华夏集团股份有限公司副总经理×××女士，永兴隆金属有限公司副总经理××女士以及学院多位成功的校友”。该案例求职者的岗位意向是新闻采编，借“我”在记者团的多次成功采访，说明“我”做成了什么，阅读后能清晰体察到求职者的实践作为及专业能力。又如，“本人不仅能熟练掌握学校所教课程的有关知识，包括VC程序设计、AUTOCAD、FRONTPAGE、C语言等，而且还自学了PHOTOSHOP、3DMAX等，专业能力强，曾获学校计算机软件设计比赛一等奖”。该案例针对“计算机服务相关工作”

岗位，求职者在此通过专业课程学习、自学软件和专业比赛奖项来佐证自己，以简洁的文字层层递进，使“荣誉”和“专长”互为融通，定会让阅读者陡增几分认同感。所谓知己知彼，分寸有度，于此可见一斑。

四、以诚动人，以质取胜

求职信作为承载特殊使命的专用书信，其求职目的不言而喻，其作用更不能小觑。写作者在注重求职信的构架思路，取舍材料的同时，尚需搭建一座“你我”思想沟通的桥梁，最终以共情作用实现求职信的表达效果。例如，“我应聘的职位是售前技术支持。这一工作定位是我经过对自己能力和社会需求的衡量之后的最终决定”。案例表达了求职者朴素直白、稳中求进的职业取向，这份诚意为求职信开了好头。又如，“以前的团队工作经历给我带来了很多的快乐和自信，我一直非常喜欢在团队中工作。综合考虑，我把自己的工作意向定位在售前上”。案例中求职者对求职岗位及自我认知清晰，目标明确，熟悉职位，可谓慎思笃行，令人阅之动情。还如，“虽然我现在还没有丰富的工作经验，但是我会努力沿着自己选择的职业道路，用心地走下去。希望您能给我一个面谈的机会”。这部分在求职信文末，回望小结，简洁明了，文理通达，体现出求职者对求职岗位的热爱，进一步表达出求职诚意，情辞恳切。综上种种，写作者既要立足根本，取舍有度，又要循章谋局，做到以诚动人，以质取胜，如此方能打造出让阅读者心仪的求职信。

资料来源：胡峰力．求职信写作方法摭谈．应用写作，2023（5）．

文体实训

1. 绍兴一家旅行社因工作需要，拟招聘计调人员三名。毕业于××学院旅游管理专业的张×决定前去应聘。他认为自己具有以下优势：熟悉当地自然景观和人文景观；性格开朗，吃苦耐劳；担任过学生干部，有良好的组织、协调、沟通能力。请根据以上材料为他写一封求职信。

2. 下面是一位旅游管理专业毕业生的求职信。你认为有哪些不足之处？该如何修改？

求职信

尊敬的公司、单位领导：

您好！

我，女，今年19岁，湖南省人。现就读于××学院“旅游管理”专业，大学专科，20××年6月前毕业。

首先真诚地感谢您在百忙之中浏览我的求职信，这对一个即将迈出校门的学子而言，将是一份莫大的鼓励。在校的理论知识学习和实习实践，使自己具备了良好的思想、心理、身体、业务素质，希望能在旅游管理、文秘、客房前厅服务、行政助理、人力资源管理方面有所发展。我深信：只要给我一片土壤，我就会像一颗金子，闪闪发光；我会用创新和奉献去辛勤耕耘。我决定以无悔的青春走进你们中间，用自己的真诚与业绩和公司或单位的员工们一道共同创造公司或单位的辉煌。

衷心祝愿贵公司、单位事业发达、蒸蒸日上。

此致

敬礼

张××

20××年×月×日

第三节　辞职信

范文示例

旅游公司职员的辞职信

尊敬的领导：

您好！

我是怀着十分复杂的心情写这封辞职信的。自我进入公司之后，在您的关心、指导下，我获得了很多锻炼提高的机会，学到了一些知识，积累了一定的经验，对此我深表感激。

然而，由于自身经验的不足和工作上的毫无成就感，近期，我觉得有些力不从心。我想，或许是自己并不适合这项工作，现在到了辞职离开的时候了。

时下，公司正值用人之际，整个旅游项目还未正式启动，所有的前续工作正在一步步推进。也正是基于公司今后在这个项目安排上的合理、妥当考虑，避免因我的中途离开而造成工作上的被动、无序，我想还是现在提出辞呈，在本月底就离开吧。

能为公司效力的日子不多了，我一定会站好最后一班岗，做好项目中属于自己的所有工作，尽力让项目做到平稳过渡。

再次对我的离职给公司带来的不便表示歉意，也希望公司能够理解我的实际情况，对我的申请予以考虑并批准。

此致

敬礼

辞职人：唐×

××××年×月×日

文体知识

一、辞职信的含义

辞职信也被称作辞职书、辞职申请、辞职报告、辞呈，是辞职者向原工作单位辞去职务时所写的书信。提交辞职信是辞职者在辞去职务时的一个必要程序。

二、辞职信的结构与写法

辞职信通常由标题、称呼、正文、结语、落款构成。

（一）标题

在第一行正中写上“辞职信”即可。

（二）称呼

位于标题下一行顶格处，需写出接受辞职信的单位组织名称或领导人的姓名、称呼，并在称呼后加冒号。

（三）正文

正文是辞职信的主体部分，一般包括以下三部分内容：

（1）要开门见山地提出辞职申请的内容，让人一目了然。

（2）要叙述提出辞职申请的具体理由。注意：既要将自己有关辞职的详细情况一一列举出来，又要顾及内容的单一性和完整性，条分缕析使人一看便知。

（3）表明自己辞职的决心和具体要求，以及希望领导解决的问题等。

（四）结语

位于正文下一行，写上表示敬意的话，如“此致”“敬礼”等。

（五）落款

写上辞职者的姓名及提出辞职申请的具体日期。

三、写作提示

（一）理由合适、可信

写辞职信，一定要考虑辞职理由的充分可信和顺理成章，只有这样，才能得到批准。

（二）措辞温和、恳切

写辞职信时，措辞不要过于生硬，注意语气的委婉和态度的恳切，切不可将对单位的牢骚、不满等负面情绪宣泄出来，以免激化矛盾。

（三）语言简洁、委婉

辞职信不宜太长，将主要意图说清楚即可。

拓展阅读

如何顺利辞职

员工提出辞职，一般情况下，需要向单位递交正式的辞职信。辞职信作为员工的一种结束与单位之间劳动关系的意思表示，具有法律效力，并且会对劳动关系结束的性质、双方责任的划分产生决定性的影响。因此，员工在写辞职信时，需要慎重思考，有必要三思而后行。

一、了解辞职权利的性质

员工在写辞职信之前，不要仓促行动，也不要意气用事。想辞职时，要先想清楚，你想行使的是哪一种辞职的权利，这种性质的判断，是需要一定的法律基础的。

员工辞职的权利，共计有三种：其一是与单位协商，这是不需要员工单独拟写辞职信的。其二是员工提前三十日提出辞职，这种辞职的权利是一种预告解除劳动合同的权利，在现实中还是受到一些限制的，而且有可能会承担向单位支付违约金的责任。因此，在行使这种权利时，员工应当深思。其三是即时辞职权利，这种辞职权利，员工是不需要向单位承担任何赔偿或者违约责任的，但是这种辞职需要法定的理由。

二、寻找合适的辞职理由

在想清楚辞职权利的前提下，员工需要确定自己选择哪一种性质的辞职，并且在确定之后寻找合适的辞职理由。协商解除，只需要双方同意即可，不需要特别的理由；预告解除，只需要提前三十日通知即可，也不需要特别的理由；即时辞职，需要特别的理由，其理由形式主要为单位不依法缴纳社保或者拖欠工资或者不付加班费等情形。

三、措辞温和，不可激化矛盾

找到合适的理由之后，在具体行文时，不可语气过于生硬，不可因辞职信本身而激化与单位的矛盾。但是更不可过于委曲求全，不敢宣告理由而使自己被动。

四、顺利取得相应的证据

员工对于自己辞职的行为本身、辞职的理由负有举证责任。因此员工在辞职前、辞职时就应当有意识地保留相应的证据。比如领导签过字的辞职申请、自己写的辞职信、单位发的工资条等各种证据，证据应是原件。

五、做好仲裁或者诉讼的心理准备

如果你与单位之间的劳动合同中约定了违约金，就要做好单位可能会向你索要违约金的心理准备；如果你的档案存在单位，就要做好单位可能会扣留你的档案的心理准备；如果你的社保关系在单位，也要做好单位不协助你办转的心理准备。

总之，辞职对于员工来说，是一个有风险的行为。在作出这个行为之前，需要深思并做好承担风险的心理准备，而且需要储备相应的法律常识来保存对自己有利的证据，必要时，也需要求助于专业律师。

文体实训

1. 王××是中原旅游有限公司的一名职员，由于各种原因，她决定辞职，但又不知道如何跟老板说，请你帮她写一封辞职信。

2. 李×由于所在的旅游公司报酬低而决定另换一家单位，这是他在离职前写给主管领导的一封辞职信，你认为表述上有无不妥？为什么？

辞职信

尊敬的人力资源处领导：

天要下雨，娘要嫁人，生死由命，富贵在天。我本想在培养自己的旅游公司里工作终老的，但现实是残酷的，巨大的生活压力迫使我无法抬起头来去遥望那碧蓝的天空。这时，我多么羡慕那自由飞翔的小鸟，还有那些坐得起飞机的人啊。每个月的开头，我会满心欢喜地拿着微薄的工资去还上个月的欠债，每个月的月中，我会为了省钱尽量勒紧裤腰带。重复性的，每个月末，生活的本色就变成了借钱和躲债。

人比人得死。这是句俗话，但确实是亘古不变的真理。看着身边一个个兄弟都出头了，这心里跟火烧似的。看着朋友每月拿着15%的房贴、车贴，五六百元的高温费，几千几万元的奖金，我心里就琢磨着，这人与人的差距咋就这么大呢？

人生数十年，弹指一挥间。是的，公司有培训计划、有培养机制，公司会尽量把每一位员工培养成为有理想、有道德、有文化、有纪律的四有新人，工资会涨的，面包会有的，可俺就看不明白，咋你们培养我就要三年五年，人家咋不用培养就收了俺呢，俺还有多少年来给你培养？到时候，黄花菜都凉喽。人家咋就看得起俺，给俺钱呢？龙入浅水遭虾戏，虎落平原被犬欺啊。

因此本人因为个人原因，决定离开已经服务多年的旅游公司。请求领导批准。

申请人：李×

20××年×月×日

第四节　竞聘演讲稿

范文示例

××旅行社有限公司经理竞聘演讲稿

尊敬的各位评委：

今天，非常感谢领导给了我这次公平竞争的机会，让我站在这里竞聘××旅行社有限公司经理，希望我的个人优势能打动您，我的经营理念能说服您，也希望能得到您最多的关怀和最大的支持！

一、参与竞聘的优势

本人1979年出生于一个半工半农的家庭，父亲在我很小的时候就担任一家企业的厂长，他一直用诚信经营的理念教育着我，教我如何待人、如何做事；母亲用她的勤劳和淳朴感染着我，教我如何吃苦、如何勤奋。

2003年我大学毕业后，就一直在公司工作。2005年开始，下海自主经营。我深入了解社会，分析市场，认识了一大批客户，结交了很多重要的朋友，如天禄旅行社老总、三江航天旅行社老总、万豪酒店老总等，这些宝贵的人力资源，对我今后的经营均有较大的支持和帮助。我带领我的团队，完成产值近千万元，盈利约百万元。

从以上可以看出：第一，本人符合竞聘××旅行社有限公司经理的基本条件；第二，本人有一定的经济实力和社会资源；第三，本人诚实守信，直率热忱，敢于负责，敢冒风险，善于沟通，善于协调各方面的关系。我相信自己能够胜任这一岗位。如果我竞聘成功，我将竭尽全力地把旅行社的餐饮办出特色、旅游办出名气、宾馆办出效益，让××旅行社有限公司在我们这个旅游名城占有一席之地。

二、企业经营思路

××旅行社有限公司管理着××旅行社、××宾馆、××酒店，是公司在××城区的窗口，代表公司的社会形象。如果我竞聘上××旅行社有限公司经理，我将以抓好服务接待、提升窗口形象为己任，在深入了解岗位实际、展开调查研究后，创新经营思路，制订详细的工作计划，努力完成各项经营管理指标，开辟旅游新业务，树立良好的服务品牌，增强市场竞争实力，扩大对外影响。

（一）××酒店的经营计划

1. 经营定位：××酒店地处城区二级繁华地段，周边有大型医院、车站、码头，主要服务对象定位为过往旅客、医患家属、周边居民、定点单位和个人客户群。

2. 创造特色：酒店将推出“瓦罐鸡汤”“长江野鱼”“土鸡火锅”等特色餐饮；制定28～288元的经济快捷套餐，用独特风味、独特情调吸引顾客；以价格取胜，不断研究开发新品种、新项目，同时独树一帜，形成自己特有的经营特色。

3. 加强餐饮推销，增加营业收入。主要是：在医院针对医患需求，通过发放名片、电梯广告等方式推出特色医护工作餐、患者营养套餐等；在宾馆周围，推出快捷套餐；抓好定点单位的联络促销，争取更多的顾客。

4. 合理组织人力，提高工作效率。

5. 提高食品的质量，确保食品卫生和饮食安全。

6. 改善环境，培训员工，提高服务质量，达到四好要求，即好的环境、好的饮食、好的服务、好的评价。

7. 控制餐饮成本，增加盈利。抓好采购、储藏、使用等环节，搞好食品精细加工，改善服务细节，改进烹调技术。在保证特色的基础上降低成本，增加盈利。

（二）××旅行社的经营计划

1. 与旅游局、各景区增强沟通、协调。

2. 与各票务公司、宾馆、旅行社、车队长期协作，择优定点。

3. 增强安全质量保障，规避经营风险。建立“团队服务过程跟踪制度”“客户回访制度”“游客投诉快速处理与反馈制度”“安全事故处理应急预案”等；为游客购买人身意外险，有效规避经营风险。

4. 聘用优秀专（兼）职导游，建立规范、高效的接待流程；制定重要客人接待服务标准、大型会议接待方案。

5. 利用各种社会资源，充分发挥现有××旅行社网站的优势，最大限度地挖掘市场潜力，制定二星常规团、三星纯玩团、文化旅游、商务考察、公务考察等旅游产品，突出特色、时效和针对性，不断拓展客源市场，开发新客户，稳固老客户，挖掘潜在客户。

6. 加大营销力度，力争参与全市大型旅游接待活动，提高××旅行社的知名度。

7. 加强内部管理。制订部门各项工作计划，严格使用计划管理和预算管理；加强对日常经营中合同、资金、发票的管理，制定相应规则，由专人管理，实施立体监督；及时接受审核，规避经营风险；建立各项经营管理台账，如经营收入统计表、各项费用支出台账、合同、发票管理台账、现金流记录台账、宾客档案、客户回访记录等，按月汇总，对照预算进行科学分析，及时发现和解决问题，确保各项经营管理指标的完成。

（三）××宾馆的经营计划（略）

三、我的竞聘承诺

如果我竞聘成为××旅行社有限公司经理，我将严格做到以下五条承诺：

1. 合法经营，严格执行相关的管理制度，按时上报财务报表；认真做好安全、消防、卫生等各项工作。

2. 确保××旅行社有限公司资产的安全，不断保本增值。

3. 确保××旅行社有限公司资质完整无损。

4. 根据生产经营需要，合理聘用原××旅行社的部分员工，为解决公司职工就业作出努力。

5. ××旅行社有限公司的全部生产经营活动，接受相关部门的监督。

各位评委，今天的竞聘，既是我十多年来对自己工作的反思和诠释，也是我对经营管理工作的理解和追求。无论成功与否，我始终坚信：参与就是进步，体验就有收获！最后再次感谢公司领导给我们这个舞台，感谢各位评委给我的帮助和指导。

谢谢！

文体知识

一、竞聘演讲稿的含义

竞聘演讲稿又叫竞聘讲话稿、竞聘词，是竞聘者为了实现竞争上岗，在竞聘演讲之前写成的演讲文稿。其目的在于使听众对演讲者自身的应聘条件有充分的了解和认识，从而鉴别其是否能够胜任该职位。

竞聘演讲稿除了具有演讲词口语性、时限性、临场性、交流性等一般特点外，还具有目标的明确性、内容的竞争性、主题的集中性、语言的准确性等特点。

二、竞聘演讲稿的类型

竞聘演讲稿一般按职位类属进行分类，有机关干部竞聘演讲稿、企业干部竞聘演讲稿、事业干部竞聘演讲稿等。

三、竞聘演讲稿的结构与写法

竞聘演讲稿的写作格式与一般演讲词大致相同，结构上分为以下三部分。

（一）标题

标题有三种写法：一是文种标题法，即“竞聘演讲稿”；二是公文标题法，由竞聘人（或竞聘职务）和文种构成，如“关于竞聘××旅游公司经理的演讲稿”；三是文章标题法，既可采用单行标题，也可采用正副标题形式。

（二）称呼

即对评委、听众的称呼。一般用“各位评委”“各位听众”即可。

（三）正文

这是整篇演讲稿的重点和核心，一般围绕以下几个方面展开。

1. 开头

开门见山地叙述自己竞聘的职务和竞聘的缘由，要直截了当、干净利落。

2. 主体

主体是竞聘演讲稿的核心部分。

（1）自我介绍。简明扼要地介绍自己的基本情况，如年龄、政治面貌、学历、现任职务等。一要真实简要；二要突出亮点。

（2）竞聘优势。摆出自己优于他人的竞聘条件，如政治素质、业务水平、工作能力等。注意：一要针对竞聘职位的要求凸显自身优势；二要在材料选取上点面结合、突出重点。

（3）施政纲领。即表述自己任职后的施政目标、施政构想、施政措施。施政目标要根据听众关心的热点、难点问题而确立，施政措施要立足现实、稳妥可行。

3. 结尾

用简洁的语言表明自己对竞聘成败的态度，对竞聘的决心、信心，希望得到评选者的支持。竞聘演讲稿的结尾，犹如乐曲结束时的“强音”，应动人心魄。为了给听众留下更深更好的印象，结尾既可以卒章显志、发出号召，也可以借景抒情、自然收束。

当然，竞聘演讲稿由于要考虑多种临场因素与竞争对手因素，结构可以灵活多样，但是基本内容离不开以上几个部分。

四、写作提示

（一）客观真实，明确具体

竞聘者要注意实事求是，言行一致。竞聘演讲稿中介绍的每一段经历、涉及的每一个数据、取得的每一项业绩都必须是真实可信的。施政纲领的制定、任职目标的设置必须立足于客观实际，对于就职后为国家作出什么贡献、给单位创造哪些效益、给职工提供多少福利等，一定要清楚明确、利于操作，不能吞吞吐吐、模棱两可。

（二）调查研究，有的放矢

竞聘演讲稿是为获得某一岗位而准备的演说词，写作前必须进行认真的调查研究。既要了解竞聘岗位的需要、情况，又要体察民心，了解群众的愿望、想法，同时摸清单位现有的条件，在此基础上展示自身特长、优势，找到解决问题的最佳途径，提出比对手更胜一筹的任期目标，以便战胜对手、赢得竞争。

（三）语气委婉，态度自信

态度狂妄、目中无人的竞聘者很难赢得评审人员和听众的信任。竞聘演讲稿在写作上要讲究措辞的分寸，把握好说话的尺度，注意用事实说话，切忌华而不实地夸夸其谈。表述既要内容翔实、底气十足，又要谦逊低调、毫不张扬。

拓展阅读

杜拉拉的竞聘演讲启示

很多机构在内部选拔的时候，为了保证选人、用人的科学性，常常采取岗位竞聘的方式。在岗位竞聘的过程中，通常会有一段竞聘演讲。竞聘演讲是获得竞聘岗位的重要方法，竞聘演讲该怎么说，竞聘书怎么写，是竞聘能否成功的重要环节。电影《杜拉拉升职记》中杜拉拉的人力资源岗位竞聘演讲，为大家提供了有价值的竞聘演讲参考。

在电影中，杜拉拉进入世界500强DB公司时，她的岗位是行政助理，而她梦寐以求的岗位是人力资源主管。为了得到这个岗位，她上班用心工作，下班努力学习。恰好，公司有一个人力资源主管的岗位空缺，杜拉拉信心满满地去参加竞聘了。

杜拉拉是怎么做竞聘演讲的？竞聘者或许可以借鉴下她的自信和表述。

在竞聘演讲中，杜拉拉是这样说明自己为什么能够胜任竞聘岗位的：

1. 介绍过去两年的工作中与竞聘岗位相关的工作经历，在做行政秘书的同时，参与公司的人力资源工作；

2. 介绍自己业余时间参加人力资源相关专业的自学与培训并取得的成果，说明自己对该岗位早有准备；

3. 介绍自己具备的其他优势，如在销售总监秘书岗位上工作，深入了解公司其他部门的流程。

杜拉拉很自信，但她最终是如何过关的呢？

三位面试官人力资源总监李斯特、行政经理玫瑰、招聘经理李文华，最终对竞聘这个岗位的所有简历进行汇总分析，经过商讨，他们一致觉得杜拉拉的人力资源经验不足。

正在这个时候，老板何好德赶到，看到他们在讨论，并且看到人力资源总监李斯特手中杜拉拉的简历。由于老板何好德之前发现杜拉拉的一个文档做得非常用心，很有创造性，他专门开会表扬过杜拉拉，因此，他对这个行政秘书印象深刻。此时，他表达了自己欣赏杜拉拉的观点，于是，杜拉拉成功了。

三位面试官都是资深的职业经理人，他们对人有非常职业化的判断力，杜拉拉并非完全不行，但她在所有候选人中，可能还略欠火候，但此时，老板的意见起了作用，面试官们明白，老板的观点是很独特也很重要的。

杜拉拉是幸运的，但你能说杜拉拉完全是凭借运气吗？也不能这么说，她之前在行政秘书这样一个初级岗位，就能作出让老板欣赏的工作，可见她是有投入的。在三位面试官眼中，她虽然还略欠火候，但这不是真正的硬伤，让她过关也没有问题。事实也证明，杜拉拉在人力资源主管的岗位上非常出色，并且又再次提升为人力资源经理。

所以，要想竞聘成功，竞聘者充分的准备不仅仅是在竞聘演讲的当时，还在平日的点点滴滴。

文体实训

1. 李×希望能够从事××旅行社的计调工作。请帮他写一份竞聘演讲稿。

2. 章×是旅游管理专业二年级的学生，曾先后担任班级的团支部书记和系学生会学习部部长。她想竞聘系学生会主席一职，请你帮她写一份竞聘演讲稿。

3. 刘×毕业于××大学旅游管理专业，2018 年到××旅行社工作。为了推进人事制度改革、提升市场竞争实力，××旅行社决定提拔一批高素质人才充实到中层干部队伍中去。刘×准备竞聘团队部副主任一职，请代他写一篇竞聘演讲稿。

第五节 述职报告

范文示例

××区文体广电旅游局局长的述职报告

一年来，在区委、政府的正确领导下，在区人大常委会的全面监督和大力支持下，我团结和带领全系统干部职工开展了大量卓有成效的工作，高质量完成了年初各项既定任务。现述职如下：

一、全面贯彻法律法规，切实做到依法行政

一是认真学法。及时完成了法律在线学习，在业余时间重温学习了《宪法》《行政处罚法》等法律，参加了自治区行政执法人员集中培训，并上机考试合格。二是全面宣法。组织印制了《文体广电旅游法律法规政策汇编（旅游卷）》，进一步将依法行政列为“区文广局工作理念”和“区文体干部八做到”的重要内容；与局机关全体干部、局属二级单位负责人开展依法行政方面的集中诫勉谈话三次；继续将文体广电旅游方面的法律、法规列为周四学习的重要内容；选派全系统所有符合条件的人员参加了各级举办的依法行政相关培训。三是继续推进制度化建设，完成了行政权责清单、行政服务清单的梳理、上报工作。四是强化了文化执法力度。为执法大队新增了电子执法装备；建立了文化市场联合执法机制，牵头制定实施了《关于推行文化市场联合执法的实施意见》；全年出动执法检查人员 800 多人次，检查企业、网点 1 580 家次，依法予以行政处罚 10 起，保持了文化市场的健康平稳，被授予全市文化市场管理工作先进单位荣誉称号。

二、认真履行工作职责，圆满完成各项年度任务

（一）一举摘得国家公共文化服务体系示范区桂冠

创建国家公共文化服务体系示范区工作得到国家、自治区、包头市的高度肯定，被选为代表全市迎接全国验收的两个旗区之一，去年 7 月，顺利摘得国家公共文化服务体系示范区桂冠。这项荣誉不仅是区文化领域目前的最高荣誉，也是区文广局建局以来获得的最高综合性荣誉。在前两年不懈努力的基础上，去年主要开展了四个方面工作：一是全力推进基层公共文化阵地建设。区文化馆顺利复评为国家一级文化馆；完成了7个行政村文化室的提档升级工作，为17个行政村发放了17套文化设备，为三年以来“两委”换届新增的6个行政村、1个农业社区发放图书1.4万余册，彻底实现了行政村图书室全覆盖，争取农家书屋卫星数字设备10套并已配发到农家书屋；试点推行了图书馆、文化馆的总分馆建设，其中：区文化馆成立了两家分馆，区图书馆成立了3家分馆。二是及时报请区政府开展了迎检前的工作督查，召开了迎检冲刺工作部署会，对区、镇、村三级文化阵地进行了不间断的多轮业务指导。三是加大宣传力度，编印了创建国家示范区工作成果汇编，在《光明日报》《内蒙古日报》《包头日报》进行了多角度的立体宣传。四是拟写了《区加快构建现代公共文化服务体系实施意见》，并报请区政府予以印发，及时巩固创建成果。

（二）产业重点项目取得历史性突破

去年推进文体旅游产业项目13个，各投资主体完成投资19.68亿元，使2016年成为全区文体旅游产业发展有史以来项目最多、效果最明显的一年。重点跟踪、协调、推进了黄河谣、黄河欢乐天地、房车营地、横竖街、万达、赛汗塔拉、铂尔曼五星级酒店、梅力更自然风景区、梅力更召、梅林河、包头鹿园、万兴泓泽、信步闲庭等文化旅游产业项目，完成了骨器展厅、小剧院等项目，牵头开展了温泉小镇、飞行小镇等项目的前期工作。

（三）文体旅游活动蓬勃开展，综合影响力不断提升

一是圆满完成了春节、元宵节系列活动。重点组织了包头市第八届鹿城元宵文化节街头文艺调演、“金猴送福·腾飞××”——××区春节联欢晚会、元宵节街头传统文艺会演、“我们的核心价值观”主题灯展、区首届迎新春篆刻展、“中国风”旗袍秀表演、第五届典型文化大院（星级团队）暨免费开放文艺展演、第十二届民歌民曲演唱会、“快闪”表演、“送全家福”文化志愿服务活动、“送春联、贴窗花”活动、“迎新春荐新书”暨读者座谈会、“元宵节灯谜大冲浪”活动、“新春电影大放送”活动、下基层文艺巡演活动等，会同地区开展了“一镇一品”特色品牌活动（阿嘎如泰祭火、麻池非遗剪纸展、哈林格尔“祭龙王·放河灯”“转九曲”民俗活动等），引导社会力量举办了理查德·克莱德曼新年演奏会、新年摇滚演唱会等。“春晚”在市电视台实现大年期间晚黄金时段播出，取得了良好的社会效益。成功在市政府新址（市民广场）承办了首次全市民间文艺调演，受到市领导和各界群众的广泛好评。

二是成功组织了消夏文体艺术旅游节活动。举办了区第31届消夏文体艺术旅游节开幕式晚会、晋剧专场演出、社区之光专场演出、“共筑中国梦”文艺晚会、少儿专场晚会、第五届书画篆刻展、区第十一届广场舞大赛、包头市第七届社区消夏电影节××分会场电影放映、“多彩××·爱我家乡”演讲大赛等活动，会同地区举办了“梅力更登山节”“祭敖包”等活动，引导社会力量举办了凌雨阁动漫展等活动。

三是日常性活动常抓不懈。组织开展下基层公益演出122场，区文化馆、区图书馆完全实现免费开放，举办“文化大讲堂”专题讲座8场，举办“传递书香”捐书活动，放映公益电影761场，动员组织文化大院开展活动500余次。培育区本级的多支群众星

级团队进入全市中老年合唱大赛等重大赛事。会同内蒙古广播电视台成功举办了《炫舞内蒙古》广场舞大赛包头分赛区活动。

（四）服务重点工作，打造出一批文艺精品

一是制定实施了《区文体广电旅游局重点文艺精品创作“十三五”规划》，新排演了《雨过天晴》《杨主任的星期天》《回乡》《火热的乡村》等精品舞台作品。二是全区精品文艺作品屡获殊荣。参加“中华颂”第七届全国小戏小品曲艺大展，二人台现代戏《县长下乡》从全国各省、自治区、直辖市和军队的 80 个节目中脱颖而出，荣获“金奖”，局机关和群文中心分获“优秀组织奖”，多名同志分获优秀表演奖、优秀编剧奖、优秀导演奖、优秀艺术指导奖；参加第五届“黄河大合唱”全国合唱邀请赛并获得优秀表演奖；参加自治区首届地方戏剧目展演暨第四届二人台艺术节，二人台小戏《雨过天晴》在所有参演的 76 部小戏中脱颖而出，获得最高奖，二人台小戏《回乡》获三等奖、创作奖，区文体广电旅游局获优秀组织奖；由我局选送、争取，九歌艺术团排演的大型原创二人台现代戏《九九重阳》被列入自治区首届地方戏剧目展演活动展演剧目，这是区首支群众星级文艺团队排演的剧目进入自治区级展演，并被列为第十三届中国·内蒙古草原文化节优秀巡演剧目，也是我区群众文艺团队首次登上草原文化节的舞台。

（五）旅游工作实现全面提升

去年，全区旅游行业共接待游客 72 万人次，同比增长 27.6%，实现旅游综合收入 5.04 亿元，同比增长 38%。全区旅游市场秩序井然，无重大旅游安全事故和重大旅游投诉事件发生。一是报请区委、区政府及时召开了区委常委会、政府常务会，专题研究旅游工作，在全区营造了重视旅游工作的良好氛围。二是成功举办了区首届“开河旅游节”，与地区深度举办了“祭火节”、冬捕节、转九曲节、采摘节等休闲旅游活动，打造了我区的休闲旅游品牌。三是积极开展 A 级景区和乡村旅游接待户的申报活动，去年上半年新增自治区三星级乡村旅游接待户 7 户，使全区星级接待户达到 25 家，成功促使梅力更景区晋升为国家 4A 级景区，这次晋升是在国家对 55 家 4A 景区摘牌的同时创建而成，成绩来之不易。四是创新旅游宣传方法。与包头电视台合力打造全新的旅游休闲娱乐节目——《周游记》，在包头电视台，录制了时长 15 分钟的《传世梅力更召》等 10 部纪录片，进行了数十次播出，全方位、多角度宣传推介我区梅力更召等众多旅游资源。五是向市区两级发改部门上报了梅力更召旅游开发保护项目，项目总投资 1.2 亿元，完成可研、立项、环评、国土、规划等前期的手续办理工作。旅游项目的数量和质量均遥遥领先于全市其他兄弟旗县区。

（六）体育工作稳步推进

一是向自治区体育局成功争取了全市首个乡镇全民健身场馆项目，争取自治区投资 150 万元。二是体育赛事带动全民健身热。成功举办了迎新春社区乒乓球赛、全区羽毛球联谊赛、“大成·逐鹿会”乒乓球赛、区全民健身徒步行等一批体育赛事，与民政部门联合承办了社区居民足球赛，带动了全区休闲体育的蓬勃开展，荣获全市首届鹿城体育休闲大会优秀组织奖。三是深化足球体制改革，成立了我区足球协会。四是向自治区、市两级体育部门争取健身路径 27 套，报请区政府配套 49 套，从根本上弥补了农村牧区体育器材短缺的短板。五是会同教育局重点推进学校体育工作。分别给包 33 中和沙河一小捐赠篮球、足球各100颗，2016年包33中篮球队在全国中学生篮球邀请赛获得第一名、包头市体彩杯第一名，包33中足球队在包头市市长杯足球赛中取得第一名，并代表包头市参加自治区主席杯赛。六是积极参加上级比赛并取得较好成绩。在自治区百县气功交流赛中，获优秀展示奖，“五禽戏集体赛”荣获二等奖、“马王堆导引术”荣获二等奖；在全市广场舞大赛中，荣获三等奖。

（七）文物保护和“非遗”工作有了新进展

一是建成了全国首个县级骨器展厅，收集、整理、展出文物400多件，文物涵盖了从新石器时期到明清时期。二是对全区文物保护单位进行了多次集中保护巡查，对巡查中发现的文物违法案件及线索，及时向区政府报告，向公安部门报案，并函告了市文物处和基层政府。三是完成了梅力更召修缮二期工程。向自治区文物局申报了梅力更召二期抢救性修缮工程，由上级部门组织施工，工程彻底解决了梅力更召几十年未解决的漏雨和渗水问题，从根本上保证了梅力更召的主体建筑安全。四是高质量完成了可移动文物普查登记、录入、上报工作。五是编制完成博物馆陈列大纲。六是扩大了非物质文化遗产库，挖掘并新增木梳制作等6项“非遗”项目；完成全国地方戏曲普查报表上报工作；完成3项传统民俗活动拍摄工作；新申报成功3名市级非物质文化遗产代表性传承人。

（八）广播电视与新闻出版工作得到切实加强

一是启动并基本完成了“户户通”八木天线安装工作。二是完成了53个嘎查、村“村村响”的村级平台终端设备的安装工作。三是统一采购正版办公软件300套，即将完成软件正版化培训工作，使全区软件正版化工作迈出了坚实的一步。四是启动了电影拍摄计划，以反映历史风貌、人文典故为题材的电影《布衣郡守》已列入拍摄计划，完成了电影拍摄的前期合同签订等工作，该影片将实现我区电影“零的突破”。

三、全面贯彻区人大及其常委会决议、决定、审议意见，认真办理区人大代表的建议、意见

对区人大及其常委会的决议、决定、审议意见，我第一时间进行传达，及时组织干部职工进行原文学习，并将决议、决定、精神融入年度工作要点和年度重点任务分工中，做到了一起布置、一起落实、一起考核，对审议意见及时进行消化吸收，及时组织工作力量进行一对一的整改落实。对由区文广局承办的议案，我及时带队到上级业务部门、相关村以及兄弟部门，与代表们进行面对面交流，达成了一致的意见，在5月份即给代表们进行了答复，得到了代表们广泛的认可和理解，代表们对办理的满意率为100%。

文体知识

一、述职报告的含义

述职报告是各级各类机关工作人员，如党政机关、人民团体、企事业单位的干部，向上级、主管部门和下属群众陈述自己在一定时期内的任职情况，包括履行岗位职责、工作实绩、问题和设想，进行自我评估、鉴定的书面报告，是工作报告中的总结性报告。

述职报告作为领导干部与所属单位群众交流思想感情和工作见解的渠道，不仅是上级主管部门考核、任免干部的依据，也是述职者本人总结经验、改进工作的一个途径。

述职报告的主要特点有四个：自述性、自评性、报告性和特定性。

二、述职报告的类型

（一）按内容分类

（1）综合性述职报告，即对一个时期所做工作进行全面、综合的反映总结。

（2）专题性述职报告，即对某一方面的工作进行专题反映总结。

（3）单项工作述职报告，即对某项具体工作进行汇报总结。

（二）按时限分类

（1）任期述职报告，报告总结担任现职以来的总体工作。由于要写出任期内的情况，故涉及时间较长、内容较多，篇幅较长。

（2）年度述职报告，总结本年度德、能、勤、绩等方面的履职情况，是一年一度的述职报告。

（3）临时性述职报告，总结汇报担任某项临时性职务的任职情况。

（三）按报告者分类

（1）个人述职报告，指领导者个人对自己在一段时间内任职情况的总结、评定。

（2）集体述职报告，指领导者代表某一集体所做的工作总结报告。

（四）按表达形式分类

（1）口头述职报告，即直接口头表达的述职报告。

（2）书面述职报告，指向上级领导机关或人事部门书面报告的述职报告。

三、述职报告的结构与写法

一份完整的述职报告一般包括以下几部分。

（一）标题

述职报告的标题，居中写在第一行，常见的写法有三种：

（1）直接用文种做标题，只写“述职报告”四字。

（2）公文式标题，用“姓名＋（时限）＋（事由）＋文种”做标题。如“××2023—2024年试聘期述职报告”“我的述职报告”“××2024年述职报告”。

（3）文章式标题，可采用单行标题，或正副标题。如“开拓市场，积极进取”“思想政治工作要结合经济工作一起抓——××旅游公司总经理张平述职报告”。

（二）称呼

（1）向上级机关呈送的述职报告，应写明主送机关，如“组织人事部”。

（2）向领导和本单位干部职工做述职报告应写明称谓，如“各位领导，各位同志”。

（三）正文

述职报告的正文包括以下三部分内容。

1. 前言

前言包括两方面的内容：一是任职概况，包括任职时间、工作变动情况及背景、担任职务和主要职责，确定述职的范围和内容。二是述职评估，对任职以来的工作进行整体评价，确定述职的基调。这部分内容应简明扼要，给听众一个大体印象即可。

2. 履行职务情况

主要写工作实绩、做法、经验、体会，要写得具体、充实、有理有据、条理清楚。由于这部分内容涉及面广，一般都按性质不同分成几个方面（可列小标题）来写，每个方面可以先写实绩，再写自己的做法和发挥的作用，也可以倒过来写。但无论是哪种形式，都要注意表现个人的工作能力和管理水平。这部分写作时要注意材料的点面结合，要重点突出那些最能表现个人素质、才能和领导水平的内容，以及对突发事件或重大事件的处理。通过分析事实、材料，把零散、感性的事实与材料上升到理性的高度，发现事物本质与必然性，找出规律性的东西。

3. 工作中的不足和今后的努力方向

述职报告的最后，往往要坦率地表明工作中存在的不足、缺陷和问题，并从实际出发，在科学分析的基础上对今后工作作出规划和设想，表明尽职尽责的态度。对存在的问题不能避重就轻、含糊搪塞，今后的目标、措施要立足现实、切实可行。

（四）结尾

述职报告的结尾一般采用程式化的结束语。如“以上报告，请审阅”“以上报告，请领导、同志们批评指正”“以上报告，请领导和同志们评议，欢迎对本人的工作多提宝贵意见，并借此机会，向一贯关心、支持和帮助我的各位领导、同志们表示诚挚的谢意”等。

（五）落款

述职报告的落款主要写述职人姓名和述职日期或成文日期。署名可以放在标题之下，也可以放在文尾。

四、写作提示

（一）客观公正，实事求是

述职报告作为领导者对自己任职情况的自我评价，一定要实事求是、客观公正。摆成绩固然可以理直气壮，讲失误时也要诚恳大胆。自我评价应建立在工作实绩的基础上，不能任意拔高，说些无关痛痒、不负责任的空话、废话、假话、套话。

（二）详略结合，重点突出

述职报告是对一段时间以来履行岗位职责情况的总结汇报，内容上不能脱离自己的职责范围和工作目标，既要围绕着德、能、勤、绩几个方面做文章，又要突出最能表现自己才能的典型材料；既要实事求是地写出自己的政绩，又要毫不避讳地直面存在的问题。对最能显示工作实绩的大事件或关键事要详写，对一般性、事务性工作，则宜概括说明；详写任职期内的成绩、做法，略写工作中的失误、不足。

（三）主题精练，便于流传

述职报告要有一个明确、集中、新颖、深刻的主题，最好能够总结出一个便于记忆、朗朗上口的主题句，甚至是口号、标语，贯穿全文、反复突出，使听众产生亲切感、参与感和冲击力，从而留下深刻的印象。

拓展阅读

述职报告写作要领

一、要充分反映出自己在任期内的工作实绩和问题

述职是民主考评干部的重要一环，也是干部自觉接受组织和群众监督的一种有效形式。干部作述职报告，是为了让组织和群众了解与掌握干部的德才状况和履行职责的情况。因此，述职报告应该充分反映出自己任期内的工作实绩和问题，写出自身在岗位上为国家、单位办了什么实事，结果怎么样，有哪些贡献，还有哪些不足，包括工作效率、完成任务的指标、取得的效益等。工作实绩是检验干部称职与否的主要标志，述职人要充分认识这一点，实事求是地把自己的工作实绩和问题反映出来。

二、要实事求是地评价自己

对自己的评价要实事求是，不夸大，不缩小，要准确恰当，有分寸，不说过头话、大话、假话、套话、空话。要做到这一点，应注意处理以下几个关系：

（1）处理好成绩和问题的关系，就是理直气壮摆成绩，诚恳大胆讲失误。

（2）处理好集体与个人的关系，不能把集体之功归于个人，也不要抹杀了个人的作用，必须分清个人实绩和集体实绩。

（3）在表述上要处理好叙和议的关系，就是以叙述为主，把自己做过的工作实绩写出来，不要大发议论、旁征博引。议论也只是对照岗位规范，根据叙述的事实，引出评价，不能拔高。

三、要抓住重点，突出个性

述职报告，如果用口头报告表述，一般宜占用30分钟；如果用书面报告表述，一般以3 000字以内为宜。因此，表述的内容应抓住重点，抓住最能显示工作实绩的大事件或关键事件。凡重点工作、经验、体会或问题等，一定要有理有据、充实具体，而对一般性、事务性工作，宜概括说明，不必面面俱到。不论是按工作内容分类，还是按时间顺序叙述，述职报告都不要事无巨细、面面俱到，否则很容易写成平淡冗长的流水账。要有意识地抓住核心问题，突出重要成绩，总结主要教训。凡重点部分，要写得详细、具体、充分、全面；次要部分，则可约略提及，一笔带过。

抓住重点，突出中心，还应突出自己的特色，突出自己独有的气质、独有的风格、独有的贡献，让人能分辨出自己在具体工作中所起的作用。不同的岗位、不同的层次、不同的行业的领导有不同的工作内容和方法，即使同一职务的领导也会因分工不同而有不同的工作重点，至于工作方法，就更是各具特色了。鉴于这种情况，述职者要突出自己工作的特点，显示自己的工作个性，尽量避免千部一腔、千人一面、没有特点没有个性的写法。

四、虚实结合，语言简练

“虚”指理论观点，“实”指具体工作情况。述职报告应该以叙事为主、论理为辅，用叙议结合的方式来表达。既不能像大事记或记流水账那样就事论事、堆砌材料，也不能像理论文章一样，通篇理论阐述，缺乏事实根据。最好的方法是叙议结合，在事实的基础上加以概括总结，使理论与事实有机地结合起来。

述职报告的语言要精练，要尽量写得短一些、精一些。述职报告的撰写需要一定的综合概括能力和文字表达能力，切忌数字化和概论化，也不必过于追求文字的华美。要尽量少用形容词和诸如“大体上”“差不多”之类模棱两可的话。对情况的交代、过程的叙述以说明问题为宜，切忌冗长空泛、拖泥带水。

文体实训

1. 李×是山西省旅行社行政部的一名主管。临近年终，按照旅行社惯例，需要对自己一年来的工作进行回顾总结，请你帮他草拟一份述职报告。

2. 李××是河南省嵩山景区管理处的一名办公室主任，按照惯例，她需要在单位年底的中层干部考核中对自己任职两年来的工作进行回顾总结，请你代她拟写一份述职报告。

3. 下面是一篇学生会干部述职报告的残缺稿，试写出残缺部分的提纲。

述职报告

现在，我把自己一年多来的思想工作情况作一汇报，请予审议。本人自20××年12月至今担任学生会学习部干事……

一、了解工作，明确方向。（略）

二、加强学习，积极培训。（略）

三、踏实工作，积极创新。（略）

四、存在的问题与不足。（略）

述职人：张×

20××年×月×日

第八章

课　业

第一节　班级年度工作会议

课业情境

本班（假定为旅游1班）定于12月10日举行年度工作会议，全面总结回顾过去一年来的班级工作，展望今后一年的工作。会议分四部分，首先是开幕式，由相关人员致开幕词、做领导讲话，宣读贺词；其次是正式会议，由班长做班级工作报告；再次是闭幕式，由相关人员做总结讲话、致闭幕词；最后是新闻发布会，由班长、团支书接受记者提问。

一、文稿撰写

（一）会前文稿撰写

（1）向系学生工作办公室提交一份关于召开年度工作会议的请示。

（2）代替系学生工作办公室对班级的请示作出批复。

（3）拟写一份会议通知。

（4）设计一幅会议海报。

（5）撰写3～5条标语，悬挂在校园和班级里。

（6）起草邀请函，向有关老师、兄弟班级发出邀请。

（7）撰写一篇会议即将召开的消息，为会议营造良好氛围。

（8）编写一份简报，反映会议筹备情况。

（二）开幕式文稿撰写

（1）撰写开幕式主持词。

（2）撰写开幕词。

（3）写作课老师应邀参加这次会议，为他撰写致辞。

（4）2～3个兄弟班级向会议发出祝贺，为它们撰写贺信。

（5）兄弟班级的班长张强受邀出席开幕式，为他撰写一份讲话稿。

（6）会议对过去一年班级工作中表现突出的同学进行表彰，撰写一份决定，并以通知的形式下发。

（7）受表彰代表王琳将在开幕式上发言，为她撰写发言稿。

（8）撰写一篇消息，报道会议开幕。

（9）编写一份简报，反映会议开幕情况。

（10）做好会议记录，整理出会议纪要。

（三）正式会议文稿撰写

（1）撰写正式会议主持词。

（2）撰写班级工作报告。

（3）撰写一篇消息，报道正式会议召开情况。

（4）编写一份简报，反映正式会议召开情况。

（5）做好会议记录，整理出会议纪要。

（四）闭幕式文稿撰写

（1）撰写闭幕式主持词。

（2）撰写闭幕式班级领导的总结讲话。

（3）撰写闭幕词。

（4）撰写一篇消息，报道会议闭幕情况。

（5）编写一份简报，反映会议闭幕情况。

（6）做好会议记录，整理出会议纪要。

（五）新闻发布会文稿撰写

（1）撰写新闻发布会主持词。

（2）撰写会议新闻通稿。

（3）模拟记者提问，草拟提问提纲。

（4）班长、团支书答记者问，草拟回答提纲。

（5）撰写一篇消息，报道新闻发布会情况。

（6）编写一份简报，反映新闻发布会情况。

（7）做好会议记录，整理出会议纪要。

（六）会后文稿撰写

（1）制作一份会议纪念册。

（2）代替写作课老师为纪念册撰写序言。

（3）代替班长为纪念册撰写后记。

（4）写一篇情况报告，向系学生工作办公室报告会议召开情况。

（5）分别向给会议发来贺信的兄弟班级、参加和指导会议召开的写作课老师写去感谢信，表达谢意。

二、会议筹备

（1）成立会议筹备领导小组，设组长 1 人，副组长 2 人。

（2）成立会务组，负责会场布置、人员安排（包括选定各个会议的主持人、讲话人、座次等）、编制会议日程等工作。设组长 1 人。

（3）成立秘书组，负责会议所有文字材料的起草。设组长 1 人。

（4）成立宣传组，负责起草标语口号、撰写新闻宣传稿、组织新闻发布会等。设组长 1 人。

（5）成立后勤保障组，负责医疗、食宿安排。设组长 1 人。

三、进度安排

（1）小组分工会议：各小组把各项工作任务分配到个人，明确责任。

（2）文稿撰拟：一天半。其中班级工作报告需提前撰写。

（3）小组督查会议：半天。各小组成员向组长汇报各项工作准备情况，对有关问题进行查漏补缺，并进行修正。

（4）第一次评稿会：半天。由老师对各小组提交的会议文稿、资料进行点评。

（5）个人修改文稿：半天。个人根据老师的点评意见，修改文稿、会议资料。

（6）第二次评稿会：半天。由老师对会议文稿、资料进行第二次点评。

（7）个人修改文稿：半天。个人根据老师的点评意见，修改文稿、会议资料。经老师审核后，定稿。

（8）开幕式、正式会议：半天。

（9）闭幕式、新闻发布会、会议善后、会议点评：半天。

第二节 签字仪式

课业情境

为了进一步扩大景区影响，少林寺拟在媒体上发布形象广告。为此，少林寺面向社会发出了招标书。A 广告公司向少林寺递交了投标书。经过开标、评标、定标等程序，A 广告公司被确定为中标公司。

现少林寺与 A 广告公司即将举行合作签字仪式。请完成以下任务。

一、文稿撰写

（一）少林寺方面

（1）制作景区指南。

（2）撰写景区简介。

（3）制作景区形象宣传片，为其撰写解说词。

（4）代替一位导游撰写少林寺导游词。

（5）为“少林寺”牌贡酥撰写商品说明书。

（6）制作广告招标书。

（二）A 广告公司方面

（1）制作投标书。

（2）撰写公司简介。

（3）制作公司形象宣传片，为其撰写解说词。

（三）双方协商

（1）合作意向书。

（2）合作合同。

（3）签字仪式主持词。

（4）签字仪式上，少林寺一方代表讲话，A 广告公司领导讲话。

（5）签字仪式上，双方各自做好会议记录，整理出会议纪要。

（6）签字仪式结束后，双方分别撰写消息发表在各自网站上。

（7）签字仪式结束后，双方分别编写简报。

二、会议筹备

（1）全班同学分为少林寺、A 广告公司两组。

（2）查阅有关签字仪式资料，确定仪式议程、议题等各项工作任务，并分配到个人。

（3）签字仪式举行前的准备工作：拟订合同文本，布置签字场地，制作会标，准备签字文具、鲜花、桌签，安排座次，确定签字人、助签人、礼仪人员、接待人员，准备双方领导讲话稿。

三、进度安排

（1）文稿撰写：2 天。

（2）第一次评稿会：半天。由老师点评各项准备工作情况。

（3）个人修正：半天。针对老师意见，个人修改。

（4）第二次评稿会：半天。由老师点评各项准备工作情况。

（5）个人修正：半天。针对老师意见，个人修改。经老师审核后定稿。

（6）签字仪式：半天。

（7）签字仪式善后、点评：半天。

第三节 新公司组建和人员招聘

课业情境

在班级模拟筹备成立一家“遨游旅行社”，并进行人员招聘等工作。由老师任命总经理、总经理办公室主任，由总经理、总经理办公室主任按照正规旅行社的组织架构，把全班同学分配到相应部门和岗位。

具体要完成以下任务。

一、文稿撰写

（一）经营管理方面的文书

（1）撰写旅游市场调查报告。

（2）制订成立初期工作计划。

（3）编制旅游营销策划书。

（4）为旅行社起草宣传标语口号。

（5）为旅行社制作宣传海报。

（6）起草旅行社各项规章制度。

（7）编制一期旅行社内部企业报。

（二）人员招聘方面的文稿

（1）为各岗位编写《岗位说明书》《任职资格说明书》。

（2）为旅行社制作招聘广告。

（3）制作一份个人简历、求职信，前往应聘。

（4）应聘成功后，向招聘经理发出一份感谢信。

（5）进行计调部、财务部等部门经理竞聘，为自己撰写竞聘演讲稿。

（6）代替总经理办公室发出任命通知。

（7）假设自己对旅行社工作不满意，撰写一份辞职信，辞去这份工作。

二、进度安排

（1）文稿撰写：2 天。

（2）第一次评稿会：半天。由老师点评各项准备工作情况。

（3）个人修正：半天。针对老师意见，个人修改。

（4）第二次评稿会：半天。由老师点评各项准备工作情况。

（5）个人修正：半天。针对老师意见，个人修改。经老师审核后定稿。

（6）模拟招聘会：1 天。除总经理、总经理办公室主任外，按照旅行社构架逐级进行招聘和任命。

参考文献

1. 任孝珍，梁银辉. 旅游应用文写作. 4 版. 北京：对外经济贸易大学出版社，2023.

2. 杨文丰. 现代应用文书写作. 6 版. 北京：中国人民大学出版社，2022.

3. 吴良勤，李展. 新闻写作. 3 版. 北京：中国人民大学出版社，2019.

4. 吴良勤，李展. 民间礼仪常识与应用文书写作. 南宁：广西人民出版社，2010.

5. 邓红. 经济应用文写作. 3 版. 重庆：重庆大学出版社，2019.

6. 王金星，杜春海. 新闻写作. 2 版. 重庆：重庆大学出版社，2014.

7. 梁志刚，周炫. 实用文书写作. 北京：北京大学出版社，2009.

8. 岳海翔. 行政公文写作. 北京：中国言实出版社，2008.

9. 李展. 职场文书写作. 北京：北京大学出版社，2011.